英親王李垠伝

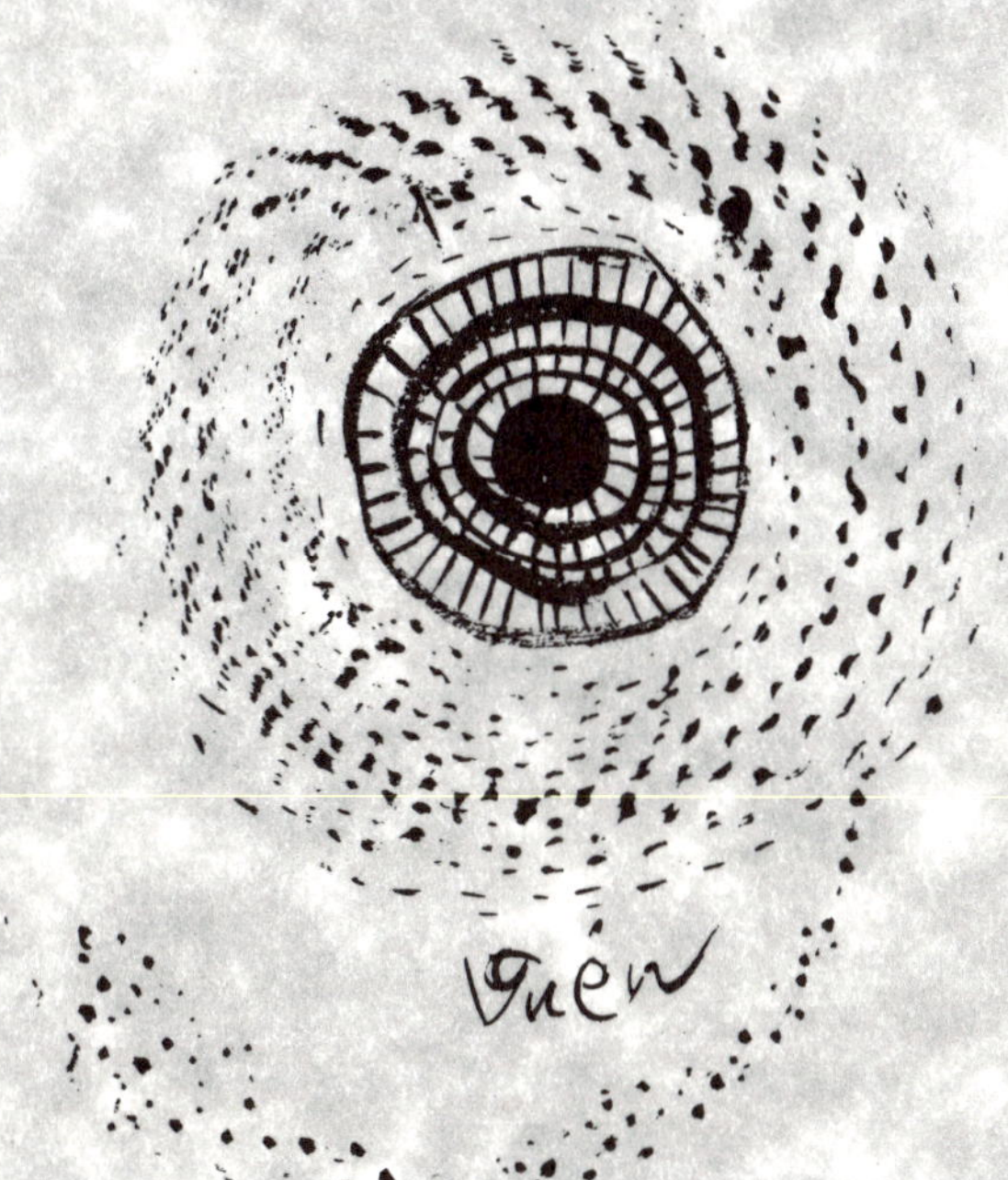

李王朝最後の皇太子

ありし日の李王垠《ぎん》殿下

Thirty-year old His Highness Prince Yi Eun in 1927.

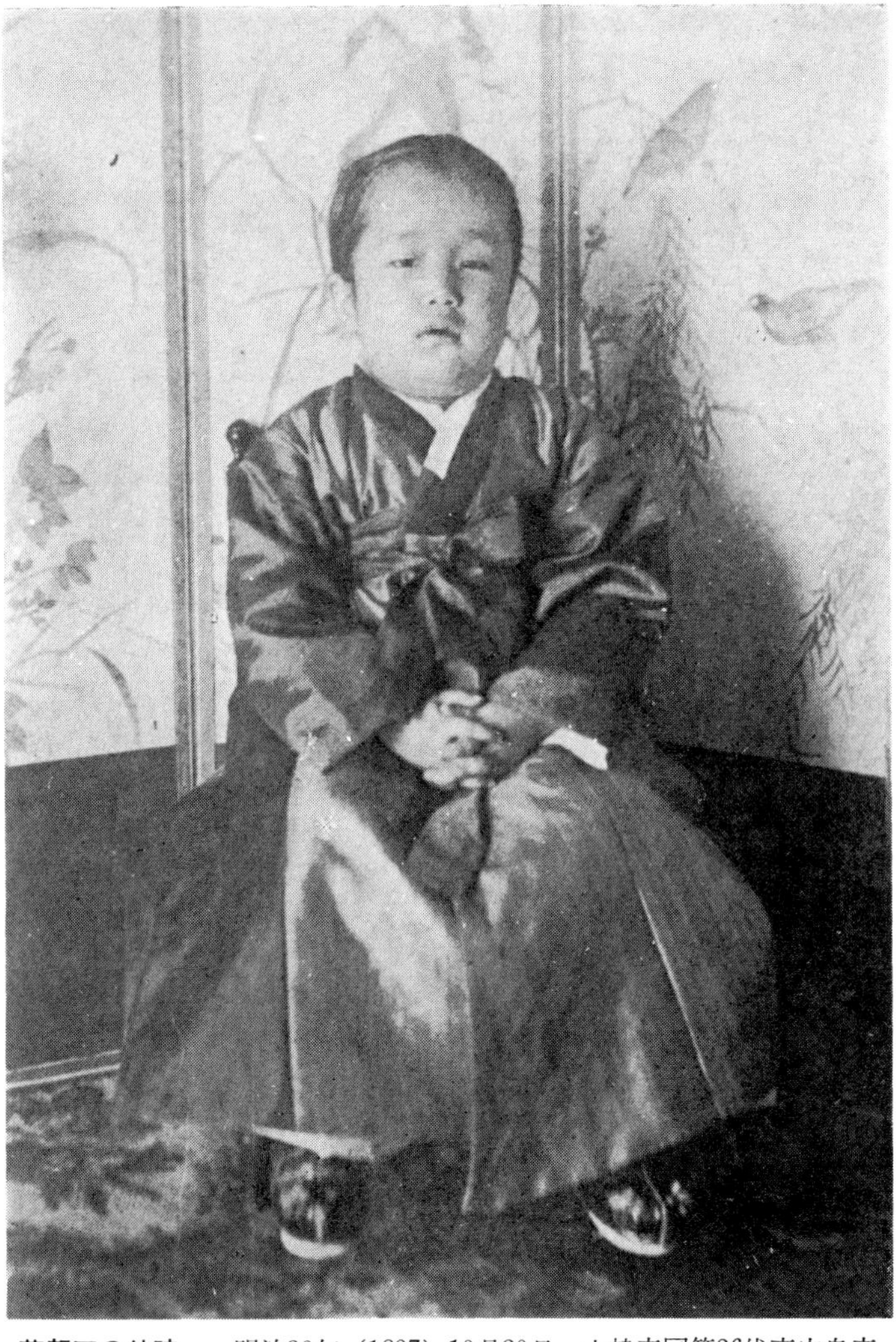

英親王の幼時——明治30年（1897）10月20日，大韓帝国第26代高宗皇帝の第4王子として誕生。4歳の時英親王李垠と名づけられた。御生母は厳妃である。

↑**高宗皇帝と韓国時代の元老・大官**——明治40年のハーグ密使事件のため退位。27代純宗に位を譲り，徳寿宮太皇帝と称したが，明治43年日韓併合後は李太王と呼ばれた。大正8年薨去。3月1日の国葬の日にいわゆる万歳事件が起こった。

The 26th King Kō Jong and his wife, Ŏm Bi. (Prince Yi Eun's parents)

←**李太王**（高宗）**と厳妃**——明治43年(1910)秋。

→
皇太子になられた英親王——27代純宗には子がなかったので明治40年（1907）8月7日，皇弟英親王は皇太子に立てられた。李垠の垠は土へんであるが，兄君李坧（純宗），李堈も土へんである。同世代を同じへんにするのは李王朝の慣習である。

日本皇太子の訪韓——明治40年（1907）10月10日，皇太子嘉仁親王（大正天皇）は東京を出発，韓国を訪問された。10月16日仁川到着。10月17日純宗皇帝および尹妃とご対面，この写真は昌徳宮において撮影されたものと思われる。この東宮訪韓の直後，英親王の東京留学が正式に決まった。 ↓

前列右より伊藤博文公，有栖川宮威仁親王，韓太子英親王，日本皇太子（大正天皇）；2列左より2人目李完用，東郷平八郎，桂太郎，宋秉畯；3列目左より2人目長谷川好道朝鮮軍司令官。

←

来日当時の英親王——明治40年（1907）12月４日，英親王は伊藤公に伴われて京城を出発，12月15日東宮をはじめ朝野の名士，貴婦人1,000名が出迎える中を新橋駅に到着，芝離宮に入られた。これから56年にわたる日本人としての生活が始まる。韓国陸軍参尉の正装に，日本から贈られた勲１等旭日桐花大綬章を佩用されている。

In December, 1907, ten-year old Prince Yi Eun arrived in Japan with ITO Hirobumi, Governor-General of Korea.

→

英親王と伊藤博文公——明治40年(1907)，伊藤公は韓国統監であったが，韓国宮廷より太子大師，すなわち皇太子の教育係を命ぜられ親王の礼遇を賜わった。明治42年10月，ハルピンで暗殺されるまで，２年にも満たぬ月日ではあったが，伊藤公は実に誠実にお世話をした。（本文第２章参照）

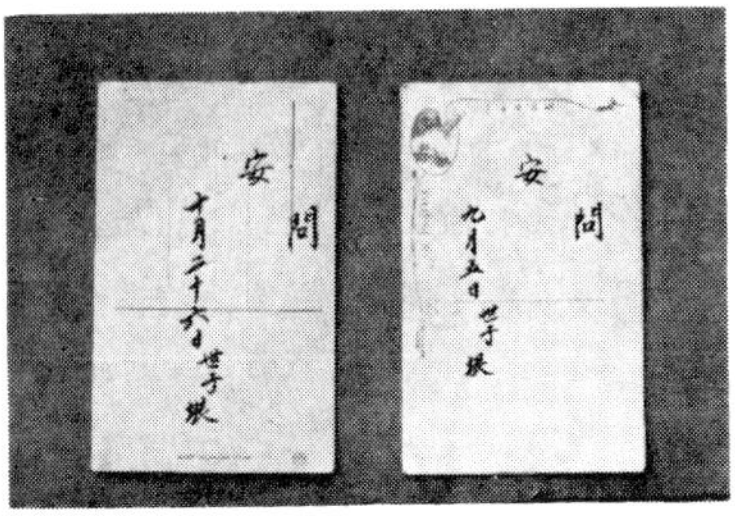

毎日出された葉書——毎日，李太王，厳妃，李王へこのような葉書を出された。明治43年８月，日韓併合の後は，王世子と呼び名が変わった。

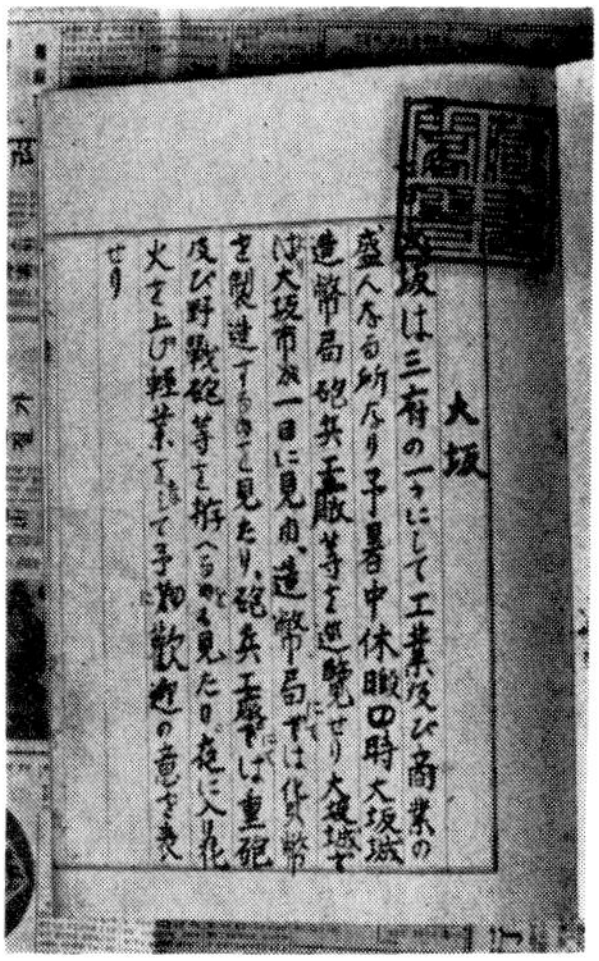

英親王の習字——明治41年11月７日の習作，その年の夏の関西旅行のことを記したものである。来日11カ月にしては，日本語の上達は見事である。

絵——年代不詳

中央幼年学校時代の王世子——明治44年９月，王世子は学習院から陸軍中央幼年学校予科２年に編入され，昭和20年までの陸軍軍人としての生活が始まった。体格が小さかったので，体操には随分苦労されたようである。

士官候補生として——大正4年（1915）5月，陸軍中央幼年学校本科を卒業，士官候補生として近衛歩兵第2連隊に勤務された。その頃の習志野野営演習。

御前試合出場者——大正6年(1917)，陸士卒業式当日の剣術天覧試合，中央が王世子。

成人の日（大正６年10月20日）――大正６年６月，陸軍士官学校卒業後見習士官となり，近衛歩兵第２連隊に勤務されていた。12月25日少尉任官を前にして，成人の日を迎えられたわけである。この写真が，この日の各新聞に大きく掲載されている。

April 28th, 1920.
Princess Masako, the 1st daughter of the former Imperial Prince Nashimoto. She was one of the Empress-to-be of Japan

梨本宮ご一家——梨本宮守正王，伊都子妃，方子女王と規子女王。伊都子妃は昭和51年（1976）8月，94歳で亡くなられたが，『三代の天皇と私』の著書がある。↓

↑**梨本宮守正王の第一王女・方子女王**——『明治天皇紀』巻10，「明治34年11月4日，守正王第一王女方子女王生まる。ついで10日，生後7日に当たるをもって，天皇・皇后，産衣地白羽二重2匹，鮮鯛1折，酒1荷を守正王に賜いてこれを賀したまう」
方子女王は今上陛下とご同年で，この頃当時の東宮妃の候補の1人でもあられた。

王世子と方子女王結婚——大正９年（1920）４月28日。李太王の喪のため，１年延期されて，この日の挙式となった。この結婚は，李太王国葬の時起こった万歳事件の傷痕を癒す一大セレモニーでもあった。

王世子・方子妃，**晋殿下を伴い京城**（現ソウル）**訪問**――大正10年(1921)，めでたく日韓融合の象徴，晋殿下がお生まれになった。大正11年5月，両殿下は7カ月の晋殿下を伴い，はじめて京城訪問。写真は徳寿宮石造殿において，李王朝古式による儀式を行われる方子妃。

京城王宮にて――大正11年（1922）5月，左より徳恵姫，方子妃，尹王妃，李王坧（元純宗皇帝），李垠王世子，侍従の手に抱かれた李晋殿下。晋殿下は，この数日後突然発病，わずか7カ月の生命を終えられた。世間では毒を盛った人がいたと噂した。徳恵姫は明治45年生まれ，李垠さま唯一人の御妹。大正12年来日，宗伯爵と結婚，1女を産まれたが病気のため離婚，現在楽善斎におられる。

韓国服姿の王世子・同妃と晋殿下

The young imperial couple made an official trip to Korea with their seven-month old son in May, 1922. On the day before their departure for Japan, the son suddenly fell ill and died. He may have been poisoned.

↑ご外遊の一行——大正15年(1926)，李王坧殿下の薨去により，王世子は李王を継承され，李王垠殿下となられた。その直後，昭和２年(1927)５月23日横浜港出港，その後マルセーユに上陸，フランス，イギリス，ドイツ，ベルギー，オランダ，デンマーク，スウェーデン，ノルウェー，ポーランド，イタリア，スイスを回り，昭和３年４月９日神戸に帰られた。前列左李王右方子妃，後列左より佐藤中佐，金応善大佐，三浦御用取扱，篠田治策。

←ダンロップ工場にて——昭和２年(1927)９月12日，イングランド，バーミンガム市（ロンドンより120マイル，リバプールとの中間にある工業地帯）のダンロップ工場において，自動車のタイヤ，ゴルフ球とテニス球の製造工程をご見学。

↑**グリーニゲル・ゴルフ場にて**——昭和2年（1927）8月。

Prince and Princess Yi in England in August, 1927.

↓**ご渡欧後京城にて**——昭和3年（1928）前列中央李王・同妃その右へ篠田治策，李恒九，2列目左より4人目金応善大佐。

歩兵第1連隊付陸軍歩兵少佐当時の李王——昭和4年（1929）
ご外遊の後，昭和3年（1928）歩兵少佐となり，近衛歩兵第2連隊の大隊長を勤めた後，昭和4年8月から歩兵第1連隊付となられた。この時の連隊長は東条英機大佐であった。

陸大35期生「同袍会」の会合――李王命名の会，前列右より河田末三郎（25），湯原均一（23），佐藤尚蔵(22)，李王（29），下板金之輔（22），板花義一（23），福栄真平（23），２列目右より長谷川鍵一（27），住吉正（26），中村美明（25），宮沢斉四郎（24），吉田峯太郎（24），高橋常吉（24），坪島文雄（27），国分新七郎（28），３，４列目右より菅野謙吾（27），秋山義隆（24），藤室良弼（27），川合祐三(25)，奥村半二(25)，吉積正雄（26），小原礼蔵（24），秋山豊次（27），谷口春次（26），山田清一（26），細川忠康（24），服部暁太郎（24）。
〔（　）内の数字は陸士卒業期別〕

背広姿の李王垠殿下
——昭和4年（1929）

It was 8 years after Prince Chin's death that Princess gave birth to Prince Ku on December 29, 1931.

方子妃と李玖さま
——昭和10年（1935）。晋殿下薨去のあと，昭和6年12月29日，10年目にして待望の王世子誕生，玖殿下と名づけられた。恐らくこの頃がご一家にとって最も平安な日々であったであろう。

↑紀尾井町御殿にて——昭和12年春，宇都宮第59連隊第3大隊は，2・26事件後の警備に当たっていた。李王が第59連隊長から陸軍士官学校教授部長に転任直後，東京警備中の連隊幹部を御殿に召されたときのものと思われる。前列右より第3大隊長吉野直靖少佐(26期,最初副官),李王，御付武官井桁中佐，後列右より伊藤馨軍医少尉，第9中隊付猪狩勝治中尉(特志)，御付武官入江増彦大尉，第10中隊付鈴木貞夫中尉(少候14期，現宝木会事務局長),第11中隊付加藤誠中尉(44期)。

↑耐寒行軍中の李王連隊長——昭和12年2月8日から3日間，宇都宮歩兵第59連隊の耐寒行軍が実施された。その陣頭指揮を執る李王連隊長。塩原—尾頭峠—鬼怒川河西—川治温泉。

←**尾頭峠記念碑**──李王連隊長を記念して建てられた尾頭峠の碑。今でも当時の将兵が昔を偲んでいる。宝木会会員，右より阿久保幸雄，我妻稲次郎，川本良吾，塩生久夫。

→

歩兵第59連隊の営庭跡に建てられた連隊碑──現在は栃木県身体障害者福祉センターの中にある。

Prince Yi Eun Commands the 59th Regiment in Utsunomiya city in 1935-1937.

←

宇都宮陸軍偕行社表門付近──偕行社跡は米軍宿舎があったが解体し，現在遊園地になっている。

陸軍士官学校29期生会 ── 昭和12年（1937）東京会館にて，前列右より若麻績覚，1人おいて堀静一，鍋島茂麿，斉藤義夫，1人おいて李王殿下，園田晟之助，吉田喜八郎，笹島富三郎，寺田雅雄，三戸谷正治，2列目右より鎌田銓一，安東貞雄，長岡護孝，青木美苗，吉田権八，鍋島通敏，長沢彰，1人おいて小林孝知，高田清秀，伊東力，戒田達一，3，4列目右より西本英夫，吉松喜三，その後不明，安岡武雄，丸山房安，内山豪三郎，稲田正純，片山敏夫，揚田虎巳，清水盛明，入江御付武官，額田坦，1人おいて田中久磨，守屋精爾，大西義明，町田豚，五十嵐勝吉，佐藤賢了，坂本末男，関根久太郎，左2名不明。

←**座間陸軍士官学校新校舎建築状況視察**——昭和12年（1937）5月4日，陸軍士官学校教授部長時代。入江御付武官（左，ビルマにて戦死）と案内の西本少佐（右）。

Prince Yi Eun as Instructor at The Military Academy in 1937-1938.

↓**滝ケ原演習場視察**——昭和12年6月2日，東宮塚にて，中央は篠塚陸軍士官学校校長。

北支方面軍司令部付当時の李王——昭和13年（1938）12月〜昭和14年（1939）8月。右より岩永杉山大将副官，1人おいて光森李王御付武官，杉山大将，安東竹田宮御付武官，竹田宮，高松宮御付武官，高松宮，武藤章参謀副長，李王，山下奉文参謀長。

漢口方面視察中の李王——昭和14年7月，漢口中山公園にて，後方は漢口警備司令官井上少将（後，中将，第14師団長）

大東文化学院の学校教練を査閲する李王——昭和14年秋，大東文化学院正門前にて。中央李王，左総長・松平頼寿伯爵，右教頭・小柳司気太文学博士。

↑**戦闘教練を査閲**——代々木練兵場にて。先頭馬上が李王。

李王査閲官の講評↓

天覧旅団対抗演習――昭和14年（1939）11月８日，御野立所（富士裾野大塚）において大元帥（今上天皇）陛下に戦況を報告される李王旅団長。（防衛庁戦史室保管）

His Majesty Emperor Hirohito and Prince Yi Eun in 1937.

留守第4師団長着任の日——昭和15年5月25日，この日から昭和16年7月1日までの間，大阪大手前の師団長官舎に住まわれ，李玖王世子は大阪偕行社付属小学校に通われた。

←大阪陸軍幼年学校落成式記念植樹——昭和15年9月22日，河内長野市，再興大阪陸軍幼年学校の落成式に台臨。昭和16年6月13日にも重ねて台臨。

↓李玖王世子と乗馬を楽しまれる李王。

Prince Yi Eun Commands the 4th Division at Osaka in 1940-1941.

ゴルフに興ぜられるご夫妻——昭和15年12月21日，大阪府泉南郡淡輪村田数山にて。陸軍中将に昇進された直後である。↓

浪波少年院参観の李王・同妃——昭和16年3月3日，大阪・茨木の少年院においでになる。→

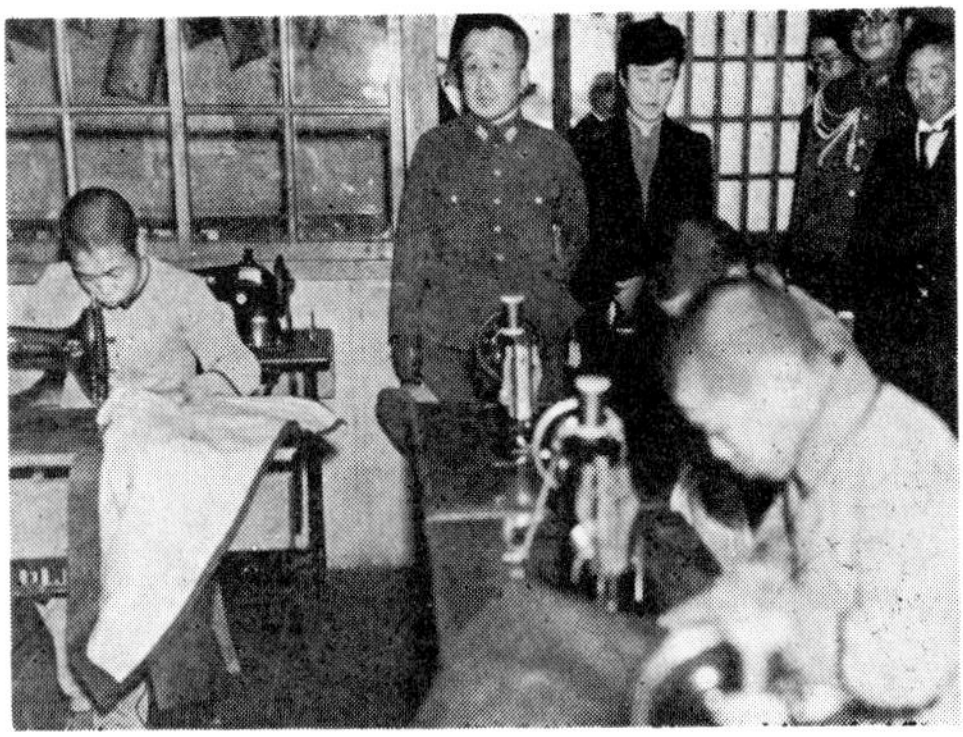

郡山城ハイキング—昭和16年4月22日，奈良・郡山にて。前列右より渡辺道広，李玖王世子，小沢，後列右より方子妃，渡辺，李王，小沢。↓

大阪陸軍幼年学校生徒の剣道練習を，ご覧になる方子妃——昭和16年5月13日，多分，李玖王世子もやがて陸・海軍いずれかに進まれることに決まっていたので，そのようすをご覧になりたかったのであろう。↓

大暉婦人会——昭和15年～16年，李王が大阪の師団長であられた頃，大阪の大と李王の雅号明暉の暉をとって命名された婦人会である。当時の国防婦人会でも愛国婦人会でもない，婦人指導者の組織で，ことに若い優秀な婦人層の指導を使命とするものであった。大阪市西区江戸堀にある邸宅を大暉団の本拠とし，大暉塾と名づけられた。週１回程度，研修や講義・講演・作業のほか，音楽・生花・和裁・料理・俳句・遠足などが行われた。前列中央李王，方子妃，その右から西脇リカ（団長・委員長・大手前高女同窓会長），広瀬勝代（文化部長），１列目左２人目から宇田章子，川島貞子（生活部長・和裁・料理・家事・仏教婦人会），岡田指月（学芸部長・俳句・俳画）。

↑**李王ご一家**——方子妃の和服姿が美しい。李玖王世子は，偕行社付属小学校の虎ジマの靴下をはいておられる。

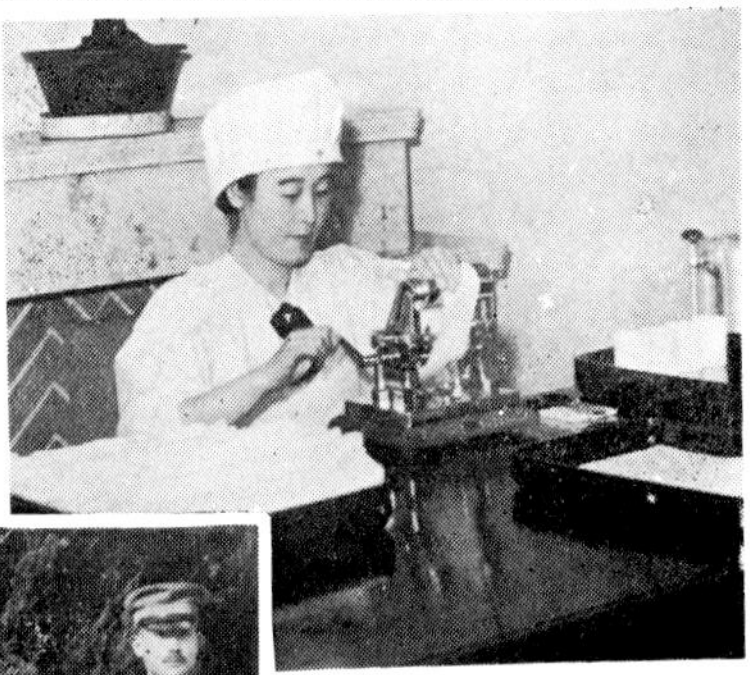

↑**大阪日赤病院にて繃帯巻きをされる方子妃**——昭和16年7月7日，当時の皇族婦人の奉仕作業である。これが大阪における最後の行事で，それから東京に帰られた。

広島幼年学校視察——昭和17年1月28日.右より2人目訓育部長西本大佐，前列左校長滝本大佐，右後御付武官伊奈重誠。↓

那須別邸にて——昭和19年秋，戦局はいよいよ苛烈となり方子妃もモンペ姿となられた。

日光ゲレンデにて

久邇宮朝融王（皇后陛下御兄）**と音楽を楽しまれる**李王

〔終戦〕 終戦，そして戦後の混乱は李王家にも激動をもたらした。新憲法の施行とともに，王族の身分を失い平民李垠・李方子となられた。そして日本国籍さえも失い，その上韓国籍も取得できなかったので，無国籍の歳月を送られた。

They stepped down to the status of a commonner and lost their Japanese citizenship in 1947.

←真鶴駅プラットホームでのご夫妻

↓蘭の栽培にご熱心なご夫妻——紀尾井町ご殿にて

↑**渡米**——昭和32年（1957）5月，令息李玖さまの米国ＭＩＴ卒業式参列のため，渡米された。

↑**ハワイ旅行に出発** —— 昭和35年(1960)，李玖夫妻が建設の仕事でハワイに滞在していた。4月に約1カ月滞在，4人で楽しい日々を過ごされた。

The former Prince Yi Eun in 1960.

↑**方子さま訪韓**——昭和37年6月13〜18日，および同年12月14〜19日，李垠さまの帰国打合せのため，2回にわたり訪韓された。左は安東貞雄夫人，右は李寿吉（李鍝公の令弟）。

↑朴最高会
←議議長と方
子さま—昭和
37年（1962）6
月，朴大統領
を訪問された。

Princess Masako and President Park in 1962.

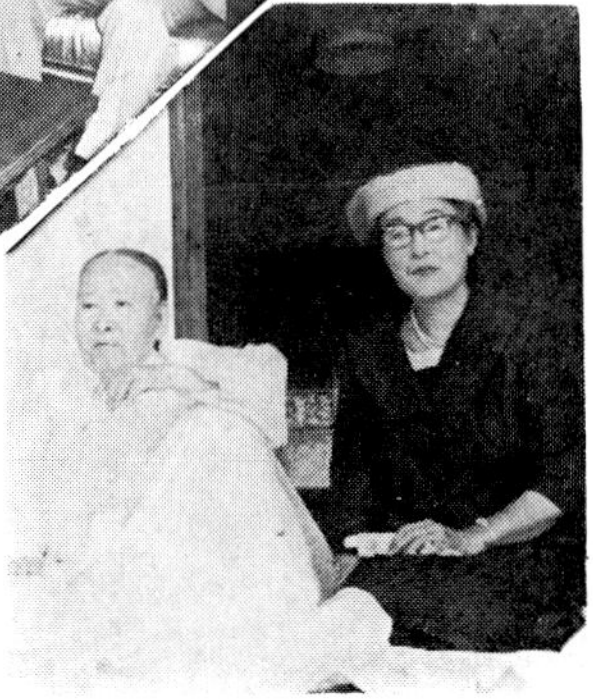

七宮に寺洞宮（李堈公妃）を訪問
——昭和37年6月。

In November of 1963, Prince Yi became seriously ill and flew back to seoul. It was his first home-coming in 56 years.

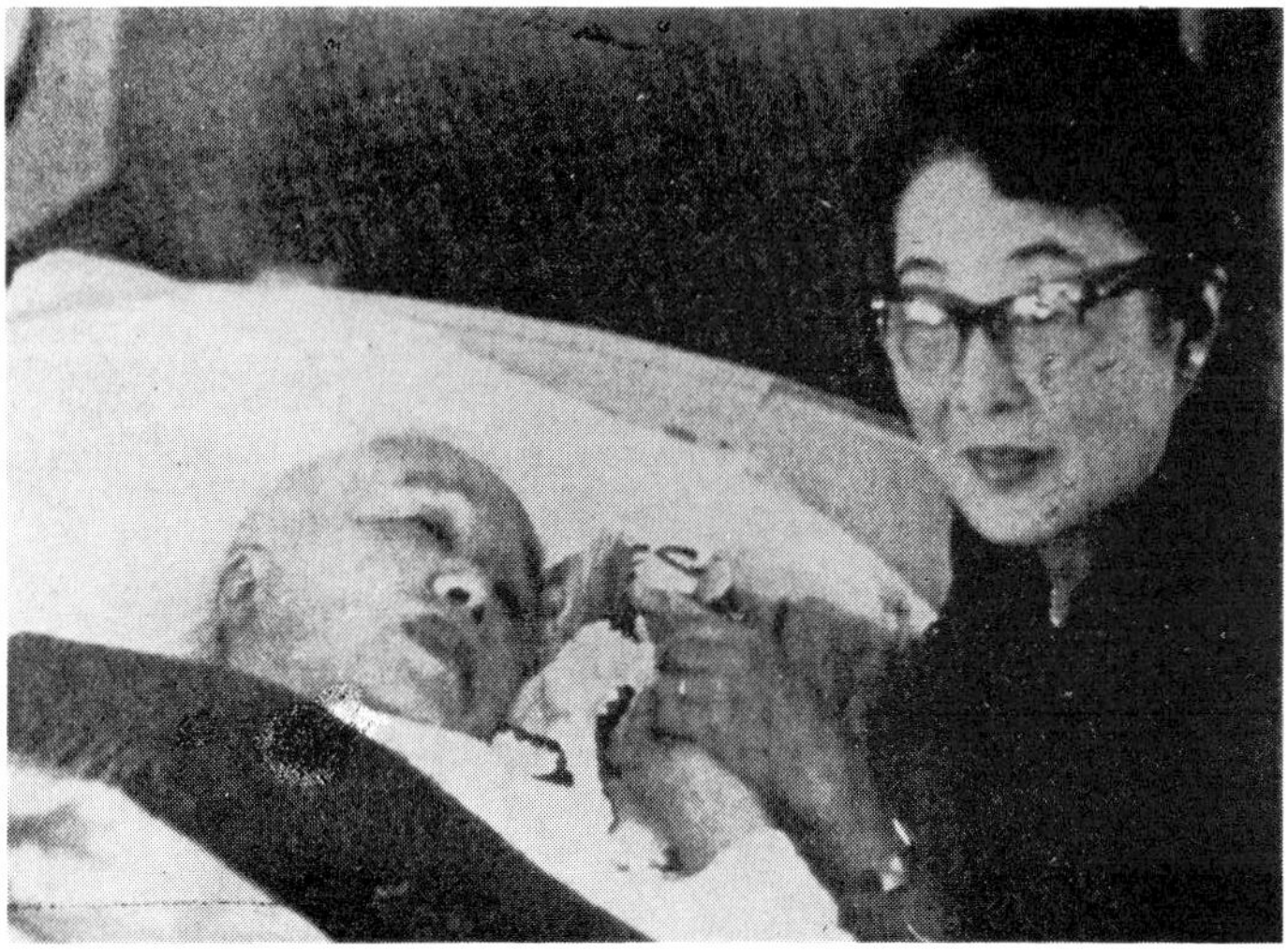

↑**李垠さま56年ぶり故国へ帰還**——昭和38年（1963）11月22日，入院中であった青山・山王病院より病臥のまま羽田へ。日航特別機の寝台で帰国された。

↓**歓迎市民の行列**——金浦飛行場からソウル聖母病院まで約30キロの沿道は，歓迎の市民で埋めつくされた。

李王垠殿下の碑——ソウル市東方24キロの金谷に李王垠殿下の御陵(園)がある。碑には，大韓懿愍皇太子ならびに皇太子妃と刻まれている。懿愍とは，一生いばらの道を歩んだ人という意味である。

拝殿の山上にある土饅頭の御陵

御陵に参拝する人——韓国の人は，今でも李王朝，そして英親王に深い敬慕の念を抱いている。

御陵からソウル市上空を望む景観

Prince Yi died on May 1, 1970. The Korean people gave him a state funeral. He is at peace at last in his beloved country.

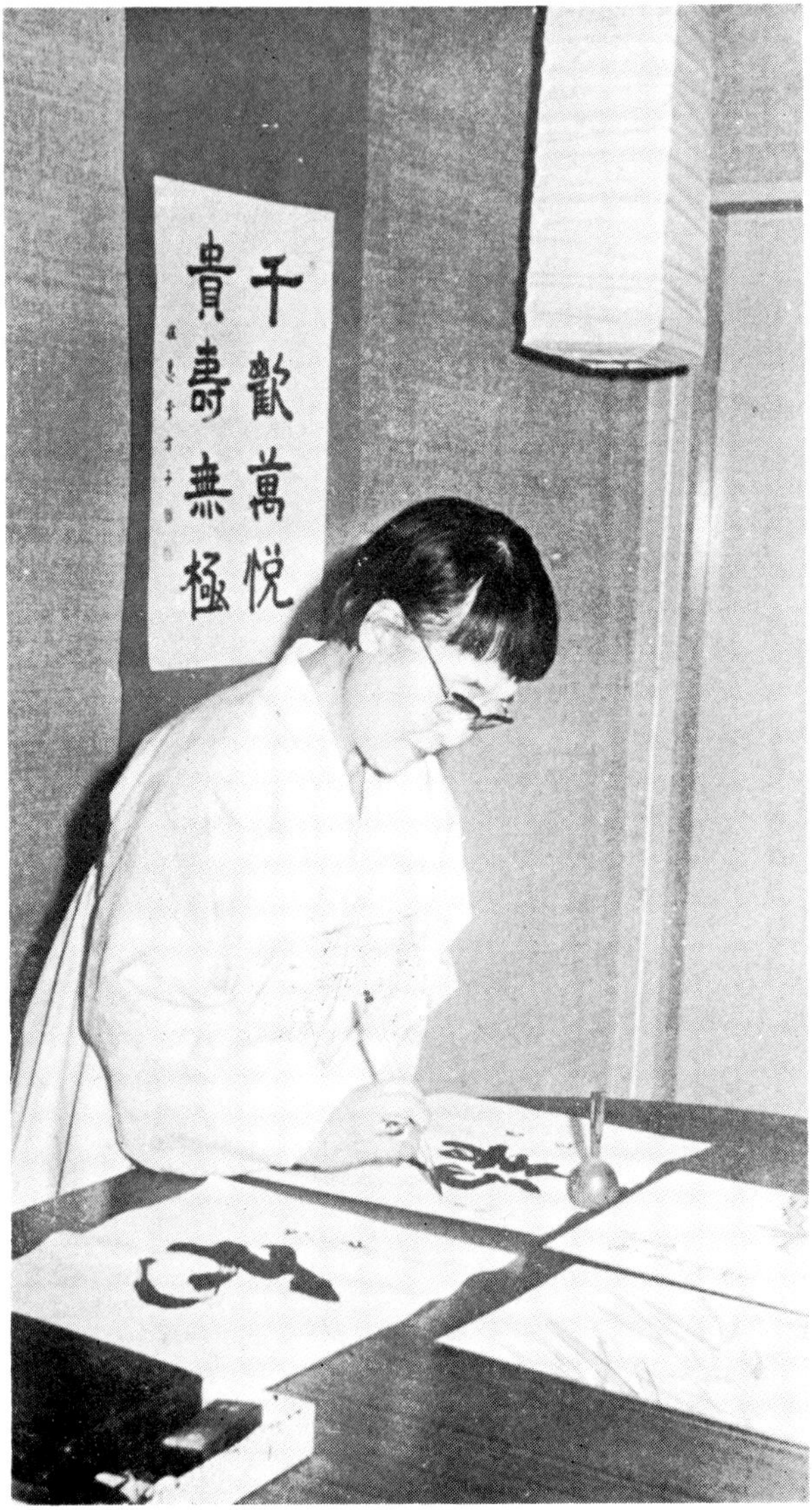

その後の方子さま――方子妃はそのままソウルに留まって、李王朝の離宮・昌徳宮の東南の角にある質素な楽善斎に住み、日本で会得された七宝焼の技術をソウルに伝えて、亡き英親王李垠殿下のご遺志をついで、身体不自由児、精神薄弱児のために、慈善事業の施設を創設し、余生を過ごしておいでになる。

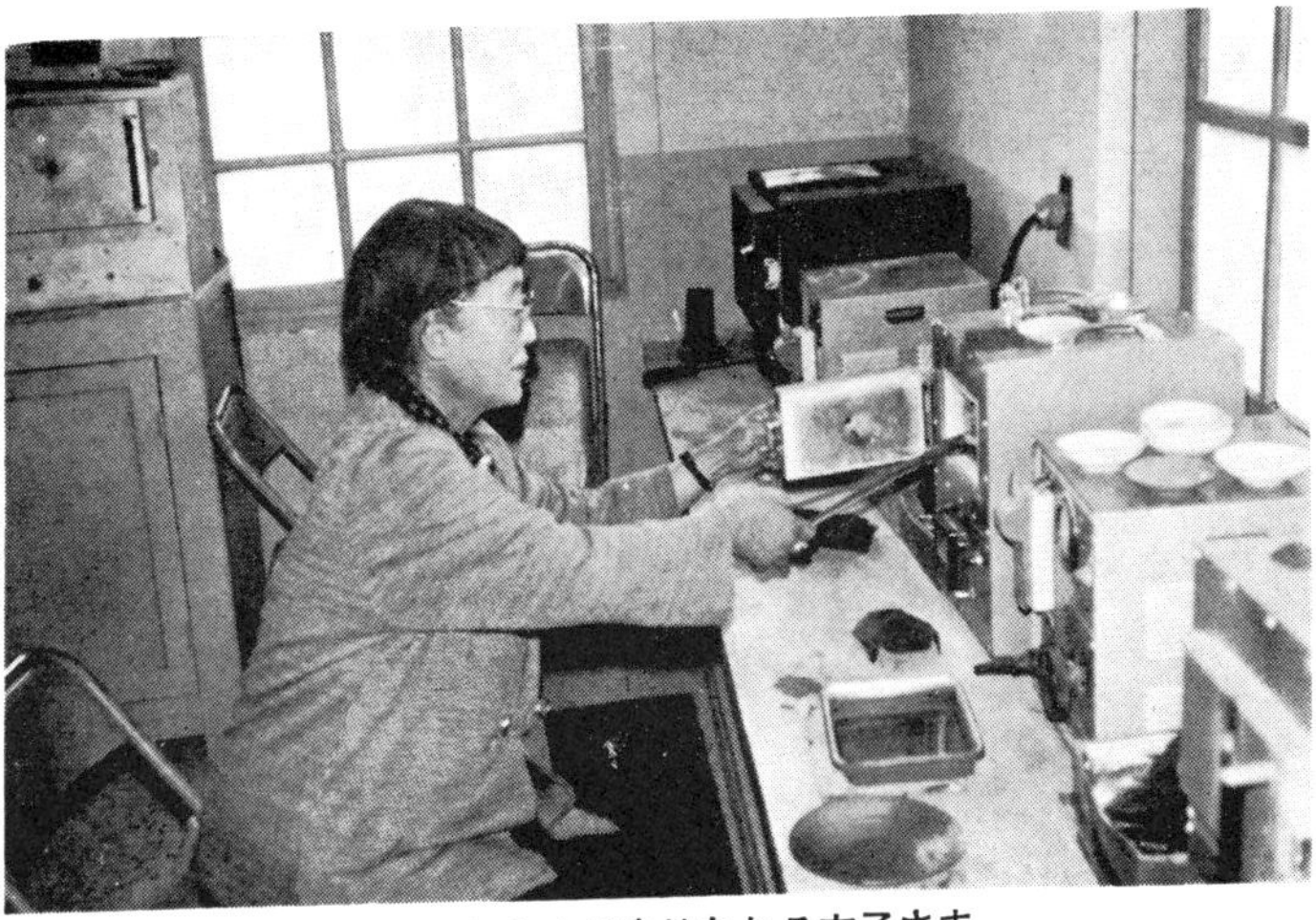

↑ 自から七宝焼を焼かれる方子さま

Mrs. Yi Pang Ja makes her cloisonné. (For the details, please see the page 324)

↓ **楽善斎の作業室**――ここでは常時15～20人の女性が，方子さまから彩色の指導を受けている。

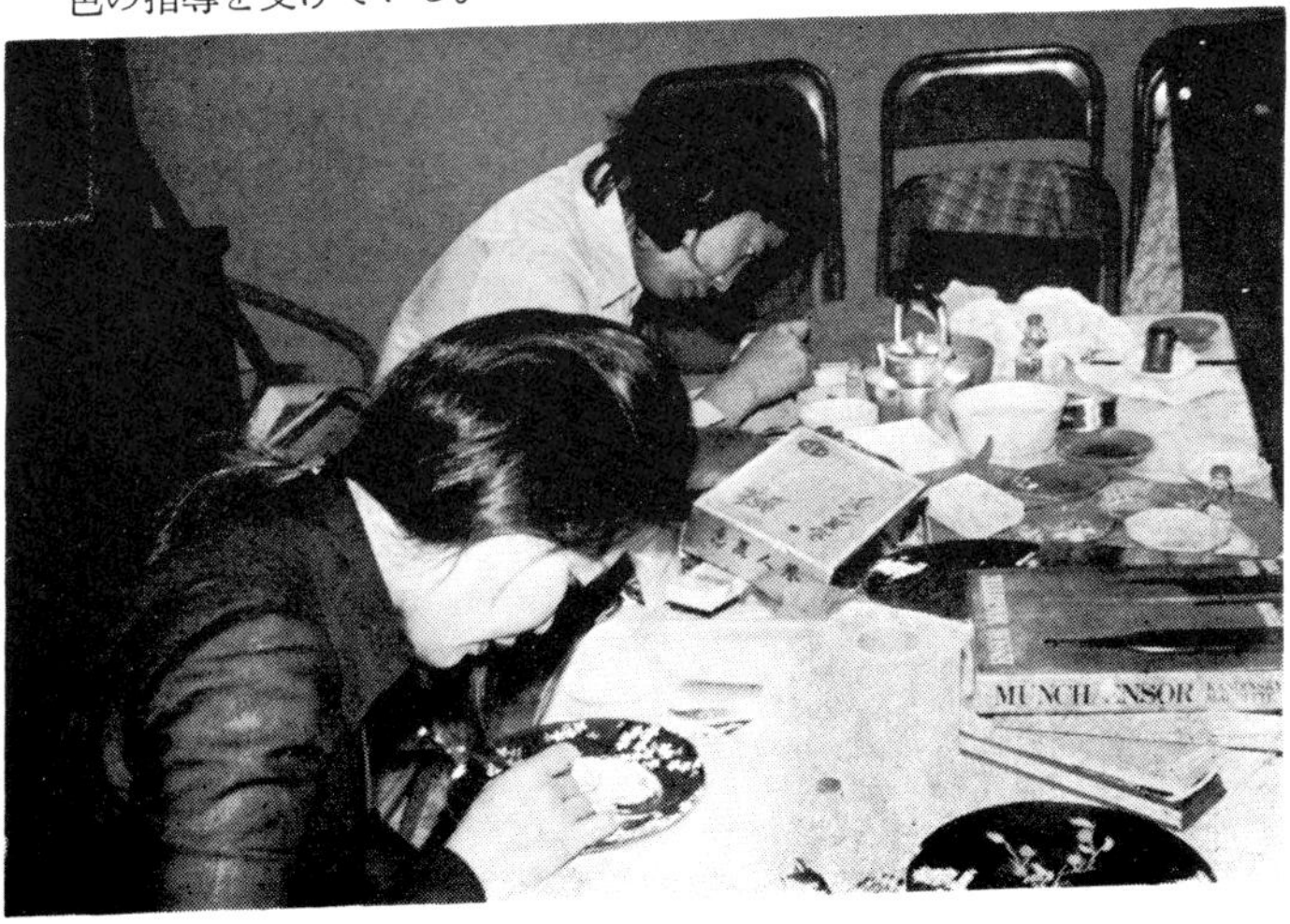

李王家供養塔——李垠さまご在世中、東京多摩霊園に「李家先祖代々供養塔」を建立された。供養塔は大小二基あって、正面の大きい塔には、「李家祖先代々菩提之為也　昭和三十年五月吉日　李垠」、左側の小さい塔には「為李家童男童女身菩提　昭和三十年二月吉日　施主李垠」と刻まれている。薨去の後、方子さまのご発願により、李垠さまのご遺髪その他をお納めしてある。所在は多摩霊園北口に近く、「二十二区一種の二側」、敷地は七十七平方メートル。

新版発行にあたって

この英親王李垠伝を執筆してから、早くも十年の歳月が流れた。この李王朝五百年最後の皇太子の一生は、正に現代日韓関係史の原点でもある。私は李王垠伝記刊行会からのご依頼でこの本を執筆したわけであるが、驚いたことの一つは、李王さまの直筆として残っているものが皆無に近いことであった。本書の口絵8ページにある数枚の文字と絵、そして私の父・岡崎清三郎が保存していた二枚の葉書だけである。この方は一生本心を語る事もなく、何かに感想を書き残す事もなく、不幸な日韓関係の時代を孤独に生きられたのであろう。私は記録に残った事実だけをつなぎ合わせて、この方がそのとき何を感じられたかを推し量ろうとした。書いているうちに、この方の孤独と絶望の底の深さと、日韓関係の難しさを改めて感じた。

私は伊藤博文の事を伊藤公と書いた。すべて当時の皇族、王族、貴族などの名前と肩書は、皆歴史上の公式の称号を用いたわけだが、韓国の人達にとっては耐えられない苦痛であるらしい。この本が出版されてから、米国の国会図書館から早速質問状が来た。この本の主人公の事を英親王と書いてあるが、朝鮮王国には親王はなかった筈だ、というのがそのひとつであった。私は早速日本の宮内庁に出向いて調べて戴いたのだが、日本側の記録には確かに主人公の事を英親王、その異母兄の事を義親王と記録されている。多分日清戦争の後、朝鮮王国は清国の支配から離れて国号を大韓帝国と改め、国王を皇帝に、王世子を皇太子に、王子を親王に改めたのであろう。日本の宮内庁が保管していた李王家に関する資料、すなわち大韓東宮職日記、王世子日記などは、戦後すぐに韓国に返還されたのだが、韓国側ではすでに焼失または紛失していて、李王に関する韓国側資料は恐らくこれ以上出て来ないであろう。

この本が出版されてから、もしこの中の記述に間違いがあれば、事実をもって反論して下さいと言ってきたのだが、そのような事実は殆どなかった。一九八〇年にこの本の韓国語訳が現れたのだが、その訳者白南喆氏は巻末に訳注者敢言と題し、この本に対する感想を述べている。まず伊藤公と呼ぶことが韓国人にとっては耐え難い苦痛であること、万歳事件の後李王が結婚間も無い方子妃に語ったと伝えられる「もし伊藤公存命なりせば……」(本書一七六ページ)の一言はあり得ないことだ、との反論ぐらいなものであろう。

この本は最も近い隣国の最後の皇太子・英親王李王垠さまの一生を取り巻く事実を忠実に記録することをもって終始したものである。良い日本人もいたし、悪い日本人もいた。愚かな韓国人もいたし、優れた韓国人もいた。歴史的事実は事実であって、ただ民族的感情をもって歴史の記述を曲げるのでは、かえって真の日韓両国の理解と友好は生まれてこないであろう。これからまだ百年かかるかも知れないが、人間・李垠さまの周辺に起きた事実を記録して百年の批判に耐えるものにしたいと念願して執筆したのが本書である。

この本の出版に心血を注がれた水野泰夫氏はもはやこの世にはおられないが、共栄書房を再建された平田勝氏が本書の再版を志し、ここに出版の運びとなった。改めて平田勝氏に敬意を表するとともに、今は亡き水野泰夫氏のご冥福をお祈りするしだいである。

昭和六三年六月五日

岡崎　清

（編集執筆責任者）

まえがき

この伝記は、ある国の王子が十歳のとき、一国の運命を背負って異国に旅立ち、五十六年間の異邦人としての生活の後、故国に帰って死んだ記録である。彼は寡黙の人で、一生本心を語ったこともなかったし、書き残したものもない。だから彼が何を考え、何を思ったかは推量する以外にはない。彼ほどの孤独を味わった人は、歴史上それほど多くはあるまい。彼の名は李王垠《ぎん》殿下、かつての大韓帝国、李王朝五百年最後の皇太子、英《えい》親王李垠である。

この方のことを小説に書くのも面白かろう。しかし本書は、編者の主観ではなく、真実だけを後世に伝えたいと念願したものである。真実だけが人の心を打つものであるから。これによって、読者が主人公の心境をどのように慮《おもんぱか》ろうが、それは読者の自由である。この人はただ運命に身を任せ、運命に忠実に生きた。政略の結婚ではあったが、心の底から妃を愛し、妃の国の人になり切ろうとさえした。そして誠実の限りを尽したのだが、体内に流れる父母の血を取り替えることはできなかった。

日本が戦争に敗れてから、主人公と妃は、王族から平民に、さらには国籍さえも失って無国籍となった。今では死語になりかかっているが、無告《むこく》の民になられたのである。ようやく故国の国籍を得て母国韓国に帰還されたが、病いすでに重く、再び語ることのできる日も立ち上がる日もなかった。主人公が死んだ後、妃は、ひたすらに夫の国の人になり切ろうとし、そして今もそのようにしておられる。その姿は、あまりにも美しく、またあわれでもある。だからこの本は、二人の男女の純愛の物語ともいえるであろう。この世にノーベル平和賞があるからには、この賞は、この主人公とその妃のために献じたいと思う。この主人公の末裔《まつえい》も、何時の日かこの本を読んで、二人の過ぎ来《こ》し日々を思い、一人落涙するときもあるであろう。

李王垠殿下といっても、知っている日本人の数は、その世代からいって二〇パーセントぐらいなものであろう。日本と韓国との間には、不幸な歴史があった。英親王李垠の一生は、その不幸な歴史の体顕でもある。

日本と韓国とは一衣帯水の関係にあり、朝鮮半島は日本にとって最も深くかかわり合っている外国である。なればこそ、日清・日露の役が起こり、私たちの父祖が血を流したのである。しかし、恐らくは私たち日本人の血の中にも、韓国の人たちと共通の血が半分ぐらいは流れているであろうのに、昔も今も、日本人にとって韓国ほど近くて遠い国はあるまい。日韓問題について、評論家として論評するのは容易だが、その渦中にまき込まれたとき、「それなら自分ならどう行動する」と答えられる評論家諸氏が、一体何人いることであろう。

戦前の多くの日本人の中には、李王垠殿下は、明治天皇の聖旨によって皇族の礼をもって遇せられておられたが故に、形の上では殿下として最敬礼をしてみたが、心の中では「あれは朝鮮の宮様」と思っていた人もいたことであろう。しかし、一度でも李王垠殿下の温容と、そして日本の梨本宮家から嫁がれた方子《まさ》妃の美しいお姿に接した人々は、ことごとくその仁徳に敬服した。

この本を編集するに当たって、多くの方々の手記や日記や回想録を収集してみたが、上は皇王族、陸軍将官、佐官、尉官、下士官から一兵卒に至るまで、はたまた宮内庁職員、日本人官吏、アメリカ人、韓国人、画家、使用人、出入り商人など、あらゆる階層の人々を通じて、李王さまの悪口を言う人には一人も出会わなかった。生まれながらにして王者の徳を備えておられたのであろう。

編者自身、この本を編集すべく調査して初めて知ったのであるが、英親王に真の帝王学を伝授したのは、明治天皇と伊藤博文公であった。明治天皇が、英親王に深い情愛を示されたことは伝聞はしていたが、これほど破格なものであったとは知らなかった。明治天皇と会われた回数において、お話した回数において、賜わり物の質と量において、大将・元帥級のあらゆる皇族よりも多く、同年齢の内親王や皇子の十倍以上にも達することは『明治天皇紀』が証明している。

しかし、伊藤公がハルピンで斃れ、明治天皇が崩御され、つづいて母のごとき慈愛を示された照憲皇太后がなくなられてからは、英親王は、本当に孤独になった。来日当初は、「万事日本皇太子とご同様に」という趣旨であったが、不幸にして、日本の近代史は急角度で旋回した。明治四十三年八月三十日の日韓併合条約を報じる号外とともに、韓太子から王世子へと呼び名は変わったが、それでも明治天皇の御大葬までは、皇孫と並んで葬列をお見送りする地位におられた。それがとうとう日本国皇族の末席に座られる御身となられたのである。幼かった英親王が、本当に天涯孤独の身となられ、ある日あるいは「自分は人の言うように本当に人質になったのでは……」と感じられた時があったとしても不思議ではない。

大正九年四月二十八日、英親王は完全なる政略結婚によって、日本の皇族、梨本宮守正王の第一王女方子姫と結婚された。方子妃は、今の皇后さまとは父方の御従姉、秩父宮妃とは母方の御従姉に当たられる。ちなみに方子姫は、当時東宮妃、すなわち今の皇后の候補の一人であられた。このことは当時の婦人画報あたりに写真などが掲載されたので、現在の六十歳以上の〝おばさま〟連中なら、大ていご記憶のはずである。

政略結婚ではあったが、方子妃は実によく尽された。この伝記を作るに当たって、昭和初期、とくに昭和九年の事績については全く欠落していた。何とか調べようと思ったのだが、諦める方がよいと思って諦めた。この頃がご夫妻の最も幸せな時期であったようであるから。

李王垠殿下は、往時の日本の皇族のしきたりに従って、日本の軍籍におられたので、日本における知人、友人といえば日本の陸軍軍人が大部分であった。したがって幼年学校や陸士の同期生の中にもずい分と親しく殿下とお付き合いした人もいた。殿下からお菓子を拝領したり、リンゴを頂戴したような話も、この本の中にたくさん収めた。しかし、編者が残念に思ったことは、日本の学友、上司、部下の中で、殿下の徳を讃える人や有難くご馳走になった人は、何百人も何千人もいたが、殿下の心の中に立ち入って、共に人生を語ることのできた心の友があまりにも少なかったことである。

記録の上で、李王垠殿下が肉親の死以外に泣かれた場面が何回かある。その一つは、方子妃への愛情にひかれて、日本の皇族になり切ろうとしておられた昭和十六、七年のある日、京城の進明女学校の生徒が東京に修学旅行にやってきて、紀尾井町のご殿で拝謁を賜わったときのことであった。もう一つは、戦後日本に進駐した米国軍人の一人、ギルフォイルが、GHQの職務で韓国に行って写真をたくさんとり、そのスライドを李垠さまにお見せしたとき、あの謹厳実直にして、父君高宗皇帝の遺言通り、喜怒哀楽を面に現わすことのなかった殿下が、故郷の山河を見て、ハラハラと涙を流されたということである。

われわれは古い日本人の一員として、旧王族であられた李王垠殿下を、深くご尊敬申し上げているが、それ以上に一人の人間李垠の数奇なご生涯を万世に留めたいと念願し、「李王垠伝記刊行会」を結成した。そして李方子さまのご所望により、本会会員の岡崎清（防衛大学校教授・工学博士）に執筆編集を委嘱し、猪熊弦一郎画伯に装丁をお願いして、ここに「英親王李垠伝」の完成を見るに至ったしだいである。

何分にも関係者の多くはすでに他界し、あるいは老齢にして資料の収集は難渋を極めた。また、日韓の関係が本来複雑にして密接不可分なる関係を包含しているが故に、記述の細部においては、あるいは読者の意に適わぬ個所に遭遇せられるかも知れぬ。しかしながら、大綱において本書によって、李王垠殿下ご生前のご高徳を理解して下さる新たな読者が何人かでもおられたならば、われわれの喜びはこれに過ぎるものはなく、本書の目的の大半は達せられたものと思う。
謹んで大韓懿愍皇太子英親王李垠殿下のご冥福と、李方子さまのますますのご健勝をお祈りするしだいである。

昭和五十二年十一月十七日

李王垠伝記刊行会会員一同

李王垠伝記刊行会会員　（アイウエオ順）

有末精三　安東貞雄　井崎鳩夫　井野八郎　伊東　力　伊奈重誠　石黒豊治　石崎申之　磯矢伍郎　稲田正純　今村和男　岩永　宝　宇野　昇

越智通治　大塚福二　岡崎　清　岡崎清三郎　恩田忠録　上条保広　河内綾子　河内太郎　北島年子　北原千鶴子　北村連三　橘高鉄雄　ギルフォイル

児島義徳　菰田静江　佐藤正一　渋沢多歌子　清水盛明　須藤智子　菅野　浄　鈴木貞夫　関　常三　瀬能醇一　多治見国正　高杉善治　滝沢一郎

竹下正彦　武富暉子　寺倉小四郎　土居　泉　徳久鉄郎　中西孝雄　中村忠英　永島　圭　西　久　乗兼悦郎　長谷川太郎　姫田虎之助　広瀬勝代

福島則雄　船津定男　古野一正　真鍋恒子　三原　修　水谷　勉　光森一誠　峰守秀太郎　山下平一　六角精祐　吉田ハナ　吉野厚平　吉原　矩

李王朝最後の皇太子・英親王李垠伝　目次

〔凡　例〕

主人公　英親王李垠　明治三十年（一八九七）十月二十日生

明治四十年（一九〇七）八月七日　韓国皇太子（韓太子）

明治四十三年（一九一〇）八月二十九日　日韓併合により王世子となる。

大正十五年（一九二六）四月二十六日　李王坧殿下薨去により、李王垠殿下となる。

昭和二十二年（一九四七）十月二十二日　臣籍降下により、李垠となる。

昭和四十五年（一九七〇）五月一日　薨去、大韓皇太子として金谷王陵域内に眠る。

「明治時代」　天皇とあるは明治天皇、皇后は後の照憲皇太后、皇太子は後の大正天皇

「大正時代」　天皇とあるは大正天皇、皇后は後の貞明皇后、皇太子は今上陛下

李王朝最後の皇太子・英親王李垠伝

BIOGRAPHY OF PRINCE YI EUN
for The Memory of The Last Crown Prince
of The Korean Yi Dynasty

1978

第一章　英親王の生い立ちの頃

李王垠《ぎん》殿下は、**明治三十年**（一八九七）十月二十日大韓帝国第二十六代高宗皇帝の第四王子としてご誕生になった。明治三十三年八月十七日、四歳の時に英親王と命名された。英親王の父君、高宗は十二歳にして即位せられ、明治四十年（一九〇七、光武十一年）七月十九日、皇帝の譲位詔書を発布するまで、在位四十三年に及んだ。だが李王朝の末期には、親日・親露・親清の三派が対立し、英親王は生まれながらにして苦難の宿命を背負われていたのである。

高宗の王妃は閔妃で、ほかに六人の側室がおられた。閔妃の最初の王子は、生後数日にして毒殺されたのではないかといわれているが真相は謎である。第二王子坧殿下は、後に第二十七代純宗皇帝になられた方であるが、病弱でお子はなかった。**明治二十八年**（一八九五）十月十日、日本では京城事件、韓国では乙未事変といわれる事件が起こり、時の日本公使三浦悟楼子爵は、閔妃、宮内大臣、女官等を惨殺した。明治三十年（一八九七）十月、朝鮮国は国号を大韓帝国と改めたが、英親王がお生まれになったのは、その月のことである。ご生母は厳妃である。厳妃も側室であったが、閔妃なき後は高宗皇帝の寵愛を一身に受けられたということである。英親王の兄君に、側室の貴人張氏から生まれた義親王李堈（後の李堈公、李鍵公と李鍝公の父）がおられた。また、垠殿下より六歳年上で、側室の李氏から完和大君が生まれたが、十三歳の時に閔妃の陰謀により毒殺された、と言われている。このような激動と陰謀の中で、徳寿宮でお生まれになった英親王は、乳母二名や官女(女官)、内人(侍女)を相手にすくすくと成長された。三歳か四歳の頃、厳妃のチマ（韓国衣裳のスカートのようなもの）の下にかくれて、拝謁にくる人々を面白くのぞいてご覧になったのが、物心がついてからの最初の思い出だ、と語られていた。

明治三十七年（一九〇四）に入ると、日露の風雲急を告げ、二月六日、日露の国交断絶し、連合艦隊は六日に佐世保を出て、九日正午には仁川沖でロシア艦隊を奇襲してこれを破った。七歳の英親王は、この仁川沖の砲声を無心に聞いておられたということである。二月十日には、「韓国の安全は正に危急に瀕し、帝国の国利は将に侵犯されようとしているが故に、ロシアと戦端を開くの止むなきに至った」旨の宣戦の詔勅が発布された。

日本の陸軍も、二月八日に仁川に上陸し、直ちに京城に入った。韓国政府ならびに宮廷の驚きは大変なものであった。このような情勢のもとで、二月二十三日、日韓議定書が結ばれた。その内容は、次のとおりである。

第一条　日韓両帝国間に恒久不易の親交を保持し、東洋の平和を確立するため、大韓帝国政府は大日本帝国政府を確信し、施設の改善に関しその忠告を容れること。

第二条　大日本帝国政府は、大韓帝国の皇室を確実なる親誼をもって安全康寧ならしめること。
第三条　大日本帝国政府は、大韓帝国の独立及び領土保全を確実に保証すること。
第四条　第三国の侵害により、もしくは内乱のため、大韓帝国の皇室の安寧或いは領土の保全に危険ある場合は、大日本帝国政府は速やかに臨機必要の処置をとるべし。(以下略)

要するに日本は、韓国の独立と領土の保全、ならびに韓国王室の安寧を保証したのである。しかしこの約束の前半は、それから六年後の日韓併合によって空文に帰した。日韓併合の唯一の代償ともいうべき李王家の安泰も、これから四十一年後、日本の敗戦によって空証文となった。英親王は生まれながらにして悲劇の帝王であったのである。

明治三十八年（一九〇五）三月十日、奉天会戦の勝利の後、四月十日には韓国の外交権を日本において担任することを骨子とする「韓国保護権確立の件」が閣議決定され、八月二十二日に、第一次日韓協約で、日本の大蔵省目賀田種太郎が財政顧問に、日本の外務省に務めていた米国人スチブンスが外交顧問になった。

日本海海戦は、日本の大勝利に帰し、九月五日にはポーツマス条約が結ばれた。その第二条に「ロシア帝国政府は、日本が韓国において政治上、軍事上及び経済上の卓絶なる利益を有することを承認し、日本帝国政府が韓国において必要と認める指導保護及び監理の措置を執るに当たって、これを阻止し、または干渉せざることを約す。(以下略)」とある。英国および米国も韓国に対する日本の保護権を確立することを承認した事実の下に、十一月十七日、韓国保護条約の調印が成った。その第三条に「日本国政府はその代表者として韓国皇帝の下に一名の統監を置く。統監は専ら外交に関する事項を管理するため、京城に駐在し、親しく皇帝に内謁するの権利を有す。……」とある。かくして、十二月二十一日、伊藤博文公は、初代韓国統監に任ぜられ、翌明治三十九年（一九〇六）三月二日、京城（現在のソウル特別市）に到着、三月九日高宗皇帝に謁し、国書を奉呈した。

伊藤公の統監政治の評価については、さまざまである。韓国の人々にとって堪え難いものがあったことも事実であろう。しかしまた、当時の韓国の宮廷も政治も経済も、救い難い病弊に犯されていたこともまた事実であろう。

『李朝五百年史』は、当時の宮廷の内情を次のように述べている。

古来いずれの国においても、権臣宮中にはびこって徒党を組み、国政を左右したことはあるが、当時の韓国の如きは最も甚だしく、閥族の権勢は宮中に侵入して君主の聡明を蔽い、政治上の禍根は常に宮中に源を発していた。故に世人は嘗って東洋の伏魔殿と称した。韓国王室の王室費を計上しても、閥族がみだりにこれを費消し、私腹を肥やすの故に宮中の資常に不足を生じ、策尽きれば遠慮なく政府に向かって追加を命じ、国家に余力無ければ国庫の雑税、特権あるいは山土を奪って宮中集権の資とし、あるいは閥族蓄財の糧とした。……開国五百三年より光武八年（一九〇四、明治三十七年）に至る十一年間の租税の未納額の合計は、実に三百八十七万円にも達していた。これはほとんど一年分の租税総額に相当しているが、これは韓国国民が納税を怠ったためのものではなく、地方官が私したためのものであった。また、韓国王室は全国に多くの不動産を所有しながら、同時に莫大な債務を抱えていた。その規律紊乱の程度は想像を絶するもので、宮廷の衣服、飲食、器具等の物品代支払に対して、皇帝自から準単（一種の借用証）を発行し、その合計額は百六十万円にも達していた。

米国人スチブンスは、日本政府から任命された韓国政府の外交顧問であった。韓国人からは伊藤博文、李完用とともに、民族の公敵と指名された人物であった。数年後のことだが、彼は明治四十一年（一九〇八）三月休暇で米国へ帰った際、新聞記者の質問に答え、「統監政治は韓国の開発と韓国民の幸福増進に忠実である。韓国人は統監府により、旧韓国時代の虐政を免がれ、新しい幸福に向かいつつあると思う」と述べた。その舌禍であろうか、彼は、三月二十三日、オークランド駅で韓国人の二青年に暗殺されたのである。

かくして伊藤統監の政治は、施政の改善とともに、韓国人の反感も増幅していったのである。高宗皇帝は、とくに伊藤公を好まれなかったようだ。このような状況下で、いわゆるハーグ密使事件なるものが起こった。

明治四十年（一九〇七）六月、オランダの首都ハーグで、ロシアのニコラス二世の招集する第二回万国平和会議が開かれた。この会議に韓国の使節と称して韓国人三人が現われ、議長に韓国皇帝の信任状を示し、平和会議への出席を要求した。

親書に曰く「朕今日の境遇愈々困難にして、四方を顧みて訴える所なし……」と。

ハーグ密使事件は間もなく発覚し、日本外務省にすぐに電報がきた。七月三日、伊藤統監は高宗皇帝に謁見、ついで礼式課長にハーグ密使派遣についての電報写を手交し、皇帝の閲覧に供した。皇帝は困惑し、十八日夜のご前会議で高宗は、遂に譲位の意志を表明したのである。九歳の英親王は、一体これをどのように受けとめられたことであろうか。それ以前の英親王については、明治四十年三月十一日に、冠礼の儀が行われたという公式記録が残されているだけである。

〈解説〉

朝鮮（李）王朝第二十六代高宗皇帝即位のいきさつ

第二十五代哲宗は多病で、政治の実権は王妃金氏の一族の手にあったが、嗣子がなかった。当時第二十三代純祖の世子で、即位せずに没した翼宗の妃趙氏は、憲宗の母であったから大王大妃の尊称を受けながらも、なんらの実権を与えられず悶々としていた。大妃は、ひそかに計画をめぐらし、仁祖第九代の孫、王族李昰応の子を迎立し、哲宗薨去の後、十三歳にして即位せしめた。これが高宗である。高宗は系譜上翼宗を王父としたので、趙大妃は多年渇望していた政権に接触する機会が与えられ、高宗の生父李昰応も興宣大院君に封ぜられて、ともに相応じて政権を掌握することになった。大院君は以来十年間朝政を左右したが、内外の失政により隠退、代って高宗妃閔氏の一族が政権を握り、大院君と閔氏一族とのあつれき抗争は、ついに日・清・露三国の干渉を招く結果となったのである。

李王家系譜

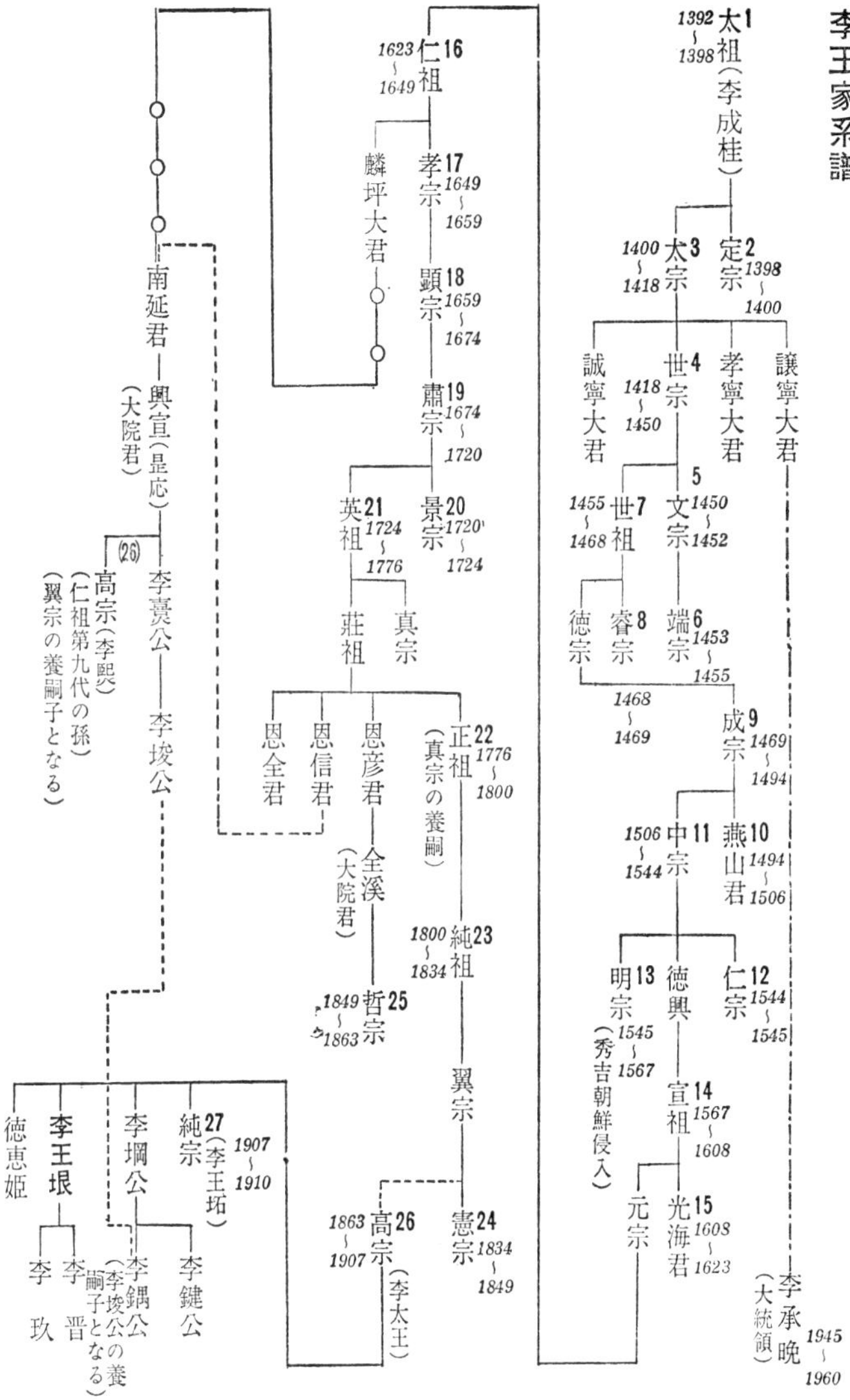
1 太祖（李成桂） 1392〜1398
2 定宗 1398〜1400
3 太宗 1400〜1418
讓寧大君
孝寧大君
4 世宗 1418〜1450
誠寧大君
5 文宗 1450〜1452
7 世祖 1455〜1468
6 端宗 1453〜1455
8 睿宗 1468〜1469
徳宗
9 成宗 1469〜1494
10 燕山君 1494〜1506
11 中宗 1506〜1544
12 仁宗 1544〜1545
徳興
13 明宗 1545〜1567（秀吉朝鮮侵入）
14 宣祖 1567〜1608
15 光海君 1608〜1623
元宗
李承晩（大統領） 1945〜1960
16 仁祖 1623〜1649
17 孝宗 1649〜1659
麟坪大君
18 顕宗 1659〜1674
19 粛宗 1674〜1720
20 景宗 1720〜1724
21 英祖 1724〜1776
真宗
荘祖
22 正祖 1776〜1800（真宗の養嗣）
恩彦君
恩信君
恩全君
全溪（大院君）
23 純祖 1800〜1834
25 哲宗 1849〜1863
翼宗
24 憲宗 1834〜1849
26 高宗 1863〜1907（李太王）
南延君
興宣（是応）（大院君）
(26) 高宗（李熙）（仁祖第九代の孫）（翼宗の養嗣子となる）
李熹公
李埈公
27 純宗 1907〜1910（李王坧）
李堈公
李王垠
徳恵姫
李鍝公（李埈公の養嗣子となる）
李鍵公
李晋
李玖

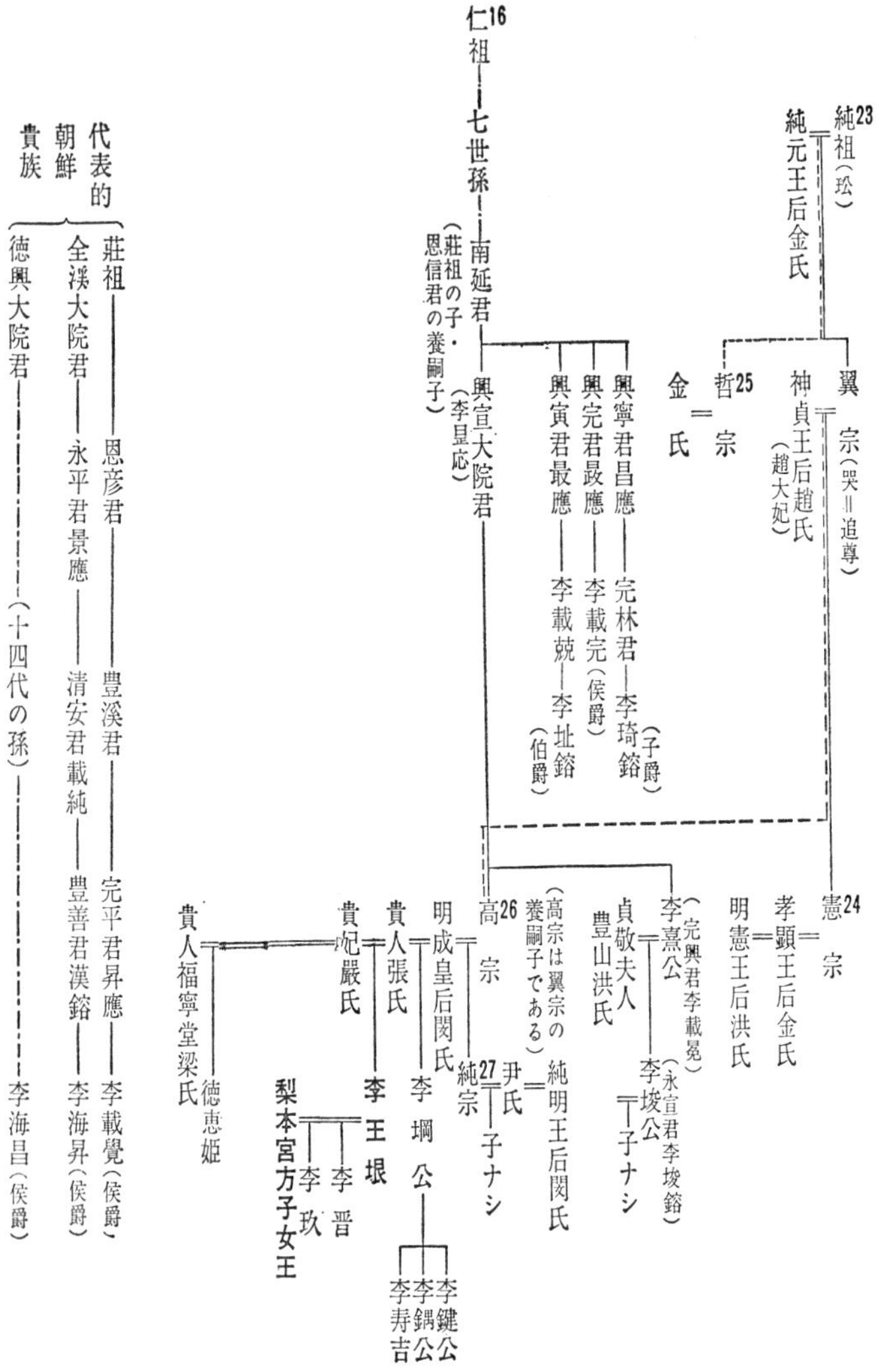

純祖23（玜）
純元王后金氏
翼宗（哭＝追尊）
神貞王后趙氏（趙大妃）
哲宗25
金氏
憲宗24
孝顕王后金氏
明憲王后洪氏
仁祖16
七世孫
南延君（荘祖の子・恩信君の養嗣子）
興宣大院君（李昰応）
興寧君昌應
完林君
李琦鎔（子爵）
興完君最應
李載完（侯爵）
興寅君最應
李載兢
李址鎔（伯爵）
高宗26
明成皇后閔氏
純宗27
尹氏
純明王后閔氏
子ナシ
（高宗は翼宗の養嗣子である）
李熹公（完興君李載晃）
貞敬夫人豊山洪氏
李埈公（永宣君李埈鎔）
子ナシ
貴人張氏
李堈公
李鍵公
李鍝公
李寿吉
貴妃嚴氏
李王垠
梨本宮方子女王
李晋
李玖
貴人福寧堂梁氏
徳恵姫
代表的朝鮮貴族
荘祖
恩彦君
豊溪君
完平君昇應
李載覺（侯爵）
全渓大院君
永平君景應
清安君載純
豊善君漢鎔
李海昇（侯爵）
徳興大院君
（十四代の孫）
李海昌（侯爵）

第二章　韓太子と伊藤博文公

一　日本皇太子の訪韓

明治四十年（一九〇七、光武十一年）七月十二日、李王朝第二十六代高宗李煕皇帝の後を承けて、第二子李坧は皇帝の位に即いた。第二十七代純宗である。二十一日、明治天皇は新帝に親電を発して襲位を祝し、日韓両国の交誼と両皇室の親睦のますます厚くなることを望まれた。

七月二十四日、統監伊藤博文と総理大臣李完用との間に日韓協約が成立し、韓国法令の制定、重要な行政上の処分、高等官吏の任免等は統監の承認を必要とすることとなり、日本の保護権はますます拡充されるに至った。韓国軍隊の解散が行われたのも、この何日か後のことである。

明治四十年（隆熙元年）八月三日、新皇帝の勅旨を奉じて、年号を隆熙とし、前帝を太皇帝と尊称し宮号を徳寿宮と申し上げることにした。つづいて皇太子妃尹氏を皇后とし、八月七日皇弟英親王は皇太子に立てられたのである。御年九歳であった。八月十六日には、陸軍歩兵参尉に任ぜられた。新帝の即位式は、二十七日に挙行されている。

伊藤公は韓太子を日本において教育を受けしめ、両国永遠の親和に資せんとし、八月上旬、一時帰朝するに先だち、純宗に謁してこの旨を言上し、ご内諾を得た。伊藤公は、帰朝復命の際、この旨を奏上し、（明治）天皇の御許しを得た。伊藤公は、韓太子を日本にお迎えするに先だち、皇太子嘉仁親王（大正天皇）の韓国行啓を仰ぎ、韓国統治の実況をご覧に入れようとし、九月十六日に参内、このことを内奏した。しかし、当時の韓国は未だ治安が悪く、天皇は難色を示されたが、伊藤公は身命を賭けて護衛し奉らん、との赤誠を披瀝して奏請した結果、有栖川宮威仁親王も同行されるということでようやく勅許を得た。伊藤公は韓国における奉迎準備のため、九月二十三日、東京を出発、新任副統監曾禰荒助を同行して京城に帰任したのは、十月三日のことである。

英親王の身辺も、にわかに慌しくなった。母君厳妃をはじめ、日本留学に反対する意見も強かったのである。日本宮内庁の記録によると、「十月二日修学院に御入学」と記されているが、これは、韓国側が日本留学の必要性のないことを示すための方策であった、と推測されないこともない。

東宮は十月十日、東京をご出発、威仁親王をご同伴、陸軍大将桂太郎、海軍大将東郷平八郎、東宮武官長陸軍中将村木雅美、侍従職幹事岩倉具定、宮内次官花房義質等がお供をした。

十月十二日、宇品から御召艦香取に乗船、第一艦隊の軍艦数隻が、これに随行し、十月十六日、仁川にお着きになった。東宮は艦載水雷艇にて上陸、純宗皇帝および英親王は、仁川駅にて東宮をお迎えになった。それよりお召列車に同乗、伊藤公以下随員一同お供申し上げ、京城南大門駅に到着、皇帝はここからお帰りになったが、英親王は東宮と馬車に同乗、午後四時、東宮の宿舎、統監官邸までお送りになった。

十月十七日、東宮は午前十時三十分より李完用総理以下各大臣を統監邸にご引見、それぞれ勲章を授与された後、正午、惇徳殿に入られ、皇帝および皇妃とご対面、即位のお祝いの聖旨を伝達せられ、皇帝には大勲位菊花章頸飾を、韓太子には勲一等旭日桐花大綬章を贈られ、終って昼食を共にせられた。その後、東宮は伊藤公侍立の下に太皇帝とご会見になった。

十月十九日、東宮は皇帝および英親王を統監邸に招待され、昼食を共にされた。皇帝帰還の後、東宮は英親王および威仁親王と馬車に同乗、伊藤公以下随員を従え、昌徳宮、景福宮を巡覧（口絵四頁の写真はこの日のものである）、ついで惇徳殿に至り、皇帝と対面の上、歓待を謝し、お別れの言葉を述べられた。この夜、日韓京城市民は、盛大なる提灯行列を催して奉祝したが、その参加人員は一万人にも及んだという。初めてこのような重大な公式行事に参加された、わずか十歳の英親王のご心労も大変なものであったであろう。

東宮は、十月二十日、京城を出発、仁川より帰朝の途につかれることになり、皇帝は南大門駅まで、英親王はお召艦までお見送りになった。

日本皇太子のご渡韓につき、皇帝は、十一月四日、とくに詔勅を発し、これにより両皇室の親睦が、ますます深くなることを宣示せられ、同時に皇太子英親王の東京留学を正式に決定せられた。

二　韓太子留学のため来日

天皇は、十二月初旬に予定された英親王の留学につき、深く宸慮せられ、その教育の方法につき、前もって伊藤公にご下問される思召しであった。これを伊藤公に伝える徳大寺実則侍従長の書翰は、次のようなものである。

拝復　韓国皇太子ご遊学のことについてのお手紙拝見しました。閣下ご同伴で出発されれば宜しいかと存じます。ただし、十二月初旬仁川港より乗艦、下関に上陸されましたならば、閣下には英親王に先だちご出発、大磯にお留りになることなく直ちに東上せよ、とのご沙汰であります。英親王の日本語修学、留学場所、教師などの事情につきご下問のための叡慮によることと存じます。

敬具

明治四十年十一月十三日　　実　則

伊藤統監閣下

ところが伊藤公は、英親王はまだ幼弱で単身では不安になるおそれありとの理由で、再度徳大寺侍従長を通じて、英親王と同行したいと奏上し、就学に関することは上京の後、聖慮をうかがってからおもむろに決めたき旨を伝えた。十一月二十二日、天皇はこの願いをお許しになり、岩倉侍従を通じてこの旨を伊藤公に伝達された。

明治四十年(一九〇七)十一月十九日、英親王は公式に日本国留学を命ぜられた。韓国王室においては、皇太子の教育に当たるべき者は、徳識天下に卓越し、勲功一世に秀でた偉人でなければならないとして、伊藤博文公を太子大師に任じ、公に親王の殊遇を与えることとした。皇帝より伊藤公に賜わった詔勅を現代語で書くと次のようなものである。

昔、皇太子を教育するには、孝心深く兄弟仲よく博学で道義に厚い人を選んでその教師とし、徳育を成就させたものであった。故に、朕深く世界の大勢と韓国百年の計を思い、皇太子に開明の教育を受けさせたいと願う。師とすべき人を選ぶのは難しい。内外を探し求め、ここに統監大勲位公爵伊藤博文をとくに太子大師とし、補導の任を委ねたい。伊藤統監は、徳高く功あつく、学は古今に通じ、わが国においても、実に擎天支厦の労あり、朕の平常尊敬しているところである。今ここに特に親王の礼をもって遇し、位は百官の右に在るべし。わが伊藤大師、朕が意にそむくなかれ。

ここに至るまでには、多少のいきさつがあった。師傅の任は普通の官職と異なり、専ら教育指導にあるわけであるから、この役を受けることはなんら妨げがあるわけでなく、かえって韓国上下の人心をつかむ上で有益である。しかし、やはり異例のことであるから、伊藤公はあらかじめ聖断を仰ぐべきであると考え、西園寺首相に電報して奏上したが、親王礼遇のことがあったので、伊藤公に再考を求められた。しかし、再び「親王礼遇のことは、なんら日本の慣例を損うものではなく、韓国の先例はほとんど中国によっている。中国の歴史によると、師傅とは一に師弟の関係が第一で、尊敬の意を表わす方法にすぎず、統監の任をもって韓国宮廷に在る場合には、百官の上に位し、時に親王以上の礼遇を与えられている。宗主権外務の代表者なるが故である」と電報して裁可を請うた。天皇は、これを許し、侍従長をして首相に伝えられた。いかにも伊藤公らしいやり方である。

さらにこの十九日、皇帝は皇太子の日本留学、ならびに伊藤公を太子大師として同行させることにつき、韓国国民に左の詔勅を発せられた。

国は後継ぎが大事である。教育は幼少のうちから始めるのがよい。故に西洋諸国の皇太子も、多くは幼年から外国に遊学し、軍籍に入る者さえもある。皇太子英親王は、英邁にして王者の徳あり。宮廷の奥深くにおらず、速やかに遊学すべきである。故に、公爵伊藤博文を太子大師として、日本に行き教育を受けさせたいと思う。その教育については、大日本皇帝に頼って、その成就を期している。これはもちろん、韓国初めての盛挙である。何時の日か韓国が発展して維新を行い、国運を開発することの期待は、今日のこの事に始まる。朕が心を疑うことなく、汝臣民この意を体せよ。

明治四十年（一九〇七）十一月二十三日、太子大師親授式が行われることになり、伊藤公は昌徳宮に参内、韓国宮内府大臣等に迎えられて、熙政堂に入った。純宗皇帝は、皇太子英親王を伴って出御され、「朕は最も敬愛する卿に太子大師の職を授けるため、ここに親授式を挙行する」と宣し、御手ずから辞令書を親授せられた。伊藤公はこれを拝受し、「外臣、今日より後、太子大師として誠意を傾け、皇太子補導の任を全うし、もって君恩に報いたき」旨を奉答した。かくして式が終った後、伊藤公はさらに徳寿宮に赴き、前皇帝高宗および厳妃（英親王ご生母）に謁し、太子大師就任の挨拶を言上したところ、前皇帝より皇太子の啓発につき、とくに懇願されるところがあった。日本宮内庁記録によると英親王は同日、近衛隊付に補せられている。

翌十一月二十四日、英親王は統監府において、各大臣、侍従、中枢院議長および曾禰副統監以下日本の文武官侍立の下に伊藤公とご会見、青玉の環、硯などを公に贈呈して師弟の契りを結ばれた。皇太子が還られた後、伊藤公は昌徳宮に伺候して答礼を申し上げ、日本歴史講義、康熙字典、花瓶などを献上した。

十二月初旬京城の新聞『毎日申報』は、「英親王の日本留学期間は約十年、内六カ月は武官学校で修学」「皇太子は日本留学中も太皇帝と皇帝のご機嫌奉伺のため、しばしば帰国する」。十二月八日付では、とくに「皇太子は来年六月、夏休みを利用し、しばらく帰国する予定」とさえ報じている。

十二月四日、英親王出発の前日である。午前十一時、李太王にお別れの挨拶のため徳寿宮に参内、午後三時に還御された。

明治四十年（一九〇七）十二月五日、英親王は伊藤公に伴われて日本留学の途にのぼった。午前九時出発、敦化門前から南大門停車場まで、日韓両国警官が警戒に当たった。太子大師伊藤公は、馬車にて先導、統監府官吏、宮内府大臣李允用、農商工部大臣宋秉畯、東宮大夫高羲敬らがこれに従った。

英親王は、武官の服装というから陸軍参尉の軍服を召されたのであろう。玉車にご乗車になり、侍従武官長趙東潤（明治四年生）が陪乗した。日本騎兵二個小隊が前後を警衛し、各学校生徒、各界紳士、一般民衆が沿道の左右に林立して万歳を連呼した。十歳の英親王は、敦化門から南大門停車場まで、答礼のため挙手された手を下ろすこともできなかった。南大門から永登浦までは、京畿観察使指揮下に一般市民が歓送。永登浦から梧柳洞までは、富平郡守指揮下に学生市民が整列、梧柳洞から仁川までは一進会員が林立お見送りした。孤児学校の生徒は、仁川埠頭までお送りして海に涙を流したと伝えられている。わずか十歳の少年を、小国とはいえ、国を挙げて、これほどの感慨をもって送り出した例は、歴史上それほど多くはあるまい。思えば、この日が、英親王にとって母君厳妃との最後のお別れの日となった。

仁川より軍艦満州丸に乗艦。天皇は、侍従職幹事公爵岩倉具定を韓太子接伴のため、下関まで遣わされていた。英親王一行を乗せた満州丸は、平穏な黄海と玄海灘を航行し、七日下関に到着。勅使岩倉公をはじめ官民多数の出迎えを受けられた。日本留学の第一日、春帆楼に泊まられたわけだが「その日本料理の薄味に閉口した」とは、後年の李王垠殿下の回想である。

英親王、伊藤公一行は、ゆっくりと東上の旅を重ねた。上陸四日目、十二月十一日午前十一時十分ようやく京都駅に到着した。韓国留学生は、日韓両国旗を掲げ、日本人生徒二千余名、清国留学生も数十名、京都駅頭にお出迎えして万歳を三唱したという。

韓国側の心配ぶりも尋常ではない。英親王が出発してからたった五日の後、前侍従朴容淑は、留学生の朴容求、朴容泰、朴斎根、秦載穆、張業準らを伴い、問安使として日本に向かい出発した。英親王保母、千尚宮は、十二月十一日出発する予定であったが、洋服の準備が遅れたため、十四日に京城を出発、英親王の後を追った。

十二月十五日、英親王一行は無事入京した。新橋駅には、東宮および有栖川宮威仁親王、閑院宮載仁親王をはじめ、皇族ならびに元老大官、朝野の名士、貴夫人一千余名がお出迎えした。幼顔の韓太子が伊藤公にお手をひかれ、韓国歩兵参尉の軍服に勲一等旭日桐花大綬章を帯び、プラットホームを歩まれるお姿を見て、場内寂として声なく、ご父母の膝下を離れられたお心を察して、そっと涙を流した女性も少なくなかったということである。威仁親王は英親王と馬車にご同乗、伊藤公もこれに陪乗し、宿舎にあてられた芝離宮に入られた。

伊藤公は、翌十二月十六日参内、韓太子の留学に関する詳細につき奏上したところ、天皇は深く公の労苦を多とせられ、酒肴料として金一千円を下賜された。

ついで十八日、英親王は儀衛を備えて参内、伊藤公、岩倉公、高羲敬の三人が馬車に陪乗した。正午頃宮城にご到着、戸田式部長官は車寄せからご誘導、天皇は自から鳳凰の間の入口に出て迎えられ

（これは異例中の異例のことである）皇后とともに対面せられた。威仁親王・同妃、博恭王・同妃も同席された。英親王は純宗皇帝の親書を奉り、かつ次のように奏上された。

「我が皇帝、皇后および太皇帝の命により、陛下の下に留学せんとし来朝す。本日親しく謁を賜う。謹んで陛下の平安を賀す。留学のことに関しては、百事教示を賜わらんことを。我が皇帝、皇后、および太皇帝は、親しく陛下に敬意を表することを垠に命じたり。今始めて拝謁の栄に浴し、陛下の安寧を賀するを得たるは、垠の欣びに堪えざる所なり」と。

十歳の英親王にとっては、これだけ言上するのが、精一杯のところであったであろう。天皇は、

「殿下の懇切なる言葉、朕具《つぶさ》に之を領す。留学のことは統監と協議し、最善を計るべし」

と仰せられ、ついで、英親王を豊明殿に導き、皇后、皇族方と昼食を共にせられた。李允用以下の随員、統監、内大臣、宮内大臣、外務大臣、侍従武官長、侍従職幹事、皇后宮大夫、宮内次官、式部長官、統監府員らも陪食した。宴が終って千種の間に移り、しばらくして英親王は退出した。時に一時四十五分であった。はじめ皇太子（大正天皇）も妃とともに参加される予定であったが、お風邪のため出席されなかった。

同日、英親王は、玉笛一本、虎皮一令、雲鶴丸形花瓶一個、素焼鬼面花瓶一個を天皇に、獤皮三十張、青磁水瓶一個、彫鏤台付酒盃一個を皇后に献じ、虎皮一令、豹皮一令、牡丹象眼花瓶一個を皇太子に、獤皮二十張、青磁彫刻香盒一個、牡丹刻青磁蓋物一個を皇太子妃に贈呈した。

これより先、韓国皇帝は完興君李載冕（興宣大院君の子、高宗の兄、併合後李熹公となる）を特派大使として派遣していた。十二月十九日、李載冕は、その子永宣君李埈鎔（高宗の甥、後、李埈公となる）以下随員とともに参内、伊藤公に導かれて鳳凰の間に至り、天皇に拝謁、新帝即位式の際、特派大使を派遣されたことに対し、答礼の辞を述べるとともに、「今日わが皇太子、貴国に留学して隣邦の情誼ますます深し。……」との韓国皇帝の親書を奉呈した。天皇は「……貴国皇太子すでに入京し、朕これと相見ることを得たり。その甚だ壮健なるを喜ぶ……」とのお言葉があり、ついで豊明殿において陪食を賜わり、労をねぎらわれた。

翌十二月二十日、天皇・皇后は、特に芝離宮に英親王を答訪せられ、「殿下、わが国に留学せられるについては、寸陰を惜しんで勉励せられんことを望む」と諭し、手ずからご紋付金時計を贈り、学習時の用に供せられた。「垠、すこぶる感謝の色あり」とは『明治天皇紀』の記述である。その上、英親王の寝室や居室をあらため、膳食にまでも細かい注意をされた、と伝えられている。

十二月二十二日、伊藤公は大磯の滄浪閣にお迎えしたことは、伊藤博文公年譜の中にある。

三　太子大師伊藤博文公

明治四十一年一月二十九日、伊藤公は、英親王を伴い参内、天皇と鳳凰の間においてご対面、次の

勅語を賜った。（現代語訳）

「殿下、東京に滞在してより、気候風土を異にするにも拘らず、極めて健全なるを聞き、甚だこれを喜ぶ。日本語の習得日々に進み、事物の目に映ずるところ、自国と異同あるを知ることも多かろう。将来ますます勉励、学業の上達せんことを望む」と。

ついで東宮大夫高義敬、侍従武官趙東潤を召見し、さらに勅語を賜わった。

「卿等、殿下にしたがって東京に留まると聞く。朝夕、殿下の体育ならびに学業につき、深く意を用いよ」と。

ついで間もなく帰国する宮内府大臣李允用（安政元年生、李完用の義兄）を召し、

「卿の近日、帰国せんとするを聞き、朕は、貴国、皇帝陛下に呈せんとする言を卿に託さん」

と述べられ、次の覚書一通を賜わった。

「朕は、常に貴王室の安寧なるを聞き、深くこれを喜ぶ。貴皇太子東上、学に就かんとするにつき、朕は専心その希望を全うせしめんとし、すでにその人物を選定せり、日ならずして新設の学舎に移転せられれば、朝夕師となるべき者を伺候せしめ、怠ることなきを期すべし。朕、時に臨み訓示するところあるべし。韓皇、願わくは安慰せられよ」

翌一月三十日には、再びこの李允用を芝離宮に召して昼食を賜い、威仁親王および宮内大臣らにも陪食を命ぜられた。

天皇は、二月三日、とくに年齢の近い竹田宮恒久王、北白川宮成久王、朝香宮鳩彦王、東久邇宮稔彦王に毎週一回、英親王の学舎を訪ね、日本語の勉強の相手をつとめるよう命じられている。

二月九日、英親王は芝離宮より鳥居坂の御用邸に移った。これは宮内省が、佐々木侯爵邸を買い上げたものである。いよいよ買い上げがすみ、内部の修理も終ったので、その旨奏上したところ、天皇は「竣工はしたであろうが、住み心地は如何であろう。まず試みにたれか泊まって確かめよ」と仰せられ、宮内書記官の栗原広太が三晩泊まって、無事なる旨奏上したので、やっと移転が許された。この日天皇は、侍従職幹事岩倉具定を遣わして、蒔絵文硯箱および革製手提文房具入を贈り、皇后もまた、皇后宮主事山内勝明を遣わして、紫檀書棚一個を贈られた。皇太子嘉仁親王もまた、別に机を贈られた。このころから元老伊藤公が自から先頭に立ち、枢密顧問官末松謙澄博士、英語の鈴木大拙博士、桜井房記博士などが、ご用掛をつとめて日本語をはじめ一般教養の修学がはじまった。英親王のお取扱いは、「万事、日本皇太子とご同様に……」という方針だったようである。

芝離宮における英親王の生活については、『朝鮮貴族列伝』(宮内庁保管、明治四十三年編)の中に、かなり詳しい記述がある。純日本式で、床に畳をしき、防寒のため電気暖房を用い、座布団の上に端座されていた。生活は規則的で、あたかも学校寄宿舎の感があり、東宮が寄進された机で予習・復習をされた。朝は、冬は七〜八時、夏は六〜七時に起床され、洗面後軍服を着用、庭園を散歩するのを常とした。十時に朝食の後、学問室に入るのを日課とした。正午昼食の後、再び一時から三時まで学問室に入った。以後は運動など、随意時間の時を過ごし、六時夕食。以後、玉突きに興じ、入浴の後、九〜十時寝所に入る。毎日、故国に書翰、絵葉書をかくほど、孝心が深かった。毎日書いた絵葉書というのは、巻頭の写真のように「問安、世子垠」とあるものである。時々参内して天皇に謁し、賜わり物を賜わった場合には、即日、電信で報告されたということである。

留学前は、朝夕の起臥寝食、すべて女官の手で育てられてきたわけだが、鳥居坂での生活は全くの女人禁制で、側近はほとんど日本人、しかも中年か老年の男子ばかり。家庭らしい和らぎもなく、寂しい日々を過ごされたことであろう。この孤独の少年英親王に対して、(明治)天皇のご配慮は一とおりでなく、皇后(昭憲皇太后)もとくに不憫に思われて、たびたび宮中にお招きになったり、使いを遣わして慰められた。『明治天皇紀』に曰《いわ》く「五月九日、韓国皇太子英親王垠、皇后に内廷謁見所にて謁す。皇后、御紋付銀花瓶、銀香炉各一個及び果物一かごを贈りたまう。五月十一日、侍従職幹事、公爵、岩倉具定を韓国皇太子英親王垠の寓舎に遣わして、クリケット用具一組、書架一個を賜う。…」

五月十八日、英親王は東宮御所を訪ねておられる。当時皇太子三十歳、東宮妃(貞明皇后)二十五歳、裕仁親王(今上天皇)七歳、雍仁親王(秩父宮)五歳、宣仁親王(高松宮)三歳である。『雍仁親王実紀』によれば、韓太子の東宮御所訪問の記録は四回あるが、他の皇族が訪問した記録は、ほとんど見られない。この頃、京城では、英親王のいなくなった修学院が廃止され、「一般世人慨歎せざるなし」と朝鮮側新聞は伝えている。

伊藤公は、韓国統監であったから、三月二十八日、韓国学部大臣李載崑（弘化二年、一八四五年生。慶昌君十代の孫。後、子爵となる）とともに参内の後、四月五日、大磯を出発、京城へ帰任した。七月二十一日、再び大磯に帰着したわけだが、七月の帰国の時には、李完用総理をも同伴した。その理由は、李完用は太子少師でもあったので、英親王の修学状況を見聞し、併せて日本各官庁を視察するためであった。

七月三十一日には、伊藤公夫人梅子が、韓国皇帝より勲章を拝受したので、大井の恩賜館に英親王を招き、祝宴を催している。当時は、暑中休暇中であったので、伊藤公はこの機会を利用して、英親王の見学旅行を計画した。八月三日には、英親王を伴って横須賀軍港を見学し、金沢別荘（横浜市金沢区）に泊まった。ついで八月八日から八月二十一日まで、関西旅行に出た。名古屋を経て大阪に至り大阪兵器製造所、大阪造幣局等をご案内した。神戸港より満州丸に乗船し、呉に向かったが、その船中で伊藤公は、

炎天八月駕艨艟　　実践須期啓睿聡
自古神童多挫折　　不成大器有何功

という詩を作って、英親王のご覧に入れた。呉からさらに大阪、奈良を巡り、宇治の螢と岐阜の鵜飼を見て、八月二十一日、大磯に帰り、英親王も八月二十四日まで滄浪閣に滞在された。

二十四日から、さらに塔之沢にともに避暑し、二十七日、東京に帰った。伊藤公は、殊のほか英親

王を愛し、英親王もまた公を親のように慕っておられた。その後も、英親王が滄浪閣を訪問されて数日滞在されることもしばしばであったという。八月二十八日付で、伊藤公が末松博士宛に書いた手紙の中に、八月の英親王関西旅行にふれた一節がある。

「韓国皇太子の旅行中、至る所官民の歓迎を受けました。呉港や大阪兵器製造所、造幣局等の巡視のときには、見学に熱中され、公衆の耳目を驚かしたようです。幸いに十八日間一つの故障もなく、重荷を下し安心しているところです。学習院通学のことにつき、近くお集まりいただいてご高見をいただきたいと思っております……。」

とにかく、伊藤公の老軀をおしての英親王に対する献身は、韓国側にも満足を与えていたようである。

九月一日、天皇は関西巡遊を終えて帰京した英親王を皇居に召された。英親王は伊藤公とともに参内、鳳凰の間において天皇に、内廷謁見所において皇后に謁した。この日来日中の韓国中枢院議長金允植（天保二年、一八三一生、後、子爵となる）も英親王に随行、同じく拝謁を賜わった。勅語に「朕は貴国皇太子の修学および衛生に関しては常に意を致し、もって皇帝の寄託に背かざらんことを期す。卿、帰国の後、親しく目撃せるところを皇帝に奏せよ。……」と。天皇はまた、英親王に活動写真器械およびクリケット用具一組を贈られた。後年の李垠殿下の写真や映写の趣味は、恐らくこの頃に始まったのであろう。

恐らくこの後のことと思われるが、李太王から天皇にあてた親翰の一つに、次のように記されている。「陛下、英親王をみること我が子のごとく、事に遭えば必ず教え、過ちあれば必ず責め、全徳を成就せしめられたし。これによってわが国の跡継ぎは英明となり、幸福これに過ぎるものなし」と。

八月二十一日、興津別邸で病気静養中であった井上馨の病状が悪化し、伊藤公は日夜看護につとめた。これは両人の友情物語として有名であるが、奇跡的に井上の病気が小康を得たので、九月十六日大磯に帰った。伊藤公は、その後しばしば上京して、末松謙澄、岩倉具定らを督励し、英親王の修学順序等を定め、その教育に遺憾なきを期した。

十月二十日は英親王の満十一歳の誕生日で、韓国では皇太子の誕辰日を千秋節と称していた。これを祝って天皇は肴を贈られた。十月二十九日、英親王は来朝中の軍部大臣、李秉武（後、子爵となる）をしたがえて参内し、伊藤公とともに鳳凰の間において天皇に謁し、誕生祝のお礼とご機嫌伺いを言上し、ついで内廷謁見所において皇后に謁した。天皇は、銀製インキ台一組、呼鈴一個を、皇后は、ご紋付蔵六形銀瓶一個を贈られた。

十一月五日には「東宮御所を訪問」と記録されているが、多分幼い皇孫方と遊ばれたのであろう。この頃、英親王が書いた夏の大阪造兵局見学の時の感想文が残っている（口絵写真六頁）が、一年足らずの日本語の学習の成果としては、みごとというべきである。

伊藤公は、十一月十四日から、翌明治四十二年二月十七日まで韓国に帰任し、その間、皇帝の南韓および北韓の巡幸に陪従した。これは、韓皇は宮廷より一里の外に出ないという、朝鮮（李）王朝の伝統的因襲を打ち破る画期的な出来事で、内外上下の情を通じ、庶民に初めて国に仁慈の帝王の存在を知らしめるものであった。一月四日、純宗皇帝は詔勅を発してこの巡幸の趣旨を説明し、この中でとくに伊藤公が昨年の夏、英親王の関西旅行に奉仕した労を多とされた。

「朕の太子大師統監伊藤博文は、誠を朕の国に尽し、朕が身を補導し、盛夏炎天に向かうときに、わが東宮の学識を博くするため、老齢病身を押して、日本各地を陪巡せる労は、朕の深謝するところなり。……」とある。巡幸中、平安北道宣川は排日思想の中心地で、人心甚だ険悪であった。巡幸列車は、ここに約二時間停車したが、この間、伊藤公は駅外に出で、群衆に対して屋外大演説を試みた。松井茂警務局長などは頗る憂慮したが、国分参与官を通訳に従えたほか、別に一人の護衛もなく、東洋の形勢より説いて、日韓両国の歴史的関係に及び、李朝歴代の悪政と、現在の韓国が瀕死の状態にある事実を挙げ、日本の力によらなければ国運を保つ能わず、帝国の保護政治の止むを得ざる所以を力説した。その意気の壮烈なることとその胆気には、群衆全く呑まれた感があった。後の歴代の総督が、憲兵・警官に柵を作らせ、沿道に送仰する民衆まで選別したのとは、何たる違いであろう。

二月に帰京した伊藤公は、転地保養のため三月十一日、大磯出発、途中小田原に避寒中であった英親王を訪問し、多分韓国の事情でもお話し申し上げたのであろう。それから伊予の道後に遊び、三月三十一日に帰着している。

わずか十一歳の英親王の関わるところではなかったが、国際政治の流れは滔々として、これに逆らうことはできなかった。四月十日、桂総理は、小村外相とともに、赤坂霊南坂統監官邸に伊藤公を訪い、韓国併合の実行方針につき協議している。

四月二十七日、天皇は侍従職幹事、岩倉具定を鳥居坂御用邸に遣わし、英親王に皇太子渡韓記念章（嘉仁親王が渡韓された記念の勲章）を贈呈された。英親王は四月三十日、参内して鳳凰の間において、天機を奉伺（天皇のご機嫌を伺うこと）した。天皇は銀製花瓶及び望遠鏡を下賜された。これより前、韓国人正一品輔国閔泳韶（後、子爵）、従一品宋秉畯《そうへいしゅん》（後、子爵）、同李容植（後、子爵）、同朴容大（後、男爵）、同金宗漢（後、男爵）、同閔炯植（後、男爵）、正二品李軒卿、同李重夏の八人が観光のため来日していた。この日、英親王はこの八人を伴ってきて、天皇に拝謁を賜わるようお願いした。そこで天皇は、この八人を鳳凰の間に引見し、勅語を賜わった。

「朕、貴国皇太子の希望により、今日卿らを引見す。卿ら観光のために来遊せりと聞く。十分視察を遂げんことを」と。ついで英親王はこの八人を伴い、皇后にも拝謁した。このようなことは、当時の宮中慣行でも異例のことである。五月一日、裕仁親王（今上天皇）は、一昨日の誕生のお礼を奏上するため、皇太子（大正天皇）に伴われて参内し、ご座所において天皇に拝謁しておられるが、『明治天皇紀』全十二巻中のご対面の記事はわずか三回である。この一事によっても、明治天皇が政略を超えていかに英親王を我が子、我が孫以上に優遇せられたかが察せられる。

……「さびしい時は、何時でもお出で下さい」と皇后さまは優しく仰せられる。英親王は母君に会ったのと同じ慰めを受けられた。それでその後は、「今日は皇后さまにお会いしたい」と不意に言われて、車で宮中に行かれる。嘉仁親王（大正天皇）が宮中に召されるよりも遙かに多く、英親王は皇后さまに会われる。故国の宮中にいるときは、気が向けば何時でも内殿に行けたあの気安さであった。ご政務に忙しい天皇も、英親王の参内と聞かれると、「寂しいであろうから」とお喜びの顔をせられ、その度に何か手元の品を下さる慣わしとなった。賜り物があまりに多く度重なるので、伊藤公は見かねたように、「聖上！　恐れながら英親王のご教育のためもありますから！」と、お断り申し上げたぐらいであったが、それでも次々と贈り物を下さった。皇后は常の間に英親王を招いて慰められる。和服でくつろがれた皇后は、キセルできざみを召し上がりながら色々と話をされる。英親王は、皇后がキセルでたばこを召し上がるのが面白くて、「故国の母君は、長いキセルで召し上がります。あまり長くてお手が届きませんので、キセルの火付役をする侍女がいるぐらいでございます」と、申し上げたら、その邪気のないお話しぶりが面白くて、皇后が笑い出されたが、お笑いが止まらず、そばにいるつぼねと顔を見合わせて、またお笑い遊ばす、という具合であらせられた。……

以上は野口赫宙の『秘苑の花』の中の記述の一こまであるが、同氏が李垠殿下の口述をもととして書いたものであるだけに、真相に近いものと拝察される。

五月一日、天皇は来朝中の韓国観光団百余人に浜離宮の見学を許され、かつ立食のもてなしを賜わった。英親王も出席し、伊藤公、宮内大臣田中光顕、宮内次官花房義質、侍従職幹事岩倉具定らも接待役をつとめた。

五月二十四日、伊藤公は統監辞任の表を奉ったが、「併合の大事を行う際なれば、辞任を許さず」とのご沙汰を賜わった。しかし六月十四日、ついに願いにより統監を免ぜられ、後任には曾禰副統監が昇任し、伊藤公は枢密院議長に任ぜられた。伊藤公辞任の報せが韓国に伝わると、皇帝は深く公を惜しみ、直ちに親電を寄せられると同時に、六月十六日、侍従李会九に親書を携行せしめ、英親王に特命してこれを伊藤公に伝えられた。その親書の中で皇帝は、再び英親王の教育について謝意を表明しておられる。

伊藤公は、七月一日、事務引継ぎを兼ねて再び渡韓した。その間、七月六日、日本政府は正式に韓国併合の方針を決定していた。六日、伊藤公は曾禰統監とともに純宗皇帝に謁し、離任の辞を言上した。皇帝はいたく別れを惜しまれ、公の功績を嘉賞される勅語を賜わった。

今や貴天皇陛下は、貴公爵の老軀が長く国外に留まるのを許し給わず、朕もまたそのご聖慮を敬仰せざるべからず。ここに貴公爵の健康を祈り、ただ太子の補導に専心するばかりでなく、またしばしば相見ることを得て、朕を啓発せんことを望む。

伊藤公は、七月十二日、曾禰統監を助けて司法権委任の協約を締結し、十九日、大磯に帰着。七月二十六日には、韓国皇太子輔育総裁を仰せつけられた。

韓国から帰ってわずか十二日の後、満六十八歳の伊藤公は、八月一日から英親王を伴って東北および北海道巡遊の途につくことになった。その前日の七月三十日、英親王は伊藤公とともに参内、鳳凰の間において出発のご挨拶を言上するとともに、暑中のお見舞を申し上げ、ついで内廷謁見所において皇后にも謁した。この日天皇は、洋服地一着、時計鎖一個を、皇后もまた菓子たんす、双眼鏡、旅行用化粧品入れかばん一個を贈られた。

八月一日、まず水戸に至り、歓迎会において伊藤公は、「英親王留学事情と日韓の融合」につき演説している。伊藤公の英親王に対する心情の一端を伝えるものとして、ここに引用しよう。

韓国皇太子は、ご見学のため東京よりここに参っておられるが、この皇太子が日本に留学せられるについては、韓国の有志間において一昨年春頃より既に唱えられていた。しかし、日本に踏み出して留学するということは、なかなか容易に企てられることではなかった。韓国は今日こそ衰弱しているけれども、四千年にわたり、一国をなしている国である。その王者の子孫たる者が外国へ出て留学するようなことは、古今例のないことであった。しかし時勢の変遷によって、今日は知識を練磨しなければならないということで、わずかに識者の間に留学論が持ち上がっていたわけである。いよいよ留学論が進捗したのは、一昨年の秋、わが皇太子にお勧め申して、韓国にご巡遊いただいたのが動機になったのである。ついに韓国王室におかれても、太子を日本に留学せしむることとなり、不肖なる拙者に、六尺の孤を託せられた。勅意のご依頼を受けて、この国へお連れしてほとんど一年半以上の歳月を送り、今日では日本語も一通り判り、また日本の教育も受けて、北海道その他当地の地名までほとんど諳じておられるから、目に触れるところは殆んど理解できる。何しろまだ十一歳の幼童であられるから、この炎暑に巡回するのは、自分の労はもちろん何も意にすることはないが、殿下の健康状態に対しては、日夜苦労をしているしだいである。およそ世の中で、かくの如き区々たる事を恐れて学業を怠るような事では、到底成業の日を望むべからずと考えて、この炎暑を顧みずお連れしてきたわけである。今晩、人力車上より当地の官民有志諸君と多数の小学生徒が提灯を列ねて行くのを見たが、まことに友邦の情誼を重んじ、殊に日韓両国の関係は、殆んど兄弟もただならぬものがある事を、未来の国民たる児童の心にまでもよく了解せられて、それが発揚したものと考える。もちろん、これは必ずしも児童の心より発したものではなく、或いは教師などの力でここに至ったのであろうが、自分はこれを日韓両国の関係より見るとき、自分の責任上衷心より感謝の意を述べざるを得ない。今夕、ここに列席せられた有志諸君は、私に対し厚情を表せられるのみならず、同時に韓国皇太子に対しても最も懇切なる歓迎を表せられたものとして、満腔の謝意を表するものである。

かくして、八月三日は仙台に至り、有志歓迎会において「国力発展」につき演説、松島に遊ぶ。八月四日には盛岡に至り、「日韓融合」につき演説、八月五日には青森において「憲法制定の経緯と党争の弊害」につき演説、八月六日、北海道に渡り函館において「日韓関係」につき演説、八月七日、小樽において「日韓の融合と韓国皇太子留学」につき演説、ついで札幌、室蘭を経て、新冠牧場を見学、また室蘭に帰り、八月十六日、「室蘭港の発展を望む」趣旨を説いた。さらに函館より青森に渡り、八月十八日、秋田において「奥羽地方の発展を望む」演説をした。八月十九日には、山形において「極東平和の必要性」につき演説した。

川島正（陸士二十九期）は、当時米沢中学校の生徒であったが、米沢駅で英親王を送迎した。その記憶によると、英親王は少尉の軍服に指揮刀を吊った小さな将校姿で汽車のデッキに立たれ、その後に伊藤公が立ち、歓迎に答礼されたという。

八月二十日には、福島で「東洋平和の希望」につき講演、ついで、猪苗代湖畔、翁島の別荘に有栖川宮を訪問し、二晩滞在、この時、有栖川宮運転の自動車に乗って湖畔を走ったが、これが英親王が自動車に乗った初体験である。八月二十三日帰京。伊藤公は、引続き英親王を同伴して数日間避暑した。この東北、北海道旅行は、二十三日間、行程二七〇〇キロメートルにおよび、英親王の教育に大きな影響を与えた。

九月二日、英親王は伊藤公とともに参内、鳳凰の間において、東北、北海道各地を巡遊中見聞したところを奏上し、かつ持ち帰ってきた白熊皮および北海道土人風俗写真帖を献上した。ついで内廷謁見所において皇后に謁し、男鹿半島大桟橋の景色を象眼した銀製硯屛、および津軽塗文台硯箱を献じた。天皇はまた象牙彫刻箱、銀製写真挾、銀製襟針入箱各一個を、皇后も銀製桃形香炉、銀製狆棚飾各一個を贈られたとあるのは、『明治天皇紀』の記述である。重ねて付言するが、明治天皇がこれほどの親愛の情を現わされた例は、皇族の中にも臣下の中にも稀有であった。

九月二日は、英親王にとって、伊藤公とともに参内した最後の日となった。九月八日、英親王は陸軍歩兵副尉（中尉）に任ぜられている。九月十四日には、東宮御所を訪ね、皇孫方とも対面されている。

この年の秋、伊藤公は運命の満州旅行を思い立った。十月九日、参内拝謁、満州遊歴につきお暇乞いを言上、十月十四日、大磯を出発、十月十六日、下関より乗船、十八日、大連に到着した。伊藤公の出発後、末松博士は英親王をお連れして軽井沢の別荘に行き、数日間滞在した。英親王は当地にても地方官民より大歓迎を受けられた。この事は、早速電報にて大連に伝えられ、伊藤公は大いに喜ばれた、ということである。

十月二十二日、奉天、そして十月二十六日、ハルピン駅到着。露国のココフェッツ蔵相は、伊藤公の到着を待ち受けていた。露国守備隊を閲兵し、各国領事団の整列している位置に進み、握手を交わし、さらに日本人歓迎者の方向に向かおうとして数歩歩んだ瞬間、数発の弾丸が発射され、そのうちの三発が命中した。医師は応急手当てをほどこしたが、公は少しも苦痛を訴えず、ブランデーを一口飲んだ。さらに二口目を飲み下した時、顔面漸次蒼白に変わり、負傷後わずか三十分で、息を引きとった。時に、明治四十二年(一九〇九)十月二十六日、午前十時である。

伊藤公の死は、日韓両国の歴史に、そして英親王の身の上に激動をもたらした。日韓関係における伊藤公の評価については、史家によりその説を異にしているのが実情であるが、こと英親王の教育に関しては、誠心誠意これに当たったことだけは疑いない。

英親王がご結婚後、方子妃に漏らされた言葉に、

「伊藤公は実に誠実に世話をしてくれた。そして将来、私が勉学を終えて新しい知識を韓国へ持ち帰り、故国に役立てることを期待して、そのような構想も考えておられたと思うが、その伊藤公が暗殺されたことは、韓国の運命を変えてしまったのではないかと思う。いたずらに軍国的な軍人総督によって、英国植民地政策の真似をしたようなことになって残念でならない」

とある。(『すぎた歳月』六一頁)

終生寡黙であった英親王李垠が語った一言として、これは一つの歴史の証言としての重みを持つ。

四 日韓併合へ

韓国の朝野は、伊藤公の遭難によって衝撃を受けた。皇帝は、天皇に親電を発して痛恨の意を表され、同時に伊藤公夫人および嗣子に見舞の電報を発せられた。十月二十八日には詔勅を発して、伊藤

公の功績を称え、太子大師の死を悼み、特に文忠と諡を贈られた。霊柩は、十一月一日、軍艦秋津洲により横須賀に入港、翌二日午後一時七分、新橋駅に到着、勅使および皇族を始め、官民多数に迎えられたとあるから、多分英親王も出迎えられたことであろう。霊柩は東京霊南坂の官邸に入り、十一月四日には、日比谷公園において国葬が行われた。官邸の霊柩前には、両陛下のお使いのほか、皇太子ならびに英親王もご自身にて拝礼されたということである。時に英親王十二歳であった。

伊藤公の死後、英親王の動静は杳として不明のことが多い。つまり、日本の正史の中心から姿を消してしまったのである。歴史の激動の怒濤の中に没してしまった、と言った方がよいのかも知れない。韓国皇帝も、太子大師の後任を任命した形跡もなく、韓国皇太子輔育総裁職がどうなったかも明らかではない。少なくとも、元老級の人物が教育補導に当たったとは思われない。

伊藤公の死によって、大きな心の支えを失った幼い英親王にお心をかけられたのは、やはり天皇であった。彼の死後、一月たった十一月二十七日、宮内大臣となった岩倉具定を鳥居坂御用邸に遣わされ、墨画雪中山水の額一面を下賜されている。伊藤公の正妻梅子には男子がなく、親友井上馨の甥、博邦を養子としていた。伊藤博邦は当時、式部次長であったので、父博文の英親王に対する役目の一部を引受けたものと思われる。

十二月二十三日、天皇は宮内大臣岩倉具定を鳥居坂御用邸に遣わして、西洋菓子入玩具七種を下賜された。十二月二十七日に、皇后もまた皇后宮主事山内勝明を遣わして、飾箱入り西洋菓子一個、鴨一籠を贈られている。

明治四十三年一月一日、四方拝行わせられずと記録されている。四方拝とは、天皇御自から早朝より斎戒沐浴して御身を清められ、四方を拝される宮中儀式であるが、身体強健であられた明治天皇が掌典長岩倉具綱をして、賢所、皇霊殿、神殿に代拝せしめられたのは、伊藤公の死後、にわかに玉体に衰えを感じられたためかも知れぬ。しかし、「晴御膳、朝拝、出御、儀例のごとし。この日韓国皇太子垠、我が皇族とともに拝賀の礼を鳳凰の間において行う」と『明治天皇紀』に記されているからとくにご病気であったわけではない。この日が、英親王が宮中行事に参加された初めである。時に満十二歳。同日、宮内大臣岩倉具定を鳥居坂ご用邸に遣わして、銀製文房具一揃い、仙舟筆掛物三幅、西洋玩具三種を下賜されている。

二月四日の『明治天皇紀』には、「小田原に避寒中の韓国皇太子英親王に小鴨五十羽、野菜一かごを賜い、韓国皇太子付御用掛公爵伊藤博邦をしてこれを伝えしめたまう」とあるから、博邦はこれ以前に多分式部次長兼務のまま、御用掛に任ぜられたのであろう。四月八日には、韓国皇太子御用掛伊藤博邦をして、その教育に関わる韓国人を監督せしめ、その重要事項および学課改正などは侍従長徳大寺実則に申告し、宮内大臣渡辺千秋と相談して行うように、との聖旨が伊藤博邦公に伝えられた。この頃、英親王の学習がどのように進んでいたかを伝える資料は見当たらない。あるのはただ『明治天皇紀』の記述だけである。天皇からの賜わり物の多いのに、うんざりした読者もいることであろうが辛抱願いたい。明治天皇の英親王に対する情愛の深さを、最大限の形容詞で百回繰返すより、本書はただ真実を伝えることを目的とするものであるから。

四月二十五日、天皇は侍従職御用掛九条道実を遣わして、日本絵具、西洋絵具各一組、および黒塗蒔絵書棚一個を下賜され、かつ、その学習の状況を見させられたとあるから、多分図画の学習も始められたのであろう。後年の英親王の画才も相当なもので、巻末の猪熊弦一郎画伯の感懐も、なるほどとうなずかれる。英親王は六月三日には、東宮御所を訪問されている。

七月十二日、英親王は見学のため、山陽・山陰地方に出発するに先だち、この日鳳凰の間において天皇に、また内廷拝謁所において皇后に謁し、お暇乞いを申し上げた。天皇は膝掛、旅行用鞄および旅行用文具を、皇后もまた金鎖付金時計を下賜された。この旅行は、日韓併合のわずか一カ月前のことである。

英親王は、七月十三日、東京発、大阪から舞鶴まで汽車(当時、山陰線は開通していなかった)、舞鶴から軍艦対馬にて、七月十七日、鳥取網代に上陸、鳥取、東郷温泉、倉吉、御来屋、米子を経て二十二日、松江着、城山興雲閣に泊まられる。二十三日、島根県庁、物産陳列所を見学、宍道湖舟遊の後、農林学校にお成り。二十四日、松江発、荘原まで汽車、後、自動車にて出雲大社に参拝、二十五日、松江泊、二十六日、汽車にて境港へ、同所より軍艦対馬にて出発帰京されたとは、当時の松陽新聞の記録である。随員は、式部次長伊藤博邦公、高大夫、趙武官長、金武官、栗原宮内書記官であった。

鳥取、島根両県の歓迎は、皇太子に準じ、盛大であったと記録されている。

少しさかのぼるが、しばらく歴史的事実を書く。伊藤公が死んだ年の暮のことである。明治四十二年十二月四日、日韓一進会長李容九は、同会顧問宋秉畯と謀り、百万の会員を代表して皇帝、統監および李完用総理に書を奉り、日韓合邦を唱えた(一七一頁解説参照)。日本政府としてはよい口実ができたわけである。十二月二十二日、李完用総理は兇漢のため胸を刺されたが、死は免がれた。曾禰統監は多病のため、なんらの業績を残さず東京に去った。明治四十三年(一九一〇)七月二十三日、陸軍大臣陸軍大将寺内正毅は、威風堂々統監の印綬を帯びて京城に入った。八月十五日、寺内統監は、李完用総理と日韓併合に関する重大交渉を開始した。八月二十一日、両国政府の意見が一致したと言うよりは、韓国側としては、そうさせられたと言うべきところであろう。八月二十二日、併合条約案のご裁下を得、韓国政府も皇帝のご裁可を得て、即日寺内統監は、李完用総理との間で併合条約の調印を完了した。明治四十三年八月二十九日の朝、官報および日韓両文の新聞にて、韓国併合条約が発表された。

韓国併合条約

第一条　韓国皇帝陛下ハ、韓国全部ニ関スル一切ノ統治権ヲ完全且ツ永久ニ日本国　皇帝陛下ニ譲与ス。

第二条　日本国　皇帝陛下ハ、前条ニ掲ゲタル譲与ヲ受諾シ、且ツ全然韓国ヲ日本帝国ニ併合スルコトヲ承諾ス。

第三条　日本国　皇帝陛下ハ、韓国皇帝陛下、太皇帝陛下並ニ其后妃後裔ヲシテ、各其ノ地位ニ応ジ、相当ナル尊称威厳及名誉ヲ享有セシメ、且ツ之ヲ保持スルニ十分ナル歳費ヲ供給スベキコトヲ約ス。

第四条　日本国　皇帝陛下ハ、前条以外ノ韓国皇族及其ノ後裔ニ対シ、各相当ノ名誉及ビ待遇ヲ享有セシメ、且ツ之ヲ維持スルニ必要ナル資金ヲ供与スルコトヲ約ス。

第五条　日本国　皇帝陛下ハ、勲功アル韓人ニシテ特ニ表彰ヲ為スヲ適当ナリト認メタルモノニ対シ、栄爵ヲ授ケ且ツ恩金ヲ与フベシ。（第六〜八条略）

天皇は、別に詔書を発せられた。その大要（意訳）は、

前韓国皇帝を冊して王となし、昌徳宮李王と称し、以後これを世襲して宗祀を奉ぜしめ、皇太子および将来の世嗣を王世子とし、太皇帝を太王となし、徳寿宮李太王と称し、おのおのその室を王妃、太王妃または王世子妃とし、待つにに皇族の礼をもってし、とくに殿下の敬称を用いしめ、別に規範を定め、李家の子孫をして、これにより永く福祉を受けしめたまう。

と。

韓国皇帝も詔勅を発し、寺内統監もまた諭告を発した。その一節に、

……前韓国元首の希望により、その統治権の譲与を受諾し給いたり。李王家は嗣後長《とこし》えに相継承し、万世無窮たるべく、……その秩俸の厚きこと皇位に在《いま》す時と異なる所なかるべし。……

と。つまり、韓国皇太子英親王李垠は、この日王世子李垠となられたわけである。同時に、李堈および李熹を公とし、皇族の礼をもって待つとの詔が下った。

八月二十九日、勅令をもって韓国の国号を改めて朝鮮と称し、朝鮮総督府を設置し、大赦を行い、朝鮮における臨時恩賜の件などが決定された。

八月三十一日夜、式部官子爵稲葉正縄は勅使として京城に到着、翌九月一日、李王は正装の上侍従卿を従え、昌徳宮仁政殿に至る。十一時、稲葉勅使は仁政殿の在来の玉座において、寺内統監列席のもとに、天皇の、李王に封ずるとの詔書および贈物を呈し、冊封の式は終った。宋秉畯ら功臣への授爵も行われることに決まったが、朝鮮貴族令に依り爵記奉授式が行われたのは、十月九日のことである。

○

勲一等　李　載　完(1)　　勲一等　李　載　覚(2)　　李　海　昌(3)
　　　　李　海　昇(4)　　　　　　尹　沢　栄(5)　　朴　泳　孝(6)

依朝鮮貴族令、授侯爵

勲一等　李　址　鎔(7)　　　　　　閔　泳　璘(8)　　勲一等　李　完　用(9)

依朝鮮貴族令、授伯爵

李完鎔(10)
李琦鎔(11)
勲一等 朴斉純(12)
勲一等 高永喜(13)
勲一等 趙重応(14)
勲一等 閔丙奭(15)
李容植(16)
勲一等 金允植(17)
勲一等 権重顕(18)
勲一等 李夏栄(19)
勲一等 李根沢(20)
勲一等 宋秉畯(21)
勲一等 任善準(22)
勲一等 李載崑(23)
勲一等 尹徳栄(24)
勲一等 趙民熙(25)
勲一等 李秉武(26)
李根命(27)
閔泳奎(28)
閔泳韶(29)
閔泳徽(30)
金声根(31)

依朝鮮貴族令、授子爵

尹用求(32)
洪淳馨(33)
金奭鎮(34)
勲二等 韓昌洙(35)
勲二等 李根湘(36)
趙義淵(37)
朴斉斌(38)
成岐運(39)
金春熙(40)
趙同熙(41)
朴箕陽(42)
金思濬(43)
張錫周(44)
勲二等 閔商鎬(45)
勲二等 趙東潤(46)
崔陽敏(47)
韓圭卨(48)
俞吉濬(49)
南廷哲(50)
李乾夏(51)
李容泰(52)

閔泳達(53)
勲一等 閔泳綺(54)
李鍾健(55)
李鳳儀(56)
尹雄烈(57)
勲一等 李根浩(58)
金嘉鎮(59)
鄭洛鎔(60)
勲一等 閔種黙(61)
勲一等 李載克(62)
勲一等 李允用(63)
李正魯(64)
金永哲(65)
李容元(66)
金宗漢(67)
趙鼎九(68)
金鶴鎮(69)
朴容大(70)
趙慶鎬(71)
金思轍(72)
金炳翊(73)
李冑栄(74)
鄭漢朝(75)
閔炯植(76)

依朝鮮貴族令、授男爵

〔注〕

(1)高宗の従兄、明43陸軍中将(2)荘祖の玄孫、明43陸軍少将(4)全渓大院君の玄孫(5)純宗皇后、尹妃の実父(6)憲宗の女婿、李堈公妃の祖父(7)高宗の従兄の子、明37日韓議定書締結時の外部大臣(9)併合時総理(10)荘祖五代の孫(11)高宗の従兄の子(12)明38日韓保護条約締結時外部大臣、爵位返上(13)明40度支部大臣(14)明40法部大臣(15)閔妃一門、明41宮内大臣(16)明42学部大臣

(17)明41中枢院議長(18)明39軍部大臣(19)明38法部大臣(20)明39中枢院議長(21)李完用と並ぶ親日政治家(22)明40内部大臣(23)明40学部大臣(24)尹妃の伯父(25)駐仏・日公使(26)日本陸士卒、明41軍部大臣(28)明30宮内府大臣、閔妃一族(29)明37農商工部大臣(30)閔妃一族(32)純祖の

外孫、爵位返上（33）憲宗妃の弟、爵位返上（34）純祖の外孫の子、爵位返上（35）併合時内閣書記官長（36）李根沢の弟、明39宮内府大臣（37）日清戦争時日本軍慰問大使（38）明42伊藤公国葬参列（39）明39農商工部大臣（40）明42韓太子慰問（43）李堈公妃の父（44）明28法部大臣、日本に亡命（45）十三歳で米国留学、米派の中堅（46）東宮武官長（47）李址鎔夫人の弟（48）明39総理、爵位返上（49）福沢諭吉門下、明28内部大臣、爵位返上（50）明30軍部大臣（51）世宗17代の孫、明32学部大臣（52）明37内部大臣（53）閔妃一族（54）東洋拓植副総裁（57）軍部大臣、キリスト教会長老（58）明39侍従武官長（59）韓国電信に功あり、明33中枢院議長（60）明32中枢院議長（61）明30外部大臣等（62）明40宮内府大臣（63）李完用の義兄、明37軍部大臣（66）明28学部大臣（67）明43政友会総裁（68）趙大妃近親、高宗義弟、爵位返上（70）明38法部大臣（71）興宣大院君の女婿（72）駐日公使（76）明38中枢院副議長、**日韓保護条約締結時の大臣**（7）（9）（18）（19）（20）は、韓国で乙巳五賊と称せられる。

わずか一カ月前、山陰で、皇太子に準ずる大歓迎を受けた十二歳の英親王に、どのような儀式が行われたかについての記録は見当たらない。日本宮内省資料には、「八月二十九日、詔勅により王世子と称す」とだけ記されている。『明治天皇紀』には、「九月二日、式部官山内勝明を王世子鳥居坂御用邸に遣わし、菓子一折を賜いてこれを存問せしめ給う」との記録が残っている。後に首相となった原敬は、四十年後に有名になった『原敬日記』に、この日次のように書き残している。

八月二十九日、朝鮮合併を発表ありたり。……今日決行するの必要ありしや否や疑わし。……要するに山県はじめ官僚派功名を急ぎたる結果ならん。……

〈解説〉

李《り》完用《かんよう》（一八五七—一九二六、安政四～大正十五）——日韓併合の際の総理大臣。日本にとっては勲功赫々であったが、一方民衆よりは宋秉畯と並んで李賊宗賊と呼ばれた。牛峯の人、輔国李鎬俊の養子となる。七歳にして孝経および小学を学び、神童と称せられる。

三十歳にして駐米参事官、明治二十八年学部大臣、明治三十八年統監府設置後の第一次内閣において再び学部大臣、明治四十年第二次内閣の総理大臣となる。英親王来日に際し、伊藤公が太子大師になったとき、太子少師を拝命した。

明治四十一年の第三次、および四十二年の第四次内閣にも総理に留まる。明治四十三年併合の年、伯爵を授けられ、大正元年中枢院議長。大正九年侯爵に上ぼり、大正十五年没するや正二位大勲位に叙せられ、菊花大綬章を賜わる。名門の出にして学識あり、詩文書道に長じ、官僚的政治家の面影を帯び、陰謀を愛する風あり、爵位官職を好む。両班階級勢力の中心ともいうべき人物であった。

宋《そう》秉畯《へいしゅん》（一八五七—一九二五）——わが安政四年八月、咸鏡南道に生まる。明治九年春、江華島事件の善後策のため黒田清隆が渡韓した時、接伴員として釜山にあり、以来、親日派となったため、しばしば迫害を受け、明治十五年の京城の変には日本に亡命、二十七年東学党の乱の後も再び日本に来遊した。日露戦争勃発するや、日本軍とともに京城に入り、東洋の形勢を説き、一進会を起こして、李容九を会長に推し、四十年李完用内閣の農商工部大臣となり、後、内部大臣に転じ、伊藤公に重用されるに至った。

大衆政治家で、交遊の範囲は大臣宰相より浪人にまで及び、市井の無頼を友とすることもあった。伊藤公がハルピン駅頭に斃れるや、一進会百万を率いて天皇と韓皇に合邦の上奏を行なった。功により朝鮮貴族に列せられようとした時、「民衆に徳化未だ及ばず」と辞退したが、桂首相らに説得されてようやく子爵となり、勲一等旭日大綬章を賜わる。大正九年伯爵。大正十四年一月、京城において病没。

第三章　明治天皇と王世子修学時代

一　乃木大将と学習院

韓太子から王世子となっても、明治天皇の御心遣いは以前といささかも変わるところはなかった。明治四十三年十一月四日、天皇は観光のため東上してきた勲一等伯爵李址鎔以下二十二人を鳳凰の間に召して拝謁を賜い、皇后もまた址鎔の妻以下同行の女子十一人を桐の間に召して謁を賜わった。さらに午後一時、一同を芝離宮に招かれ、址鎔以下男子には洋館において、女子には日本館において昼食を賜い、朝香宮鳩彦王、王世子および寺内総督をして男子の席に、鳩彦王妃允子内親王をして女子の席に臨ましめられた。そして、この時以来、非公式の際、王世子を昌徳若宮と称することにせられたのである。

宮内庁の公式記録によると、「明治四十一年一月八日から明治四十三年十二月二十五日まで、家庭教師につき尋常高等小学校全科及び中等科第一学年課程修学」とある。つまり、この年をもって王世子は、特別の教育を終えたわけである。

十二月二十六日、天皇は李王以下七人の名誉を表彰するため、李王（純宗皇帝）に陸軍大将、王世子に陸軍歩兵中尉、李堈公、李熹公および侯爵李載完に陸軍中将、侯爵李載覚および李熹公の嗣子李埈鎔に陸軍少将の制服を着用し、かつその官に対する礼遇を受けしめられた。また、李王、王世子および李堈公、李熹公にその威儀を整えるため、皇族に準じて王には将官一人、領尉官三人、王世子には領尉官二人、李堈、李熹両公には領尉官一人をお付とすることを定められた。

明けて明治四十四年一月七日、侍従長徳大寺実則を鳥居坂御用邸に遣わして、明後一月九日に学習院に入学すべき勅旨を伝え、かつ制服地一着、背嚢（ランドセル）一個、文房具一式を下賜された。九日、学習院中等科一年に入学、新年始業式に参加された。来日以来の学友趙大鎬、厳柱明（厳妃の甥）も一緒であった。時の学習院長は日露戦争の旅順攻略で有名な乃木希典である。この日、王世子付御用掛古谷久綱は、無事入学したことを奏上した。

当時、皇孫裕仁親王（現今上天皇）は、初等科三年に通学しておられた。質素厳格をもって知られた院長であった。学習院の記録によると、翌一月十日から三十日まで、毎夜柔剣道の寒稽古を行う、ただし日曜・祭日は早朝と記されている。乃木院長のことであるから、多分王世子も参加されたと思われる。一月二十六日、午後零時三十分、皇太子が行啓せられ、授業をご覧になったが、多分皇孫の方の授業であろう。

二月一日、天皇は王世子の学舎にあてられていた鳥居坂御用邸を廃し、その土地、建物以下一切を王世子に下賜された。つまり、天皇のご所有から王世子の所有に帰せしめられたのである。

二月十一日、恒例により紀元節（現建国記念日）奉祝式挙行、二月十八日、剣道大会、三月十日陸軍記念日（日露戦争において明治三十八年同日、奉天の会戦において勝利を収めたので昭和二十年まで陸軍の記念日とした）につき「午後一時より奉天会戦について乃木院長の講話」とは、学習院の記録であるが、王世子もこれに加わっておられたに違いない。その頃、英国皇帝戴冠式に東伏見宮依仁親王・同妃が天皇のご名代として遣わされることになり、そのお供として、海軍大将東郷平八郎、陸軍大将乃木希典に随行が命ぜられた。三月二十五日には学習院の生徒が乃木院長の送別式を行っている。

王世子と乃木大将の関係は、わずか三カ月の短い期間であったが、王世子の学習院における成績がよかったことは確かである。『明治天皇紀』に、「四月二日、式部官山内勝明を鳥居坂御殿に遣わして、文房具各種、背嚢一個、茶褐絨軍服地一着を賜い、学習院における学業の成績優等なるを賞したまう」と記されているから。

その頃、文部省の問題として、南北朝正閏論というのがあった。これは後醍醐・後村上・後亀山天皇のいわゆる吉野朝を正統とするか、光厳より円融に至る北朝の天皇を正統とするかで議論が分かれ、国定教科書においても正閏にはふれなかったのである。しかし、この年の二月二十八日、聖断により南朝正統と定められ、教科書も改訂された。だから、四月からは王世子もこの教科書を使用されたことであろう。

四月五日、隅田川上流において第十七回短艇競漕大会、四月十一日、新学年始業式、この日、宣仁親王（後の高松宮）が初等科一年に入学された。式の後、乃木院長より職員および学生に対し、別れのあいさつがあった。乃木院長が英国へ向けて出発したのは、翌十二日のことである。五月九日に、天皇は、式部官山内勝明を遣わして王世子に果物一かごを贈られている。五月二十七日の海軍記念日には、小笠原海軍大佐の「日本海海戦について」の講話、六月十四日には、和田陸軍中佐の「南山攻略について」の講話、七月五日、全寮茶話会などの行事があった。しかし、王世子は陸軍中央幼年学校予科に編入するため、七月七日学習院を退学した。わずか半年の学習院生活であった。

二　母君厳妃の死

七月十七日、王世子は見学のため、山梨・新潟など五県下に旅行することとなり、出発に先立ち参内、鳳凰の間において天皇に、内廷謁見所において皇后に謁し、お暇乞いを申し上げた。天皇は文具入れ鞄、膝掛、ハンカチーフを、皇后も双眼鏡および茶褐絨軍服地を下賜された。ところが、七月十九日、王世子の出発に先立ち、母君厳妃急病の電報が入った。実は十日頃からご病気で、医師鈴木健五郎および安商浩らが診察、療養されていた。一時は快方に向かわれていたが、三、四日前よりまたも発熱し、十九日には、発熱が四十度にも達して昏睡状態に陥った。一説によると、一時快方に向かった後は一切の薬餌をやめ、再び危篤に瀕した後もこれを秘して、祈禱を行う以外には医薬を一切用いず、ついに二十日午前三時十分逝去されたということである。二十日早朝、内命によって藤田総督府病院長が診察した時には、すでにこと切れていた。病名は詳かではないが、腸チフスらしいといわれている。日本宮内庁の記録には、心臓マヒとある。

二十日の朝、王世子のもとに母君逝去の電報が届いた。来日されてからの三年七カ月、幼年期の三年は短い月日ではない。英親王は何度故郷と母君の夢を見たことであろう。厳妃は、英親王の留学に最後まで反対し、辛くも「年に一度は帰省させる」との約束をとりつけて、たった一人の秘蔵っ子を異国に送り出したわけだが、この約束の叶えられる日は、ついに来なかった。かつて寺内総督が李太王と厳妃に謁した時、何回か厳妃が激しくこの違約を責められた話が伝わっている。十八日夜十時頃、厳妃は衰弱した病軀を起こして、「王世子が、東京において両陛下の至仁至愛の下に無事勉学されることのほか、言い残すことはない」との遺言を残されたとは、韓国新聞『毎日申報』の記事の一節である。

七月二十日夜、天皇・皇后は侍従北条氏恭を鳥居坂御殿に遣わして王世子を慰問させられた。翌二十一日喪が発せられると、電報を寺内総督宛発せられて、李太王に謁し哀悼の辞を述べさせられた。皇太子・同妃からも同様の弔電を送られた。寺内総督は、二十一日午後三時、李太王を徳寿宮に訪ね親しく聖旨を伝達した。

母君の葬儀に参列する王世子に、天皇は、初の帰省を許された。また、とくに優渥なる勅語を下され、鉄道、汽船、旅館その他万事に特別の配慮をするよう、また関釜連絡のため、鎮海湾から軍艦春日を、二十二日、急ぎ下関に回航せしめられた。二十二日午前十一時二十分、天皇は渡辺宮相を御前に召され、厳妃の祭祀料金三千円を下賜され、勅語も賜わった。皇太子・同妃も、別に金千円を贈られた。さらに重ねて、侍従北条氏恭を鳥居坂御殿に遣わし、弔問せしめられた。

王世子にとっては、初めての悲しい帰省となった。二十一日夜の東京出発の光景を朝鮮語新聞『毎日申報』は、次のように報じている。

王世子は陸軍中尉の軍服に勲章を佩用し、顔色は深く憂愁の色を帯び、列車に召す。皇后ご名代香川大夫、皇太子ご名代波多野大夫、竹田宮恒久王は、親しく車内に入り、送別の辞を述べられた。朝香宮ほか各宮家の代表がお弔みを述べ、王世子は一々丁寧にこれを受けられた。発車の汽笛が鳴る窓ぎわに佇んだ竹田宮は、二、三歩進んで惜別の情を示された。王世子は、一同に最後の答礼を行い、総勢二百名は列車が見えなくなるまでお見送りした。

時に王世子十三歳、現在の中学二年の年齢である。

英親王の初の帰省を迎える韓国側の動きも慌しい。二十三日朝、軍艦春日にて釜山着の王世子を出迎えるため、閔李王職長官、金賛侍、金事務官、および李完用伯爵、朴斎純（安政五年生、無比の支那通）、高永喜（嘉永二年生、駐日公使、法部大臣等）、李容稙（嘉永五年生、学部大臣等、儒者）、李秉武（元治元年生、前陸軍副将、侍従武官）各子爵は二十二日朝南大門発列車で釜山に向かった。憲兵隊村田第二分隊長も、王世子警護のため下士官以下を率いて釜山に急行した。釜山では、臨時特別列車に貴賓車を連結し、二十三日午前九時発車した。李堈公および李熹公は途中の永登浦まで出迎えられた。

二十三日午後六時四十分、汽車は南大門駅に到着した。駅頭には、寺内総督代理大久保大将、山県政務総監、松永中将以下各部長官、朝鮮王公族以下貴族、各学校職員、学生、生徒、各団体、一般人民等が南大門駅前や大漢門前に整列して人垣をつくった。王世子は一々挙手答礼せられ、馬車は徳寿宮に入った。

咸寧殿に近づいた時、内殿で待ちわびていた二百人の女官は一斉に、「アイゴ（哀号）、アイゴ（哀号）！」と泣き出した。厳妃に太子の到着を告げ、太子をお迎えする嘆きの儀式である。この時、王世子の心は昔の皇太子にもどっていたことであろう。李王・同妃ならびに父君李太王とも、喜びと嘆きと悲しみの入り交った対面をされた。かねてから、

「日本へ行ったら、悲しいことも、嬉しいことも、いっさい顔色に現わさないよう気をつけよ」

と父君から諭されていた王世子は、この時の悲しみを人に語られたこともなく、また書き残されたこともなかった。

翌二十四日午前十一時、王世子は古谷御用係、高事務官が馬車に同乗、小宮李王職次官らを随えて総督官邸に赴き、厳妃逝去や病床日誌などについて寺内総督と話をされ、同時に両陛下に重なる御配

慮の御礼を伝達されたき旨を依頼された。その後、昌徳宮に伺候し、李王・同妃を訪問、久々のお話をされた。

王世子の帰省中は、徳寿宮内石造殿が宿所と定められた。京城滞在中は、毎日午後二時から三時まで、石造殿において訪問客を接見せられた。天皇もいたく王世子の動静を御心にかけられ、古谷ご用掛より渡辺宮内大臣に対して毎日電報にて奏上するようご沙汰があった。

厳妃の墓地についても審議中であった。二十五日、李王家事務官林健太郎、村上竜佶、昌徳宮警察署長呼子友一郎らが現場を視察し、清凉里に決定した。そして王世子の帰京までに葬儀を終えるように昼夜兼行土工に着手し、八月一日までに竣工させた。

厳妃の葬儀は、八月二日に行われた。葬儀委員主任は李達鎔、委員は厳俊源、厳柱益、厳柱承、沈宜硯、事務は東部長、史一煥らであった。厳妃の葬儀は破格なものであった。たとえ皇帝のご生母であっても、皇妃以外は王族ではなく臣下であるから、側室に対して后妃の礼をもって葬儀を行うことは、日本式に考えても異例であった。

当日、『毎日申報』紙上で趙重応子爵が語っているように、李太王の正室は閔妃であり、厳妃は王世子のご生母とはいえ、身分上は側室の一人に過ぎなかったから、妃殿下なみの葬儀を行うことは李王家の古式によっても空前絶後の破格のことだったのである。

八月二日、午前五時半、厳妃の葬列は徳寿宮を発し、午後二時東大門外の園所に到着したが、沿道の道路両側には無慮数万人の市民がお見送りした。

園所では、まず李王代理尹徳栄子爵、李太王代理金賛侍の代拝の後、王世子は親しく斎室に入って拝礼された。寺内総督代理外波武官、山県政務総監、大久保大将代理および朝鮮貴族が参拝した後、埋葬式が行われた。八月四日午前八時三十分、王世子は石造殿を出発し、九時五分、永徽園に参拝、午後一時帰殿された。

八月五日には徳寿宮殯殿において、王公族、および厳妃の親族が参列し、荘厳に焼香式が行われた。

王世子は、八月二十三日頃、陸軍中央幼年学校予科第二学年の編入試験を受けなければならない事情もあり、数学、国語、漢文などの受験準備の都合もあるので、長く京城に滞在することはできず、八日出発することになった。それまでの間に、何回か咸寧殿に父李太王を訪ねられた。王世子の学友四名が、李太王に拝謁を賜わったこともあった。昌徳宮李王・同妃も、王世子のために随行員一同ならびに李堈公、李熹公、その他中枢院顧問、閔長官、小宮次官らを招待して、午餐会を開かれたこともあった。

悲しい帰省ではあったが、李太王は、王世子の健康な成長ぶりと学業熱心とには、いたくご満足の体であった。王世子は、天皇に土産品を献上するため、四日、漢城美術品製造所において、銀花瓶その他精巧なる品を買い入れられた。三週間にも満たぬ短い帰省の後、王世子は名残りも尽きぬ京城を後にすることになった。

八日早朝六時四十分、王世子は石造殿を出て、咸寧殿に至る。李王・同妃も、六時十五分、昌徳宮を出て徳寿宮で李太王と歓談されていたが、そこへ王世子がお別れの挨拶に参上された。中央幼年学校から軍人の道を進む旨などを言上の後、早々に南大門駅に向かわれた。

玄海灘を越え、十日午後二時十五分宮島発、十一日午後三時半帰京された。

八月二十三日、李王職長官子爵閔丙奭（安政五年生、前宮内大臣等、閔妃の一族）は、李王および李太王の命をうけて上京し、鳳凰の間において拝謁、王世子を母の葬儀に帰省させられたお礼を言上し、別席で茶菓を賜わっている。

三　陸軍将校生徒

王世子は、九月一日付をもって陸軍中央幼年学校予科の生徒となった。これから三十五年にわたる日本陸軍軍人生活が始まったのである。その前々日、八月三十日には、天皇は王世子付御用掛古谷久綱を通じて、とくに幼年学校入学についての心構えでも伝えられたのであろう。「とくに優旨を伝えしめ、洋菓子一折を賜う」と記録されている。

十月四日、ご生母の喪を終えた王世子は、銀製周事尊式花瓶一個を天皇に、銀製香炉一個を皇后に献上された。天皇はそのお返しとして、二十一日、式部官山内勝明を遣わし、洋服地一着、文房具各種ならびに庭球用具一式を下賜された。

当時の幼年学校の学年は、九月から始まったようである。王世子は趙大鎬、厳柱明の二人の学友とともに二年に編入された。

〔注〕 趙大鎬は陸士で病気退校一九三五年ごろ死去。厳柱明は中幼予科で病気延期、早く軍職を去り、後にソウル進明校長、一九七五年ごろ死去。

ここで少し当時の幼年学校の制度について解説をしておこう。陸軍将校の教育制度は時代により変遷があり、その呼び方もいくらか混乱しているので、読者の年代を考え、終戦前の制度を基準にして説明しよう。幼年学校は、日清戦争の後、東京、仙台、名古屋、大阪、広島、熊本に設けられた。各校の定員は約五十名で、当時の中学校の一年または二年修了の者が受験して入学した。修業年数は三カ年で、それが終ると予科士官学校に入学するわけである。ここで中学校を卒業した者と一緒になったのは、大体昭和になってからの制度である。

王世子の時代には、後の予科士官学校を中央幼年学校本科、後の東京幼年学校を中央幼年学校予科、東京以外の幼年学校を地方幼年学校と称していた。また、当時の中央幼年学校本科は、六つの地方幼年学校を卒業した者だけが入学した。そこで約一年半の課程を終えて士官候補生となり、各部隊に配属されて約半年の隊付勤務を経た後、士官学校に入学することは後年の制度と同じだが、当時中学校を卒業した者は、幼年学校を卒業した者よりも半年間余分に隊付士官候補生を経験した後、士官学校に一緒に入校した。

王世子が編入されたのは、中央幼年学校予科（後の東京幼年学校第十四期）で、現在、市ケ谷の自衛隊のあるところの西南角、約四分の一の敷地を占めていた。生徒の総数は、三学年で合計一五〇名。全寮制で日曜・祝祭日以外は外出を許されなかった。今の市ケ谷自衛隊の西側の正門を入って、坂をのぼっていったあたりに、皇族舎という小さな特別の建物があり、皇族の生徒は、ここで起居されたわけであるが、日曜・休日には鳥居坂御用邸に帰られた。授業や演習は一般生徒と全く同じであった。

幼年学校は、日清戦争の後、日本がせっかく手に入れた遼東半島を、ロシア、フランス、ドイツによる三国干渉によって返還せざるを得なくなった遺恨に照らして、露・独・仏の三カ国語を取り入れた。余談だが、この伝統は、日本が米・英を敵として大東亜戦争に突入した後までもつづいた。だから陸軍将校の中で、英語を学んだのは、中学校を卒業して士官学校に進んだ人が大部分である。

さて、王世子が編入した幼年学校の同期生は五十名で、二つの教育班に分かれていた。王世子は、第一教育班である。語学の時には、各語学別に学んだわけだが、王世子は、英語であったので、王世子、趙大鎬、厳柱明の三人だけのために英語班ができたのである。そのようなわけで、幼年学校で英語を学んだのは、王世子ぐらいなものであろう。

幼年学校の生活や訓練は、相当に厳しいものであったから、いきなり二年に編入した王世子は、随分苦労もされたであろう。関係者の証言によっても、学科の成績はなかなか優秀で、音楽も得意であられたようである。しかし、体格は小さかったから、体操や演習には困られたに違いない。

王世子が幼年学校予科生徒になって、初めての冬休みの初日のことであろう。十二月二十五日、天皇は、王世子を埼玉鴨場に召されて鴨猟を行わせられた。

幼年学校に入学した皇王公族

	伏見宮貞愛親王	明治5年陸軍幼年学校へ入学
	閑院宮易王（後の載仁親王）	明治10年陸軍幼年学校へ入学
第1期	竹田宮恒久王	明治32年9月1日第3学年に入校
第5期	朝香宮鳩彦王，北白川宮成久王，東久邇宮稔彦王	
第14期	李　王　垠	
第17期	賀陽宮恒憲王	大正4年9月1日第3学年
第18期	山階宮芳麿王	
第19期	秩父宮雍仁親王	
第27期	竹田宮恒徳王，李　鍵　公	
第28期	北白川宮永久王	
第30期	朝香宮孚彦王，李　鍝　公	
第40期	賀陽宮邦寿王	

東京幼年学校第14期名簿

秋山明治	実川雄史	長岡護孝
井野八郎	芝山　喬	長浜　彰
一宮　基	杉本和二郎	長屋義雄
宇野　昇	鈴木章夫	鍋島茂磨
内山豪三郎	園田一房	沼　信夫
折田一雄	田中二郎	萩　三郎
鎌田銓一	高坂　実	林　三郎
上条保広	高野正次	平沢喜一
神代徳太郎	谷島琢也	広部　広
河村参郎	趙　大鎬	藤川善郎
菊地三郎	田　正	三村　薫
黒川普二	富永順太郎	室田　準
小松己三雄	奈良三郎	安岡武雄
小宮勇次	中村四郎	李　垠
塩島荘夫	中島　武	渡辺雅夫

（東幼会名簿より）

明けて明治四十五年一月十三日にも、天皇は式部官山内勝明を遣わして果物二かごを贈られ、存問されている。三月十四日には、李王職事務官高義敬が母の喪に服しているのを聞かれ、菓子一折を下賜されているのも、王世子に対するお心遣いであろう。

四月、幼年学校予科二年生の王世子は、修学旅行に出かけ、他の将校生徒とともに小田原から箱根を越えて、三島、修善寺まで歩かれた。恐らく軍隊生活の中で、初めての経験であったのであろう。天皇も気にかけておられたと見えて、「四月二十八日、王世子修学旅行を終えて帰京せるをもって、式部官山内勝明を遣わし、果物二かごを賜い、かつ、一そう学業に精励せよ」との聖旨を下されている。天皇が、幼年学校生徒として、初めての行軍に堪えられたかどうかにまでみ心を配られたことは驚くべきことである。

五月六日には、中央幼年学校長松浦寛威大佐他各地方幼年学校長五人に拝謁を賜わっているが、恐らく王世子のこともご下問になったことであろう。

王世子が、最後に元気な天皇を拝したのは、五月三十日中央幼年学校生徒卒業証書授与式の時のことである。車駕市ケ谷台に親臨、卒業生の課業をご覧になった後、ついで式場に臨御せられた。中央幼年学校は予科三年、本科二年で、王世子は予科二年生の中にまじって、整列して天皇をお迎えしたに違いない。「天皇は学校本部からお出ましになり、中庭をボツボツお歩きになって、式場の玉座にお立ちになった。ご老体のお姿を拝して感激の涙が流れた」とは、安東貞雄の回想である。

卒業証書の授与が終ってから、優等卒業生三人、朝鮮人優等卒業生一人に賞品を賜い、また、障碍物通過競争優勝者三人にも賞品を賜わった。この頃は、日韓併合前からのかなりの数の朝鮮人留学生がそのまま幼年学校に在校していたのである。

当時のしきたりでは、このような行幸のときには便殿でご休憩になり、その時、校長や職員が拝謁に参上するわけだが、皇族の生徒も大抵拝謁することになっていた。この頃、皇族の在校生は、王世子ただ一人であったから、天皇は王世子を便殿に召され、何か語りかけられたに違いない。

七月十四日、恐らく幼年学校は暑中休暇に入ったのであろう。王世子は、明十五日から静岡県三島に避暑しようとした時、天皇は式部官山内勝明を遣わして、今日まで学業に専念したことを褒め、転地中もなお学業にはげむよう伝えられ、洋菓子一折を賜わった。王世子は、早速王世子御付武官金応善少佐を使いとして御礼を言上された。

四　明治天皇崩御

天皇のご病気が発表されたのは、七月二十日である。実は、王世子に聖旨を伝えられた七月十四日より玉体に少しく痛みを感じ、胃部に停滞の気あり、脚部に倦怠を覚え、時々居眠りをせられた。十五日には、ご病気をおして枢密院に臨まれた。それまでの天皇は、常に姿勢厳正、一たび着席されるや、微動だにもせられなかった。しかし、この日は姿勢を乱したまうこと甚だしく、山県有朋がサーベルの先で床をたたいてご注意申し上げた、という話も伝っているほどで、重臣みな驚いたという。十九日以来、ご意識もうろうとして体温四十度、脈搏百十に達し、二十日に至り官報号外をもってご容体書が発表されたのである。

皇族方や重臣たちも、続々参内、三島におられた王世子も、報をきいて急ぎ帰京、二十日午後八時二十分新橋着。駅からすぐさま参内しようとされたが、夜中の参内はかえって畏れ多しと御付の人々が諫め、心ならずも翌日に延期され、悄然として鳥居坂御殿に帰られた。心配のため夜も眠られず、二十一日には払暁より起床され、ようやく十一時二十分、急ぎ参内されたが、懐しい天皇には、もはやご対顔も叶わず、徳大寺侍従長にお見舞の言葉を言上の上、さらに皇后に謁してお見舞された。退出後は自動車を東宮御所に走らせ、東宮大夫に面会の上、皇太子にもお見舞の言葉を言上された。

全国民の赤心あふれる祈りの甲斐もなく、二十九日午後八時頃よりご病気漸次増悪し、十時頃に脈搏しだいに微弱に陥られ、呼吸ますます浅薄となり、昏睡の状態を持続されたが、ついに三十日午前零時四十三分、心臓マヒにより崩御遊ばされた。

日本と日本の国民にとって、栄光の時代の終りであったが、実の父子以上の情愛を受けられた王世子の嘆きもまた、終生最大のものであったであろう。

その後の宮中行事は、次のとおりである。

八月八日　　　十日祭　常御殿殯殿
八月十三日　　御遺体常御殿より正殿に移る
八月十四日　　殯宮移御翌日祭
八月十八日　　二十日祭（宮中正殿）
八月二十八日　三十日祭（同右　）
九月七日　　　四十日祭（同右　）

明治天皇大葬儀は、九月十三日青山練兵場内葬場殿において行われた。この日宮中の殯宮祭の儀の後、午後七時、霊柩を轜車にうつし、五頭の牛にひかせ、号砲一発、青山葬場殿に向かう。天皇、皇后、皇太后は、二重橋鉄橋西南のあたりで奉送され、淳宮雍仁親王（秩父宮）、光宮《てるのみや》宣仁親王（高松宮）および王世子は、正門内にご同列にて轜車の二重橋を渡らせられるのを奉送された。御葬列は延々と一里半におよび、全国から参集した数十万の国民が、沿道でお送り申し上げた。

十時五十六分、霊柩式場に到着、十一時十五分、祭典開始せられ、天皇、皇后、皇太后、英国皇帝名代コンノート親王他各国代表、貞愛親王以下親王・同妃、王・同妃、王世子のご礼拝あり、ついで西園寺首相、宮内大臣、大勲位以下の諸員拝礼あり、十四日午前零時四十五分、式は全く終了した。

乃木大将夫妻が自刃したのは、霊柩まさに宮城を発進せんとした時のことである。

うつし世を神さりましし大君の

みあとしたひて我はゆくなり　　希典

出でまして帰ります日のなしときく

けふの御幸《みゆき》に逢ふぞかなしき　　静子

翌朝、夫妻の殉死と、この辞世の歌を知った国民は、二重の衝撃を受けたのであるが、王世子の心も、静子夫人の歌そのものであったであろう。

九月十四日午前二時、青山葬場殿の停車場を静かに発車した霊柩車は、一路京都に向かう。かくして明治天皇の英霊は、永久に伏見桃山の地に眠られたのである。

王世子が、韓国皇太子としてご来日以来の明治天皇が示されたご情愛の深さは、伊藤公の死後も、日韓併合後も、いささかも変ることはなかった。『明治天皇紀』全十二巻の次に索引だけの一巻がある。畏れ多き次第ながら、当時の皇族方が『明治天皇紀』十〜十二巻に何回登場するかの統計例を次頁に示そう。

後のことだが、秩父宮雍仁親王は、御祖父明治天皇の思い出の記を、次のように書いておられる。

「このおじい様は、世間のおじい様が眼に入れても痛くないというような可愛いがり方は一度もされたことはない。したがって祖父に対し甘える気持など夢にも湧いたことはない。むしろ、こわい、おそろしいといったものであった。僕は一度も祖父明治天皇の肉声をうかがったことがないのだ。年に三回、春秋と誕生日に参内するのが例であって、その時にお目にかかったのだが、

		10巻（明34.1〜37.12）	11巻（明38.1〜40.12）	12巻（明41.1〜45.7）	計
裕仁親王（今上天皇）	明34.4.29生	6	0	2	8
雍仁親王（秩父宮）	明35.6.26生	6	0	2	8
宣仁親王（高松宮）	明38.1.3生	—	5	2	7
竹田宮恒久王	（昌子内親王と結婚）	4	7	8	19
北白川宮成久王	（房子内親王と結婚）	1	2	10	13
東久邇宮稔彦王	（聡《とし》子内親王と結婚）	1	2	4	7
朝香宮鳩《やす》彦王	（允子内親王と結婚）	1	3	6	10
賀陽宮邦憲王		1	1	4	6
久邇宮邦彦王		3	2	4	9
閑院宮載仁親王		5	5	5	15
伏見宮貞愛親王		9	8	15	32
有栖川宮威仁親王		19	7	4	30
梨本宮守正王		4	3	5	12
伏見宮博恭王		3	4	7	14
東伏見宮依仁親王		3	2	4	9
英親王李垠		—	4	21	25

御前にいってお辞儀をするとかすかにお唇の動くような気はするが、ついぞお声は聞かなかった。もしこれもお声ということができるならば、それはいよいよ崩御の一週間ばかり前にお見舞に上がった時、おそろしさに震えながら聞くまいとしても聞こえたお苦しそうなうめき声だけである。」

「拝謁の時は侍従に導かれ、明治天皇の御前にゆく。あまり明るくない部屋に大きな机を前にして陛下は立っておられる。僕らは廊下から数歩お部屋の中に入ってお辞儀をする。そして予定のご挨拶を述べる。拝謁は正味一分ぐらいだろうが、この際一言でもおっしゃったら僕はあるいは泣き出したかも知れない。」

以上は『雍仁親王文集』の一節であるが、民間の祖父と孫の関係では想像もできないことである。明治天皇は、そのようなこわいおじいさまであられた。

今まで詳しく記してきたように、王世子に賜わり物を下さった例は、十数回にも及ぶが、当時の皇族の子弟や四内親王に対してさえも、あのような賜わり物は、一回か二回というしだいであった。王世子も、明治天皇のこのご情愛に甘えていたようすが見られるが、それは邪気のない子供であったからであろう。王世子が、明治天皇のご優遇が、他の皇族に比べて破格のものであったことに気づかれたのは、多分軍学校に入られて、いろいろな実例を見聞されてからのことではないかと思われる。

〔注〕口絵写真十一頁の説明は、方子女王に関する『明治天皇紀』の記述である。方子女王に関する記事は、あれがすべてである。

五　陸軍中央幼年学校予科時代

明治天皇御大葬の後、王世子は幼年学校予科三年に進まれ、大正二年七月十日同校を卒業されたわけである。幼年学校において、王世子の待遇が、当時の日本の皇族の子弟と寸毫も異なるところはなかったが、しかし、この時点で、来日当初の「東宮に準ずる扱い」が、完全に消滅していたこともまた確かである。

王世子が人質であったかどうかについては、日韓で、あるいは人によって意見の分かれるところもあるであろう。しかし、伊藤公存命中は、当代最高の陣容をもって東宮御学問所なみの帝王学が授けられた。日韓併合によって、韓太子から王世子と呼び名も変わり、従前通り御心をかけられた明治天皇が崩御され、しだいに日本の皇族の末席に連なる地位に変わり、ついに日本の通常の軍隊教育の枠組の中に入れられてゆく過程において、王世子自身が「あるいは人の言うように、本当に自分は人質になったのでは……」と、感じられた時があったとしても、不思議ではない。戦後、韓国に帰還された時、韓国の新聞が「人質から帰った王様」と書き立てたような見方も、今となっては無理からぬものがあったのかも知れぬ。

しかし、同期生の稲田正純が書いているように、「少なくともわれわれ軍人、殊に同期生にとって王世子は最も親しい敬愛する宮様であって、人質とか異国人とかいった感情は露ほどもなかった」ことも、確かな事実であろう。「私どもは、韓国の宮様でありましたので、殿下の愛称を韓殿と申し上げ、全校生徒敬愛の的でありました」とは、王世子より三年の先輩、陸士二十六期の井崎於菟彦の述懐である。以下、関係者の証言により、幼年学校予科時代の王世子の動静をさぐってみよう。

大演習陪観

児島義徳（陸士三十二期）

大正元年十一月十四日より埼玉県川越地方において陸軍特別大演習が挙行されたとき、幼年学校予科生徒は、十七日から十九日まで見学を許された。十八日午前は、多摩川畔の御野立所（天皇がご覧になるところ）の近くに整列していたが、この時、（大正）天皇は王世子を召され、望遠鏡を下賜された。演習終了後、生徒は川原で遊戯をしたり、写生をしたりしていたが、生徒監は、王世子からこの望遠鏡を拝借し、生徒を集めて講話をした。

〔注〕この一事は、大正天皇も明治天皇の王世子に対する配慮を継承されていたことの一例といえるであろう。

親しみやすかった殿下

宇野昇（陸士二十九期）

殿下は、同じ第一教育班で、予科卒業迄終始生活を共にする栄を得た。私は殿下、それに安岡、鈴木とともに、身長順では教育班の最後尾を占めていた。身体検査がある度に、誰が最後尾になるかと争ったが、いつもこの四名が、卒業までこのグループから抜け出せなかった。それだけに殿下とは、特別に親しく接した。

朝の学科の始業を待つ間が、一番殿下と雑談することが多かった。皇族舎の方からわれわれ同様乞食袋（幼年学校のカバンのこと）をぶらさげてこられる殿下は、私どもの姿を見ると駆け足でとんでこられた。いつもニコニコして息をきらしながら「お早よう」と声をかけられ、何かと話をされた。教室でもまことに聡明で、殊に国語などはいつも東宮教官が目をみはるほどの造詣があった。剣道や柔道でもよくお相手をしたが、なかなか油断ができなかった。ただ器械体操だけは苦手であった。野外教練でも、われわれ同様、泥にまみれ、雨にもぬれた。

大正二年夏の休暇の時（多分八月七日）であった。京城の王宮にお招きいただいたので、景福宮に伺候した。殿下は大へんにお喜びになって、王宮内を親しく案内して下さった。当時、父李太王もご存命中だったが、わざわざご引見になって硯と墨紙などを賜わった。

〔注〕王世子が大正七年一月、七、八年ぶりに帰省していることは、当時の新聞の記述である。安東貞雄、宇野昇は、明石元治郎少将の書翰を根拠に、王世子が大正二年夏にも帰省していると証言しているが、これが事実なら非公式帰鮮ということになるであろう。

音楽の時間と箱根越え

杉本和二郎（陸士二十九期）

私は、第二班でしたが、当時、悪童どもがとても多く、なかなかわるさをしたものです。私ども音楽に弱い連中は、音楽の時間がくると、小山先生から五線譜を読まされるのが一番の苦手でした。授業の前には殿下を囲んで音譜を読んでいただき、「ドレミハ」を振仮名したものです。ある時、小山先生が「神代！ 読みなさい！」。神代滔《とう》々と読み上げる。小山先生が突然「待て！ 教科書を持って来なさい」。神代、素直に差出す。小山先生「誰がこんなことを教えるのか」。殿下、最前列の席でニンマリ。神代「ハイ、先生は殿下です」で、小山先生、黙して終りとなりました（萩三郎も同様の証言をしている）。

明治四十五年四月の修学旅行は箱根伊豆方面でした。箱根山は今日とは比べものにならぬ悪路でした。殿下は終始行動を共にされ、私どもは子供心にも、朝鮮の深窓に育ち、訓練の日も浅いのに、私どもと談笑しつつ小田原から箱根を越えて三島、修善寺まで歩かれ、辛抱強い方だと感じ入りました（この行軍は明治天皇からお褒めをいただいたものである一一四頁参照）。

恩恵を蒙った思い出

萩　三　郎（陸士二十九期）

修学旅行や毎週水曜日の郊外散歩（毎週整列行進して名所、旧跡を見学する幼年学校の行事）では、殿下とご一緒だったので、ずい分恩恵にあずかりました（宿舎や休憩所やお菓子の質などに多少の手心が加えられたのであろう）。殿下は柔道が大好きでしたが、なかなか倒れぬ相手は大嫌いなようで、私もその一人でした。

戸山ヶ原の野外演習

上　条　保　広（陸士二十九期）

毎週土週日の午後は、大抵戸山ヶ原の野外演習であった。或る日週番取締となって、健脚の北原生徒監の後を、連続駆足で汗をかきながら戸山ケ原へ向かった。体力に自信のある私や折田でさえ青息吐息、まして小室や河村等は大変であった。生徒監は、後を振り向かずに二、三間前方を元気一杯走っている。遅れると、「取締生徒！ 歩度を伸ばせ！」と命令する。

私の後には殿下が走っている。殿下は後から「歩度を少しゆっくり」と言われる。こんな具合で、殿下の友情と慈悲にあずかったものだ。

〔注〕幼年学校には、指導生徒というのがあった。これは、三年生の中で成績の優秀な者が、一年生の一学班の中に一名ずつ入って、自習時間や随意運動時間に一年生と起居・行動を共にし、指導に当たるという制度である。古代ローマ時代の制度のトリビューン（護民官）から、通称護民《ごみん》と呼ばれたものである。殿下は、大正元年十月初めから十一月一日までこの指導生徒をつとめられた（児島義徳による）。通常指導生徒は、一年生の寝室で寝泊まりするのであるが、夜は皇族舎へ帰られたものとみえる。殿下の場合に限って、杉本和二郎が指導生徒補佐を命ぜられ、寝室で一年生と泊まるところだけを代行した。

フットボール

井崎於菟彦（三年先輩・陸士二十六期）

当時、幼年学校予科の校舎は、市ケ谷台の西南隅で、本科から少し離れていましたが、運動場は本科も予科も共通でした。陽春のある日、予科でフットボールの試合があると聞き、殿下のお手並を拝見すべく一人で出かけてゆきました。白の運動帽と服を召され、縦横にボールを駆使される敏捷な殿下の動作に感心し、無意識に五、六歩のところまで接近したとき、殿下が全力で蹴られたボールが、私に真正面からぶつかり、目の前が真っ暗になりました。すると、誰か私の肩を左手で支え、右手のハンケチで血を拭ってくれる人があります。殿下でした。はっきりした声で「大丈夫ですか、眼は痛みませんか」と申されました。ご迷惑をおかけしてはと、あまりに近づきすぎたお詫びを申し上げ、自習室に帰って休んでいたところ、殿下の思召しで医官が来られたので、感激したしだいです。

卒業式前日の談話会

児島義徳（陸士三十二期）

大正二年七月十日の卒業式の前日の午後、談話室において卒業生を送る談話会が行われた。その時のプログラムは(1)王世子「アルプス越え」（英語）、(2)河村参郎、萩三郎、仏語会話「己の運命に満足せる者」、(3)高坂、藤川「馬について」（露語）、(4)渡辺雅夫（独語）である。終って十四期生を送る辞、さらに職員、古谷式部官の講話があった。

六　陸軍中央幼年学校本科時代

大正二年七月十日、中央幼年学校予科を卒業した王世子は、夏休みの後、九月に中央幼年学校本科に入学した。明治大帝の喪も明けた頃、仙台、名古屋、大阪、広島、熊本の地方幼年学校を卒業した者も加わって約二百名となり、約一年八カ月、同じく市ケ谷台で学んだわけである。時に満十五歳、数え年十七歳であった。

皇太后は大正三年三月二十六日、葉山御用邸においてご発病、東京にお帰りになったが、四月十日危篤、四月十一日崩御せられた。照憲皇太后と諡名された。照憲皇太后も深く王世子に情愛を注がれたことは多くの語り伝えがあるが、明治以後については、宮内庁の資料も欠落しているので、具体的なことはほとんど明らかではない。ここにおいて王世子は、来日以来、最も頼りにしていた三人のうちの最後の一人を失ったわけである。以来王世子は、恐らく終生孤独であったであろう。

陸軍中央幼年学校本科では、第一中隊第四区隊であった。区隊長は甘粕重太郎中尉である。

腕白ざかりのいたずら

伊東　力（第一中隊第四区隊）

李王殿下とは、同区隊（甘粕区隊）の光栄に浴した。大正初年、中央幼年校時代のことである。区隊には中幼予科時代に御学友であり、また殿下の直接御相手役をつとめた趙大鎬と模範生徒渡辺雅夫の両君が区隊に来ている。しかし区隊の生徒全部が模範生というわけでなく、中には区隊長からいつも大目玉をくっている手合いも少なくなかった。私もその部類に属する一人であった。

一番、区隊長が手を焼いた生徒に杉森武夫がいた。ドイツ語の時間に外人教師ブラウトが教壇に立ち、チョーク箱のふたを開けたとたんに、バッタが飛び出した。先生の驚きがすぐ怒りに変わり、授業もせずに引き上げてしまった。確か杉森の仕業であったように思う。

漢文の時間は、西村先生である。先生は忠臣蔵の講談がお得意であった。教室に入って来る禿頭丸顔の先生が、今日はご機嫌がよいと見れば「お願いします」と催促する。お得意の一席が始まって、気合いがかかって来ると、先生の頭から湯気が立つ程であった。講談が終ったときは、授業の残り時間がなくなっている。漢文の時間には時々講談をやっていただくので、楽しみにしていたものだ。殿下も思い出されることであろう。

市ケ谷台に有名な兜松がある。その近くに皇族舎が建てられてあった。殿下は、平日そこで起居されていた。茶目気の多いいたずら者が、二、三人して、夕食後などに皇族舎の裏側に回って、下から「殿下！ 殿下！」と、お呼びする。途端に二階の窓が開いて、お菓子やミカンを投げて下さる。校内では、間食を許されていない食べたい盛りの私達にご同情下さったのであろう。有難く頂戴しつつも、またまことに畏れ多いことであった。味をしめて時々それをやる。お付きの人は知るや知らずや一度も出食わしたことはない。殿下のご様子からして、お付きには内証でなされていたのであろう。

珍しく雪が深く積ったある冬の或る日のこと、私と遊佐だったと思うが、例によって窓下で殿下をお呼びする。その日は別におねだりする心算ではなく、皇族舎の裏側は街路に面し、市ケ谷台端の斜面になっているので、何処からか板を探がして来て、これを橇がわりにして殿下と遊ぶ計画である。

殿下は、直ぐ出て来られた。予行演習をやってあるので、三人は早速、板に跨がり斜面を滑る。面白いことこの上なし。斜面が急なため橇が止まると、皆、前にほうり出される。雪が吹き溜っているから怪我の心配はないが、全身雪まみれとなる。少年時代は、こんなことにもいい知れない痛快を覚えるものだ。

板に跨がる順序を交替しつつ、何回となく繰り返す。面白いので、つい声が大きくなる。誰かが走って来た。御付武官金少佐だ。殿下にお怪我でもあってはと、大目玉をくって中止。殿下は、お心残りのようであったが、御付武官と皇族舎に入られた。

しかし殿下も、私達と同じ少年である。面白い遊びは、一緒になされたかったであろうと、今日ではそのお心を拝察し、むしろ当時は、よいお慰め役をつとめたものと思っている。

王者の風格を備えられた殿下

土屋明夫（第一中隊第六区隊）

殿下は肥えておられたが、背は高くなく、柔道場での席順は私と並んでいた。そこで柔道はいつもまず殿下ととりくんだ。殿下は、寝技がお得意であった。上になっても、下になっても、殿下の柔らかい肥えられた肉体の感触が、いつまでも忘れられなかった。こんなことで、自然と殿下と親しく口がきけた。

ある冬の日の夕食後、夕闇の中で杉森武夫と二人で殿下にリンゴを下さい、とねだったところ、暫く待っている中に持ってきて下さった。リンゴは、いまでこそ掃いて捨てるほどあるが、五十年昔の当時は貴重な珍果で、われわれには手が届かなかったものだ。そこで二人は大喜びで、大障碍物のある付近で、こっそり味わって食べたのである。

ところが一両日して、区隊長が「皇族舎の食堂にあったリンゴが、二個不足して、大騒ぎをしている。誰か心当たりの者はいないか」との尋問、悪事露見と覚悟して、私は杉森と二人で頂いたと申し出た。殿下に関係しているので、重営倉（軍隊における処分の一種で、牢屋のようなところ）一週間は覚悟していたが、その後、区隊長から殿下の「私がつい二人に食べてもらったのだから」との温かき御心に免じて、この度のことは不問に付す。こんご絶対にこんな間違いを起こさぬようにとの注意があった。殿下がわれわれ二人の罪をかぶられたことになってしまった。殿下は統領王者の風格を、すでに弱冠のこの頃から、自然に備えられておられたのである。

外国勲章に造詣が深かった殿下

古野厚平（第一中隊第六区隊）

歳月もすぎて、大正二年九月、中幼本科に行ったら、同中隊になって、親しくそのお姿を日夜拝することができた。第六区隊の自習室で、予科出身の二、三人がいたので、時々歩を運ばれて親しく話を承ることができた。

その折、伊藤さんの話をなされたが、「伊藤公爵は……」と仰せられていた。また勲章の話などをなされたが、外国勲章に甚だ趣味をお持ちになり、造詣も深く、イタリア勲章の美しさを詳しく承ることができたことは、今なお光栄として忘れ得ぬものである。

戸山ケ原の演習の折、甘粕区隊長の指導で、殿下は「部下五名を率い、斥候長となり、戸山ケ原より郡病院方面の敵情を捜索します」と、復唱されて「弾丸を込め、着け剣!」と号令されて出発されると、金武官もその後について走って行った事などを、隣区隊にいたので目撃し、殿下もわれわれ同様に活動されるのだ、と深く肝に銘じたしだいである。

大正四年五月卒業の折、殿下より李花のついた卒業メタルを頂き、今なお記念の賜わり物として宝にしている。

珍しかった魔法ビン

矢野俊介(第一中隊第六区隊)

殿下ご在学時代、とくに印象に残るのは、お付武官の金応善氏が、いつも傍にお付きして何彼とお世話申上げていたようすで、幼心に演習の時など、よくその動静に注目していたものです。かつて習志野の野営(大正三年四月)の際、激しい戦闘教練後の休憩時、皆汗ダクになって草原に腰を下ろし、傍らに殿下も休憩なさっておられた。何処からともなく金武官は、魔法ビンを提げて来て、殿下に湯茶をさし上げる。当時、まだ魔法ビンなど見たこともない田舎出の僕は、何だろうと珍しく、それを傍目に見て、後で皆に聞いて赤恥をかいたことを覚えている。その魔法ビンが、あまりに珍しかったので、金武官に〝魔法ビン〟というアダ名をつけるようになりました。あの習志野の野営は、生まれて初めてで、楽しみのキャンプの思い出でもあったのです。

印象深かった殿下の号令

原　亮三（一期後輩陸士三十期）

私が中央幼年学校本科に入校したのは、大正三年九月、第一次大戦中、フランスのマルヌ戦線で最も大規模な戦闘が展開せられ、東部戦線では、ドイツのヒンデンブルグ将軍がロシアのサムソノフ軍に一大殲滅戦を決行しつつあり、わが神尾第十八師団は、青島包囲の態勢を進めつつある頃でした。

私は、第一中隊第二区隊に入りました。区隊長は岡崎中尉でしたが、二年生の李王殿下は第四区隊におられました。毎朝整列して服装検査を受ける前に、殿下は本入りバックを手に下げて、皇族舎から歩いておいでになりました。食事は朝昼夕の三食ともか、それとも昼夕の二回だけ、中隊の食堂で一緒にされました。殿下の食卓は、西側の中央にあり、三人ずつ交代で殿下の前に出て会食しました。甘藷（さつまいも）の煮付けなど、殿下のは丁寧に皮を取ってあって、すきとおるように煮られていておいしそうでした。土曜日の野外演習のあった時の夕食には、よくお汁粉が出ました。六人分入れのバケツに殿下のも入れてありました。殿下がお立ちになると、すぐに二年生の豪傑が来て、バケツを持って行ったものです。

ある午後の校庭の教練の時に、殿下は助手として一年生の教練に来られました。あるいは助手としてではなく、分隊散開演習に一年生を教材としたのかも知れません。私達の区隊の半分、約十二名が散開前進して射撃（伏射）しております。そのあたりの記憶がはっきりしませんが、多分殿下は、他の半分、約十二名を散兵線の後方、中隊予備の位置から第一線に増加のため指揮して前進したのです。その時殿下は「おまえからおまえまでを新たに第一分隊とし、分隊長李が指揮する」と大きな声で指揮されました。中隊が同じであったのにお声など聞いた事のなかった私は、この時の分隊指揮のお声を、五十年たった今でもはっきり記憶しております。

博覧強記の殿下

石黒豊治（第二中隊第四区隊）

顧みれば五十二年前、中幼本科時代、血色の好い端正な姿勢で、膝を曲げずのびのびとした歩きぶりの殿下の英姿は眼前に彷彿とする。ある初春の午前、教室に急ぐ途中殿下は後から私を呼びとめられて、「これ君のでしょう」と粗末な氏名札を差し出された。私が不覚にも落としたものであった。私は謹んでお礼を申し上げて頂戴した。

この事はつまらぬ事であるが、当時殿下は予科（東幼）出身で第一中隊の第四区隊、私は名古屋（名幼）出身で第二中隊の第四区隊、起居も学術科も全く別であったのに殿下は私の名前を覚えておられた。さすが博覧強記の殿下であると深く感銘した。

長崎神社の石

杉本和二郎（陸士二十九期）

中央幼年学校本科になってから中隊は違いましたが、野外演習のある日、春だったか秋だったか憶えていませんが、練馬池袋の近郊は一面の畑で青々としていたような気がする。ある日の午後、斥候か伝令勤務か忘れましたが、私が一人で走っていると、長崎神社の参道の入口で、殿下が一人石に腰を下ろして、靴をはき替えておられました。ちょっと声をかけると、ニッコリ笑われ「マメがつぶれましてネ、痛いんですよ」と靴下を直しておられました。殿下の靴でもマメが出来るものか、と変な所で感心したものです。区隊が何所にいたのか、そこまで歩かれ、引続いて学校までお帰りになった事と思いますが、下世話に申して辛抱強く根性のある方だと思いました。

余談ですが、昭和二十五年頃、所用があって長崎神社の前を通りましたら、殿下の腰を下ろされていた石は昔のままでしたが、道路を隔てた向こう側には、アノ有名な帝銀事件の家があり、びっくりさせられました。明治の末、大正の始め頃は、アノ辺一帯は桑畑か何かで、家など一軒もなかったのになア、と今昔の感を深くしました。

七　近衛歩兵第二連隊で隊付勤務

大正四年五月、王世子は中央幼年学校本科を卒業して、近衛歩兵第二連隊（近歩二）に士官候補生として入隊された。その時の連隊長は津野一輔大佐である。隊付勤務の時は、はじめ上等兵、ついで伍長、さらに軍曹の階級を与えられ部隊の実務を実習するわけである。士官候補生は、その連隊の将校団の卵であるから、たとえ位は上等兵でも将校扱いであり、当番兵もつき、将校集会所で食事をすることになっていた。近歩二入隊時、王世子は満十七歳、数え年十九歳である。以下王世子の当時の姿を描こう。

王世子のユーモア

越智通治（陸士二十九期）

僕は趙君の外、渡辺雅夫君と共に、殿下のお伴をして中央幼年学校から近歩二に士官候補生として入隊した。入隊後、間もなく夏を迎えた。連隊では、一般兵の午睡時間には、決まって軍事学の講義があって、それが毎日の日課である。始めのうち、三、四十分間はノートしながら神妙に聞き入っていたが、暑さと疲れで、僕はついうとうとと居眠りを始めてしまった。同席の中隊長は、渋い顔を僕に向けて「殿下を見習え、あの謹厳そのものの態度を」と。僕は眠い目をこすりこすり渋々身を起こして講義の続きを聞くともなく聞いた。また一時間、二時間、僕はついに机にうつ伏せて眠ってしまった。軍事学教官は、そのまま講義を続けていた。とたんに、僕の頸筋が急に冷たくなった。びっくりして目を醒ますと、殿下がやかんに入った水を僕の頭から浴びせかけているではないか。やおら起き上がった僕の顔が、よほど滑稽だったのか、同席の一同どっと大笑いしたのを、今も覚えている。殿下の謹厳な半面に、こんなユーモアな一面も秘められていて、ほほえましい。

連隊では、殿下はふだんは特別の殿下の部屋に起居されていたが、土曜日から日曜日にかけては鳥井坂の御用邸に帰られるのが例であった。往復の御用馬車の中でも威儀を正し、衆目を浴びていた。一方、殿下にはそんな生活が窮屈だったのか、「越智君、私は自由に何処へでも行かれ、束縛のない君等の庶民生活がしてみたいよ」と、洩らされることもあった。「では、一カ月程でもよいから交代しましょうか」といったりして、冗談の中に楽しい候補生時代の連隊生活も終ってしまった。

王世子の尊敬する人物

中村重次郎（陸士二十九期）

大正四年四月、李王さまには、市ケ谷の陸軍中央幼年学校を卒業され、士官候補生として九段上の近衛歩兵第二連隊付となられた。ここにはすでに前年十二月入隊して第一期の初年兵教育を終った中学出身の二人の士官候補生がおったので、李王さまとほか三名の学友と合計六名の同期生となり、李王さまの人気もあって、営内はにわかに賑やかになったように感ぜられた。

李王さまが隊付となられるについて、将校集会所の構内に新しくつくられた三、四室の小さな建物内にご起居されることになられたが、土曜日の午後から日曜日にかけては、鳥居坂の御殿にお帰りになることになっていた。

連隊に出勤される日は、昼食は将校集会所で連隊長以下の将校と共にすることになっており、李王さまはいつも連隊長の前の席につかれた。中隊長は大塚謙一郎大尉で、教練、演習に熱心な方であった。李王さまも、他の候補生と共に直接中隊長の厳格な訓練を受けられた。

夏の夕方など、中隊長は士官候補生と共に酒保（軍隊の売店）の堅パンを噛り、お茶を飲みながら堅苦しくない話をすることがよくあった。ある時、例のように将集の芝生に籐椅子を持ち出して、雑談をしておったが、中隊長は「皆はどういう人物を崇拝しておるか」という問を出された。一同は私は楠正成でありますとか、西郷隆盛は一番偉いと思いますとか、お座なりの答をしておったが、最後に李王さまに向かって「殿下は如何でご座いますか」と問われた。すると李王さまは、即座に「私は、諸葛孔明を一番崇拝しております」とお答えになられた。私はこれを聞いてはっとした。

それから五十余年を経た今日でも、なお記憶の新たなことを覚えるので、その印象がよほど強かったものと想像される。

以来私は、このことを他に口外したことはなく、独り心に秘していたのであるが、私は李王さまに対して誠に同情を禁ずることができなかった。当時、李王さまが、本当のお気持を何等いつわらず発表されたことに対し、李王さまの純真なるお人柄を尊いものだと感じ、またその後の数々の崇敬に価するご人格に接し、深く李王さまに傾倒した一人である。李王さまが、最も崇拝する人物として諸葛孔明を挙げられたことについては、李王さまがわずか十歳にして、歎くご両親と別れて、故国を離れなければならなかった当時の韓国の事情を知るとき、誰しも理解できることであろう。かかる時勢に故国には、幼少の世子を託するに足る一人の人物のなかったことを腑甲斐なしと感じ、悲憤にくれたことに対して、誰か一掬の涙なきものがあろうや。

李王さまは、来日以来、伊藤公からは非常に可愛がられ、暇さえあれば訪ねて来てくれる伊藤公が大好きであった。またそれにも増して、明治天皇は李王さまを可愛がられて、たびたび宮中のお食事にお招きになり、実の子のようにあらゆる配慮をされたということである。

李王さまが、明治天皇や伊藤公を非常に尊敬されていたことは事実である。しかしそれはそれとして、李王さまは、最も崇拝する人物として、諸葛孔明を選ばれたことは、まことに自然のことであって、李王さまの心の中をお察しして同情に堪えないのである。

もとより、故国を離れた幼少の折は、ただ母恋しさの一念で終ったことであったろうが、長ずるに従って、歴史を学び、近世における東洋、ことに故国をめぐるめまぐるしい治乱興亡の跡をたどって切歯扼腕、無念の涙を流し、孔明に遺孤を託した故事に思いの及ばれたことは、想像に難くないのである。

八　陸軍士官学校時代

王世子は大正四年十二月、士官候補生としての近衛歩兵第二連隊から陸軍士官学校に入校された。当時の学校長は与倉喜平中将、生徒隊長は大野豊四大佐、第七中隊長は鏡山巌、第一区隊長は千田薫で、殿下は第七中隊第一区隊であった。ご学友の趙大鎬も候補生として同区隊に入り、御付武官は日本の陸士第十五期生で、日露戦争にも従軍した金応善歩兵少佐であった。他に使用人が一人、当直がいた。殿下の自習室も寝室も、別棟の将校集会所の二階にあったが、起居も食事も一般の候補生と全く同じであった。

模範的候補生生活

千田薫（当時の区隊長）

殿下は模範的な候補生で、品行点は二十点が満点ですが、殿下は十九点七分で、全校の首位でありました。馬術、体操、剣術の後の学科の時間には居眠りをする候補生が多いのですが、殿下にはそのようなこともなく、教官連も感心しておりました。また、暗記力が強いのには感心しました。ご体格の関係で、体操にはずい分苦労されましたが、卒業式の際には、折田一雄候補生と組み、銃剣術の基本動作を天覧に供されました。

ある土曜日の午後、代々木練兵場で殿下が小隊長として散開前進中、足首を挫かれたので、小隊長を交代し、殿下は直ちに御付武官と乗馬で御殿にお帰りになりました。殿下の乗馬は、演習の時には常に御付武官とともに区隊に随行していたのです。私が御殿にお見舞申し上げると、セルの単衣を着て「ご心配をかけてすみません」とのお言葉がありました。

卒業前に野外演習のため、市ケ谷から三十キロ離れた習志野の野営地まで武装して行軍した時、船橋あたりで殿下のお顔の汗が塩のようなものに変わり、お苦しいようすでしたので、ご健康を害し、取り返しのつかないことになっては大変と考え、金武官と相談し、船橋から汽車で先行していただきました。後で生徒隊長から、殿下の教育は一般候補生と同一にするよう注意を受けました。

特命検閲の際、校庭で軍装検査がありました。大尉参謀が、各人の背嚢を前に置かせ、内容品を調べたのですが、最後尾の殿下のところで私物が出てきました。参謀は問責しましたが、殿下は黙して答えられません。参謀は少々立腹のようすなので、私が「殿下には、学校で私物の使用を許可してあります」と申しますと、参謀が早々に立ち去ったのは、痛快でした。

同区隊だった恩恵

北村連三（第七中隊第一区隊）

私は自習室の机の関係で、殿下の学友なみにお話が出来たのは幸福であったと思う。自習室へ入って右側窓ぎわが殿下、次が趙大鎬、次が渡辺雅夫、その次が私だった。渡辺は予科から殿下とご一緒であったが、私は士官学校で殿下と初めてお話ができたようなしだい。毎日夜の点呼のとき、番号をかける殿下の「一ッ」というお声が、今でも聞えて来るような気がして仕方がない。あるとき、戦術の宿題が出て、明朝までに提出することになって、頭痛鉢巻のとき、殿下もご同様に拝された。休憩時間に、殿下が席を立たれて私の席にお出でになり「決心がつきましたか」といわれたので「まだです。困っています」と申上げると、殿下もいろいろご自分のお考えを述べられた後、「さあ、鉛筆を立ててきめましょうか」と、お笑いになってお席にかえられた。

殿下と同区隊であったことは、すべてに亘り随分恩恵にあずかったように思う。金丸ケ原の測図演習のときは、廠舎（演習地の宿舎）のすぐ裏山が測量地に割当てられて、往復などとても楽をしたものだ。現地戦術のとき等、金武官と事務官がいつもお伴をして来た。昼食のときは、趙大鎬、渡辺と私はいつも一緒だった。時々バスケットの内に収められたビスケットや果物、飲物をご馳走になったものだ。

英語で京城は？

関　武　思（英語班同窓）

市ケ谷の士官学校で、殿下と私は、英語のクラスメートとなる光栄を持った。階段教室の最前列の机に席が指定され、殿下が右、私は左であった。殿下は平気であられたが、私はビックリして緊張した。その後緊張もとれ、教官を待つ短い時間、時々お話をするようになった。

ある冬の寒い日、殿下の耳朶が霜焼けで赤く腫れておられるのを見て「殿下、お耳は痛いですか」とお尋ねしたところ「耳は平気だが教練のとき、床尾鈑の冷たいのが手にこたえる」といわれたことは、今もなお記憶している。

黒川教官が八字髭で厳然と教室に入ると、一同起立敬礼をする。ある時、京城は英語でなんというかと一同に質問されたが、誰も答えられなかった。教官は突然「殿下」と指名された。殿下は起立して「ソウル」と答えられた。

流暢な英語会話

甲斐隆之助（英語班同窓）

陸士では、殿下と英語班で机を並べた。元より私は田舎の中学出身で語学も下手であったし、同班にいても田舎出とは思えぬ小川団吉君や、三原修二君など大したもので比較にならぬ。殿下はなかなか上手で、ことに会話が旨く流暢であった。日本に十九年もいるというウォールター講師の自由自在な会話に付いて行けるのは、前記二名と殿下位のものであった。私どもはただ起立しただけで無言でいると、よく「アー、ユウ、アングリー？（怒っているのか）」と、ウォールターに野次られたものである。

殿下と木馬

岩佐隆（第七中隊第二区隊）

士官学校時代、私は殿下の隣の区隊だったので、いつも殿下が体操をしておられるのを見ていた。殿下は何しろあのお体格だったから、鉄棒の懸垂上りや振上りは全く無理だった。しかし助手が二人で巧みに補助すると何とか間に合うようだった。

ところが木馬、とくに木馬の縦跳びとなると補助のしようがない。殿下は勢いよく踏み切って「一ッ」と叫んで跳び上がられるのだが、いつも木馬の真ん中にチョコンと馬乗りになられるだけだ。あの体重がドスンと金枝玉葉のお尻に加わる。さぞ痛いことだろうと思うのだが、一寸もひるまず「もとえ！」（やり直しのこと）といって、再三再四いどまれる。しかし何度やられても同じことだ。

区隊長や助教は、「殿下、もうよろしゅうございます」といえないのだろうか。私はお気の毒でお気の毒で「私に代れるものなら」と、顔をそむけないわけにゆかなかった。

立太子礼の行進

額田坦（第七中隊第六区隊）

大正五年十一月三日、王世子が士官学校に入ってから約一年たった頃である。裕仁親王の立太子礼が行われた。士官学校の生徒は、軍装で宮城前に整列してお迎えすることになった。

王世子もこの隊列に加わり、第七中隊の後尾の方を銃を担いで行進していた。王世子は一般候補生と同じ服装であったが、勲章だけは胸につけられていた。これは恐らく勲一等旭日桐花大綬章（明治四十一年十月十日）であろう。ところが何も知らない子供達が、「あの兵隊さんは、胸に何だか立派な大きなものをつけている」と言って訝《いぶか》りながら長くついてきた。

かつては殿下ご自身の立太子式が行われたのに、と何とも言い得ない悲痛な気持に襲われたのは、王世子と並んで行進していた同期生である私の感想であった。

第四章　成人と父李太王の国葬

一　兄君李王垳来日

大正六年五月二十五日、陸軍士官学校を卒業した王世子は、原隊たる近衛歩兵第二連隊（近歩二）に見習士官として勤務された。その直後の六月、京城から兄昌徳宮李王（前純宗皇帝）が東上された。日韓併合以来、韓国に関する新聞記事はまことに少ないが、この李王東上に関しては、日本の新聞も大大的に報じている。

昌徳宮李王は、大正四年四月十九日の（大正）天皇即位の大礼に際し、東上参列のご希望であったが、種々の都合にて見合わせとなり、ようやく大正六年になって実現の運びとなったものである。李王は、六月六日、徳寿宮に李太王を訪問、暇乞いをされた。

六月八日午前七時昌徳宮ご出門。七時三十分南大門駅発。午後六時釜山着。釜山鉄道ホテル泊。翌九日八時三十分軍艦肥前に乗艦、午後六時下関着、春帆楼にお泊り、とある。その頃より二十年ほど前、金鴻陸というロシア語の通訳が、君寵の衰えたのを憤って、李太王（高宗）と李王（純宗）に茶に毒を混えてすすめたことがあった。幸いにして、直ちに吐き出されたため、生命には別条はなかったが、そのために、以来李王の歯はすべて浮いてしまって、食事にも困難を感じておられた。（大正六年十月二十日『東京日日』）

このような蒲柳の質であられたので、長途の旅行といえば、かつて伊藤博文公と釜山、義州を巡幸されたことと、この年の初めに咸興の廟に参拝されたことの二回だけで、今回は三回目であった。しかも軍艦は、初めてであったのである。

思えば明治四十年十一月、（大正）天皇が皇太子であられた頃、はじめて渡韓されて、時の純宗皇帝に謁せられた。ところが今回は立場を逆にして、李王として拝謁すべく東上したわけである。その心中も察してのことであろう。日本側の気の遣いようも尋常なものではなかった。十日には舞子の有栖川宮別邸に投宿、居間は海に面した十五畳二間の座敷に入られた、と記されている。

王世子は、兄李王お出迎えのため、六月十一日、名古屋に赴かれた。舞子にご一泊の李王は、十一日朝五時二十分に起床、伺候した尹沢栄侯爵（尹妃の父）を相手によもやまの話をされ、異国の景色をご賞覧あり、女官のお勧めする朝の食事を快く召された後、八時半に陸軍大将の軍装にお召し替えあり、九時二十分舞子駅に向かわれた。垂水村より打上げる奉迎の花火は天に轟いたと新聞の記事にある。かくして、神戸、大阪、名古屋各駅の奉迎送を受けられた一行は、午後三時二十五分名古屋駅に安着された。薫風王旗飜えるところ、奉迎者雲のごとく、プラットホームに待受けられる王世子のお顔の喜びは輝くばかりであった、と伝えている。

礼砲の轟くなかに、李王は東プラットホームに下車された。王世子は思わず二歩三歩前に進まれ、こぼれるばかりの笑顔にて挨拶されると、李王はツカツカと歩みを運ばれ、会釈を返されつつ、王世子を頭の上から足の先まで打ち眺められ、遊学以来十一年の成人ぶりと、その凛々しさに、今さらのように感慨深く、暫らくはお言葉もなかったが、やがて王世子のお手をとって、お離しにならなかった。ややあって後、奉迎者に謁を賜わり、自動車にて四時二十分名古屋離宮に入られた。

離宮では、大庭師団長、松井知事、原警察部長らに拝謁を賜わり、愛知県、名古屋市よりの献上品をご覧の後、雪のような朝鮮服にお着替えになり、天主閣の荘大と新緑深き離宮の静けさの中で寛がれた。丁度その時、飛行機が一機プロペラの音高く離宮を掠めて飛び去った。「あれは何ものぞ」と驚かれたところ、王世子は所沢から各務原まで無着陸飛行の詳細を説明されたという。やがて朝鮮料理の食卓に向かわれ、七年ぶりのご兄弟の対面に、物語りは尽きるところがなかった。

六月十二日は、いよいよ入京の日である。李王は朝四時半早くも起床、七時半離宮出発、自動車にて前日同様官民多数奉送の中を名古屋駅に向かわれた。着京に先だち、宮中よりとくに奉迎その他は両陛下の行幸啓に準ずべし、とのご内諚があった。名古屋駅より王世子と陛下ご使用の宮廷列車に乗車、香り高い草花を美しく盛った卓を隔ててお座りになった。八時、礼砲殷々と轟くなかを発車されたという。かくして、御膳掛りを合わせて八名の女官を含む、閔長官以下五十名の随員をしたがえ、一路東海道を東京へ向かわれた。

李王入京につき、東京府および市では、東京駅プラットフォームに一面の絨毯を敷きつめ、柱には紅白の幕を張り、天井には万国旗を一面に交叉した。在京中の久邇、東久邇、朝香の各皇族、寺内首相、波多野宮相以下、各大臣、親任官、貴族、顕官、井上府知事、奥田市長以下府市の名誉職ら盛装してお出迎え、午後五時、御召列車が第三番線に到着するや、高橋駅長は、前より三輛目の扉を開いた。李王は、王世子とご同列にて下車し、閔長官、国分次官以下の随員、長谷川総督らがこれに続いた。この時、東京市役所構内では百発の花火が打上げられた。陸軍大将の軍装に大勲位菊花大綬章副章をつけられた李王は、まずプラットホームに整列の三宮殿下に微笑を湛えられつつ挙手の礼をなされた。この時の写真は、当時の新聞にも大きく掲載されている。ついで伊藤式部次長の通訳にて入京の挨拶を述べられ、寺内首相以下出迎えの諸官にニコニコと会釈をされた。この時、近衛野砲兵隊が参謀本部前にて発射する二十一発の皇礼砲が殷々と轟き渡ったという。

その後、係員の先導にて皇族専用の玄関より伊藤式部次長のご陪乗にて、宮中差回しの馬車に召され、霞ケ関離宮までお見送りの王世子その他数輛の馬車と列をつくり、近衛軍楽隊の吹奏する歓迎曲のうちに、一個小隊の儀仗騎兵に前後を護衛されつつ、近衛師団その他各兵整列の間を離宮に入られた。なお、「随員中に数名の女官あり、いずれも空色の上衣に紫紺の袴をはいた美しい姿は、とくに人目を引きたり」とは、当時の新聞記者の描写の一こまである。

離宮では、洋館楼上の三室を居室、寝室、応接室とし、すべて海老茶色の絨毯を敷き詰め、朱鷺《とき》色のカーテンをかけ、居室内の卓上には、とくに内苑より取寄せたスイトピー、蘭、その他和洋の名花を盛り、芳香馥郁たり。露台には、常盤樹の盆栽を配して旅情をお慰めした。李王が居室に入られるや、ご機嫌奉伺のため参向する高位の顕官、正門および裏門より絶ゆることなく、警護の列に加わった各隊の将校、陸海武官、各省高等官ら続々と来り、玄関口に名刺を奉呈して去る。

一方では、離宮内玄関に一行の荷物などが運び込まれ、離宮内は雑沓を極めていたが、夜に入って静寂にかえった。随員の人数があまりにも多かったため、一部は王世子の鳥居坂御殿に分宿することになった。李王の夕食には膳職より料理を差上げたが、李王は、主として随行の料理人の調理した朝鮮料理をとられた、ということである。

翌六月十三日は、一日中霞ケ関離宮において休養ということになっていたのだが、大島陸相、上原参謀総長、田中同次長、松川衛戍総督、仁田原重行近衛、本郷房太郎第一両師団長その他が続々と伺候した。伺候とは、当節風に言えば儀礼訪問である。十三日朝には、京城の李王妃より東京安着を祝する電報あり、また目下旅行中の閑院、北白川両宮より祝電があった。王世子は小雨降る午後三時ご訪問、二時間余にわたってさまざまのお話しの後、五時過ぎ退出された。

大正六年六月十四日午前十時十分、李王は陸軍大将の正装にて大勲位菊花大綬章を佩用あり、宍戸中尉の率いる近衛儀仗兵に警護されて儀装馬車に召され、閔李王職長官陪乗、公式鹵簿甲号による行列を従え、十時三十分二重橋を入って参内、木村式部官のお迎えにより西一の間にて休憩、ついで鳳凰の間に参入、天皇は大元帥のご正装に大勲位以下の勲章ご佩用、鷹司侍従長、内山侍従武官長以下供奉員を従え、戸田式部長官の先導にて出御、直ちに玉座に着かせらる。李王は恭々しくご前に参進ご拝礼あって、十一年目の対面。武田飜訳官の通訳により、即位のご大典目出度く終了の儀を祝福し奉れば、明治四十年渡韓以来の相識の御間柄であったので、ひとしお丁寧なお言葉があった。ついで桐の間にて皇后と対面されて、ご機嫌奉伺され、王世子の優遇などお礼を言上し、数々の土産品を献上された。

その後、加藤式部官の誘導にて賢所に参進され、定めの席に着かれた。久我、烏丸二掌典は、御殿を装飾、献饌の儀を奉仕した後、宮地掌典は束帯姿いかめしく、祝詞を奏した。李王はうやうやしく皇祖の御霊に拝礼されたわけであるが、新聞は「実に李王殿下が我が皇祖のご神霊に親謁、奉伺ありて、敬虔の誠意を致さるるは空前のご盛儀にて、式部官より李王殿下はじめて参拝の赴きを神霊に奉告の式ありて後、ご参拝あるご都合なり」と書いている。

十四日正午、賢所を退出、しばらく休憩の後、二時半宮中ご出門、三時高輪御所に参入、東宮殿下(現今上天皇)と対面された。

翌六月十六日は、夕刻六時より豊明殿において李王のために盛んなる饗宴が催された。この日李王は、朝から陸軍大将の通常礼装にて自動車に乗られ、尹贊侍が陪乗、伊藤式部次長のご案内で各宮家を歴訪、ほかの宮家には名刺だけ配られたのに、梨本宮家ではわざわざ車から降りて玄関まで足を運ばれた。

霞ケ関離宮に帰られた後、五時半正装に大勲位を佩し、儀仗馬車に乗られ、閔長官、国分次官以下の随員を従えて二重橋より参内、御車寄にて木村式部官の誘導を受け、一まず千種の間に入る。同時にとくに召されていた伏見宮、東伏見宮・同妃、久邇宮・同妃、梨本宮・同妃、東久邇宮・同妃、北白川宮・同妃をはじめ、各元老、各大臣、各外交調査会委員、その他並びに関長官らの随員貴族が着席すると、天皇は大元帥の正装に勲章を佩用され、鷹司侍従長、内山武官長らを従え、戸田式部長官のご先導にて、また皇后には、ローブ・デコルテの装いにて、千種典侍、吉見掌侍、安達ご用掛らを従え、大森大夫のご先導にて出御、職員一同最敬礼のうちに玉座に着かれた。

オーケストラの吹奏を合図に宴会は開かれ、お食事のうちにも、李王と御睦じき物語りを交わされた。会場の装飾は善と美の限りを尽くし、五彩の色に輝いた電灯と卓上の盛花は目を見はるばかりであった。

かくて午後七時、両陛下、李王をはじめ各皇族は座席をうつし、舞楽太平楽をご覧になった。この際、元老大臣以下百官も陪観を許された。舞楽はすべて式部職雅楽部の三十一名の属官により行われた。荘重なる雅楽の響きに、日頃から音楽の道に長じておられた李王は、ことのほか興味ありげなようすであったという。かくして宴会はつつがなく終了したが、近頃稀なる夜会であったとは、翌朝の新聞の伝えるところである。

翌六月十六日には、午前九時頃、王世子が勤務する近衛歩兵第二連隊にお出でになった。内務班の状況、王世子の指揮する小隊の戦闘訓練などをご覧の後、同連隊内の王世子寄宿舎へ立寄られたと報ぜられているが、前夜の盛宴とくらべて、あまりにも質素な日常の生活を目のあたりに見て、恐らく驚かれたことであろう。

正午には、赤坂離宮における各皇族方主催の午餐会に、午後六時からは鳥居坂王世子御殿における晩餐会に出席せられた。十七日は、日曜日につき終日ご休養。十八日は午後五時、寺内首相以下各大臣を霞ケ関離宮に召され、晩餐を賜わったということである。

六月十九日午前十一時二十分、李王は霞ケ関離宮を出発、尹賛侍陪乗にて参内、正面玄関にて木村式部官の誘導により千種《ちぐさ》の間に入り、ご少憩の後鳳凰《ほうおう》の間に参進された。天皇ご出御の後、李王より滞京中のもてなしにつきお礼を言上、これに対し丁重なるご挨拶があった。ついで桐の間において皇后にお暇ごいを言上したところ、また懇切なるお言葉があった。正式の拝謁を終った後、両陛下はさらに豊明殿に出御せられ、盛んな別宴を催された。在京の皇族、王世子はもちろん、松方内府、寺内首相、波多野宮相、鷹司侍従長、内山侍従武官長、大森皇后大夫、長谷川朝鮮総督、ならびに随員貴族らもとくに召されて参列した。食事中とくに天皇より滞京中の感想などご下問あり、これに対し李王より種々奉答するところありと記されているが、内容は知る由もない。

午後二時、霞ケ関離宮にお帰りになったが、同日天皇よりの土産品は、御紋章付花瓶一対、蒔絵違棚一個李王へ、刺繡屛風（草風模様）半双、李王妃へ、刺繡屛風（富士山）半双、李太王へ、と記録されている。また、東宮より金地高蒔絵御文庫一個、同御硯箱一個を贈られている。

滞京の行事をつつがなく終えられた李王は、六月二十日午後一時三十分ご出門、近衛儀仗騎兵警衛の下に東京駅に着かれた。離京に先だち、東京市にはとくに五千円を贈られている。今日の物価（昭和五十二年）に換算すれば、少なくとも五千万円は下らぬであろう。東京駅では、各皇族をはじめ、寺内首相以下各大臣、波多野宮相その他文武官、東京市名誉職、職員らのお見送りの中を、午後二時発の特別列車にて出発された。午後五時三十五分三島駅着、同地の王世子邸に滞在された。

以後、六月二十二日三島発。午後四時十分京都着。二十三日、二十四日、京都滞在。二十五日午前七時京都発。午後四時四十五分宮島着、厳島にお泊り。二十六日厳島に滞在。二十七日午前十時半厳島発。十一時宮島発。午後四時三十分下関着。当時の汽車の所要時間を知る上でも面白い。六日二十八日下関発、二十九日京城ご帰還とあるが、王世子とは恐らく三島で別れられたのであろう。

以上、必要以上に詳しく、李王東上の模様を書いた。書いた理由は、当時の日本が李王をいかにもてなしたかという記録を書き残したかったからである。本書に書きたいと思ったのは、編者の主観ではなく、王世子の周辺で起きた事実なのである。日韓併合以来、新聞の韓国問題に関する報道は、まことに少ないが、その中にあって李王東上に関する連日の記事は異様なほどである。そこに政治的意図があったとしても不思議ではないが、李王が、当時の日本の皇室からこのような出来得る限りの歓待を受けられたことも、また事実であろう。

責められるべきことがあったとすれば、韓国の実情に関する報道が、一般日本人にはほとんど知らされなかったことにあるといえるであろう。

二　王世子と近衛歩兵第二連隊

王世子の見習士官時代の近歩二の連隊長は、河内茂太郎であった。王世子は、河内連隊長から大きな感化を受けられたようである。以下は河内連隊長の息、河内太郎の思い出である。

私は、陸軍予科士官学校教官を命ぜられ、東京市ケ谷に出勤したのは、昭和十二年八月のことでした。教務部長に申告すべく部長室に入り、初めて、陸軍少将李王垠殿下にお目にかかりました。緊張で頭がボーッとしている私の耳に、優しい穏やかなお声が聞こえてきたのです。

「君の父上は河内茂太郎閣下だね」と。

フト、私は少年の頃、近歩二連隊長であった父から見せてもらった一枚の写真のことを思い出したのです。白い作業衣を召した王世子が、土に伏して泥まみれになって、円匙《えんび》(シャベルのこと)で壕を掘っておられる姿。傍に連隊長や教官たちが立って見守っている。王世子が見習士官だった当時のものでした。父のその時の説明が記憶によみ返ってきました。連隊長の厳しい教育に対し、「王世子は、絶えず他の見習士官に率先して範を示され、いささかも動じられなかった」とのことでありました。

その後も、たびたびカステラや果物を賜わりながら語りかけられるお話は、決まって父の連隊長時代の言動で、「私は、河内閣下の連隊長としての部下の指揮統率ぶりを、一心に見習っている」とも仰せられました。

王世子は、大正六年十二月二十五日、陸軍歩兵少尉。大正九年四月二十七日、同中尉。そして同年十二月七日に陸軍大学校に入学されたわけだが、大正十三年十二月二十日、参謀本部付になられるまで原隊は近歩二であった。また後年、昭和三年八月十日から翌八月一日まで、歩兵少佐として近歩二に勤務されたわけであるから、この連隊と李王垠殿下との関係は浅からぬものがあったのである。

近歩二の連隊歌の第三節には、

朝香宮の香ぐわしく
　李王殿下も生《あ》れませし

と歌われ、いやしくも近歩二に籍を置いた将兵は、その新旧を問わず、その光栄を肌で感じ、その高風を仰いだとは、関係者の一致した証言である。後のことだが、戦前および戦中の軍旗祭には、殿下は毎回のように出席され、式典や余興、祝宴に打ち興ぜられた。（姫田虎之助の話）

近歩二将校団の剣術は、師団中でも優秀であった。これは、殿下の寄付が主になって、立派な道場が建築されたからである。殿下の防具は、特別誂のもので、総じて白色であった。胴は竹製の自然色で、面は上方部を特別に厚くしたものであった。（石崎申之の話）

さて、大正六年六月見習士官になられてから、同九年十二月に陸大に入学されるまでの近歩二時代の間に、王世子の身の上には大きな出来事がいくつかあった。以下順を追って述べることにしよう。

実は大正五年の秋から、宮内庁と朝鮮総督府の間で話が進められていたのだが、王世子妃の選考が進められていたのである。白羽の矢は梨本宮守正王の第一王女方子《まさ》女王に立った。御母は、鍋島家から嫁がれた伊都子《いつ》妃である。方子女王は、明治三十四年十一月四日のお生まれであるから、大正六年夏にはまだ満十五歳の若さであった。もちろん、ご両人が会われたことはない。梨本家で如何に苦慮されたかは、梨本伊都子著『三代の天皇と私』の中に詳述されている。梨本家の戸惑いとは裏腹に、京城の李太王の喜びは大変なものであったというが、真実は如何なものであったであろうか。

実は英親王が九歳の時、二つ年上の閔姫を将来の妃として李太王が定めていた。ご内約とはいえ、お互いに内約の意味も分らず、無邪気なお遊び相手だったそうである。それにもかかわず、韓国のならわしでは、いったん婚約者と定められた人は、たとえそれが叶わなくても、一生他の人との結婚を許されなかったのである。

三　王世子の帰省

王世子が、近歩二に誠実に見習士官として勤務しておられた大正六年の秋、十月二十日に、二十回目の誕生日を迎え、成年に達せられた。この日新聞は、ご来日当時の羽織姿の十歳の英親王の写真を掲載し、京城の李王からお祝いのため派遣された国分李王職次官、李賛侍の談話をも報道している。「王世子は折にふれて常に絵葉書、手紙等にて李王に消息を寄せられ、李王も電報、手紙などにて消息のご交換あり、親子の温情、他人の見る目も羨しいほどである。李王は今春、上京以来朝野の手厚い歓迎を喜ばれ、日本に信頼されること非常なもので、今度歯科の大家島峰博士を招致して治療されることになったのもそのためである」と。

この日、王世子は午後一時半鳥居坂御殿を出門、公式の鹵簿にて参内、両陛下に拝謁、成年のご挨拶を言上された。この成年以後、宮中の公式行事にも参加されることになるのである。

そのわずか二十日の後、王世子が埼玉県下の近衛師団機動演習に参加しておられる最中に、京城において不吉なる事故が起こった。十一月十日五時三十分、李王ご常住の昌徳宮内殿より突如出火し、強い北風にあおられ、内殿の全部を焼き尽し、八時十五分漸く鎮火した。火の手が極めて速かったため、李王（純宗）は避難のとき帽子も靴も召されず、庭掃除人に背負われ火焔の中から救い出された。李王妃（尹妃）も裸足のままにて「足の裏が熱した」と仰せられるほどであった。出火の原因は、平素火の気のない所であることから、多分女官らが垢落しに使用中の揮発油に引火したものであろうとの説が有力であった。

一説によると、李王朝にては古来宮中において出火の際、最初「火事」と叫んだ者は厳罰に処せられる掟があったので、その当時女官は火事と叫ばず大事に至ってしまったとも伝えられた。

内殿奉仕の人々は、ただ「アイゴー！　アイゴー！」と叫ぶばかりで、調度品一つだに持出さず、宝物も本来倉庫に保管されるべきであるのに、何故にか李王の居間に置かれていて、貴重品がすべて灰燼に帰した。

この火事の原因については、多分日韓双方ではかなりの食い違いがあるであろう。日本の新聞記事にさえ、「今回の炎上につき、市中種々の流言伝えられ……」とある。根本原因は、「宮内の全権を握る賛侍尹徳栄が、内地人の勢力が宮中に入るのを嫌い、内殿には絶対にその出入を禁じていたためとして、非難の声ごうごうたり」としているが、同時に、東京の王世子付事務官高義敬の談として、「私の考えでは、かかることはなかろうと思う。昌徳宮内には警察も消防隊もあって、これらは大抵内地人が採用されている。……」と反論している。真相は知るべくもないが、当時不当に朝鮮関係記事が抹殺されていた当時の新聞紙上で、これだけ日韓不協和音の見られる記事も珍しい。一年あまり後の不幸な事件の前兆であったのかも知れない。

以上のような京城の不幸はさておき、王世子は十一月二十三日の新嘗祭《にいなめさい》にあたり、神嘉殿に参拝されたが、これが王世子が宮中祭典に参加された最初である。

また、十一月上旬以来、埼玉県下の機動演習に参加され、指揮刀を振りかざした勇ましい写真が十一月三十日付の『東京日日新聞』にも掲載されている。そしていよいよ十二月二十五日、陸軍少尉に任官された。その翌日のこと、王世子はかつての太子大師伊藤博文公の墓前に少尉任官の報告をされている。

明けて**大正七年**一月九日午前九時、王世子は陸軍少尉の軍服にて自動車で参内、両陛下に謁し、翌日より六年ぶりの帰鮮のためのお暇乞いを言上された。十時ご帰邸、午後は、各宮家のお使いをはじめ、ご機嫌伺いが絶えなかった。二時半頃、波多野宮相も参邸した。そこへ宮内省の大型自動車が来て、皇后より下賜のご紋章付銀製花瓶一対、金蒔絵手函二個が白木の箱に入り、草色の風呂敷に包まれて玄関に運ばれた。王世子付職員は、「殿下にはますますご健勝で、体重も十七貫あまり、お言葉も日本語の方が遙かにご自由な位だから、久々のご帰省で、朝鮮語にはかえってお困りになるのでは……」と語ったと伝えられるが、これは多分失言というものであろう。

一月十日午前八時三十分、王世子は京城からお出迎えのため上京した閔李王職長官、趙東潤男爵、金事務官のご先導にて、高事務官、小山典医、金中佐、小宮、武田御用掛等を従えられ、東京駅を出発された。

途中京都にて下車、伏見桃山御陵に参拝、成人そして任官の報告をされたのであろう。今回の往来には、是非「下関の春帆楼に立寄りたし」とのお言葉があったので、主人は非常な名誉とし、畳替えその他の大掃除に着手し、王世子の宿所は、十数年前、伊藤公とともに初めて来日された楼上二十五畳の大広間、そして次の間三間を充て、床飾り、椅子、テーブル、机など、当時のものそのままを用い、額、掛け軸など当時のものを配列した。軸は伊藤公の「春風徐吹関門岬」の七絶傑作を掲げたという。

かくして、一月十三日午後九時、京城南大門駅着、厳冬の徳寿宮石造殿に入られた。翌十四日、李王・同妃、および父君李太王とご対面、六十七歳の父君は六年ぶりであったので、お待ちかね一方ならず、厳妃逝去の際の帰省の折には、腸チフスの疑いがあったため、いささか接近を差控えられたのだが、今回は同じく徳寿宮内のご起居にて、朝晩お側をお離しにならぬほどの有様であったという。
十五、十六両日は厳冬のさ中、外套も召されず宗廟その他に凛々しく参拝、十八日は長谷川朝鮮総督訪問、正午昌徳宮において李王・同妃と午餐会、二十一日は竜山総督官邸午餐会、二十二日軍司令官午餐会、二十三日総督以下を石造殿に召され、お別れの午餐会、二十四日王公族、ご親戚、各貴族を召され午餐会などの公式行事のほか、漢文、唱歌、英語などの旧師を引見されたり、六個所の学校、病院、植物園、博物館、美術品製作所、工業伝習所、動物園等をくまなく巡覧されたりした。

二十五日お暇乞いのため昌徳、徳寿両宮へ参上、思えばこれが父君との最後のお別れとなった。一月二十六日午前八時半、南大門発。二十七日朝関釜連絡船にて下関着。午前七時半埠頭に整列した文武官民の奉迎にこたえられつつ、水上艇鴻城丸にて上陸、春帆楼に入り終日ご静養。二十八日は午前九時より八幡製作所ご視察。午後七時十分発の列車で東上。二十九日夜八時三十分東京駅に帰着された。最後尾の展望車より高事務官、金武官以下を従え降車。伏見、閑院、山階各家お使いをはじめ多くの出迎えに挙手の礼を返されつつ、高橋駅長の先導にて暫らく竹の間で休憩の後、梨花の御紋章の自動車にて鳥居坂御殿へお帰りになったが、常にも増してご血色つややかに見受けられたとは、新聞記事の一節である(『東京日日』大正七年一月三十日)。同じ紙上に金武官・高《こう》事務官の談として、「李王家と梨本宮家とのご婚儀については、ご内談中にて未だ公表されていないが、李太王はこの上もなく喜ばれ、盛典の日を指折り数え待たれている。式典を挙げられる日には李王家の近親挙って東上、喜びを分たれることであろう」とある。

四　梨本宮家との縁談

これより前一月八日の新聞には、『王公家軌範』二百三十一条について大きく報じている。『王公家規範』とは、いわば李王家の家憲ともいうべきもので、宮内省筋の談として「王家とは朝鮮王家の正系なる李王家を、公家とは李堈公と李鍝公との二家を指したもので、今までは李王家ご一家が国法上如何なる位置にあり、また如何に待遇されるべきか判然としていなかった。ことに日韓併合当時の明治天皇の詔書には『世家率循《せいかそつじゆん》の道に至りては朕当《ちんまさ》にその軌儀《きぎ》を定め』とあるので、今回その軌儀を定められるわけである。李王世子と梨本宮方子《まさ》女王とのご婚約も近く勅許のことと漏れ承る今日、確固たる規定が必要になり、大正五年十一月、帝室制度審議会が設立されると同時に、王公家規範の審議に着手した。内容はまだ絶対に秘密であるが、大体の方針は皇族に準ずるという思召《おぼしめし》である。条章中には、王公族誕生、成年、婚嫁、喪忌、相続、財産等があって、二百三十一条の多きにわたっている。同規範公布の際は、特に優渥《ゆうあく》なる勅語を賜るやに承る」

〔注〕大正六年三月二十三日、李熹公の跡を継いだ李埈公が薨ぜられた。李埈公には子がなかったため、李堈公の第二公子が跡を継いで李鍝公となった。

さらに一月二十八日の新聞には、同様の主旨にて「皇室典範にも一部追加の必要あり、第三十九条の皇族の婚嫁は同族または勅旨によりとくに認許されたる華族に限る」という条項に、更に規定を追加したものとなるであろうと報じている。そして、二月十一日の紀元節に発表される予定と書いているのだが、当日がきても『王公家軌範』も『皇室典範』の改正も発表されず、王世子と方子女王がご結婚前に、王世子には大勲位菊花大綬章を、方子女王には勲一等宝冠章を授けられるであろうことが報じられただけであった。

この『王公家軌範』も『皇室典範』の改正も、枢密院において反対があり、政治問題化していたのである。その間の消息の一端は、『原敬日記』第八巻からうかがうことができる。大正七年九月二十七日、寺内内閣の後をうけて原敬は組閣の大命を受けたのだが、差当りの引継事項がこの王世子結婚問題であった。政府と枢密院との間で意見が合わず、ついに宮内省では案を撤回して新内閣で協議することとなったのである。その内容は複雑だが、要約すると次のようなことになるであろう。

一、王公家規範を推進してきたのは伊東巳代治であったが、その個条中にわが皇族より李王家に嫁する時には賢所《かしこどころ》（宮中三殿の一つ）に参拝する規定があり、「李王家の規定としては不思議の事なり」との説をなす者があってついに大問題となった。

二、この結婚は、すでに勅許があったのだから、そのまま進行すればよい。もし、皇室典範を改正しなければ結婚不可能というのでは、勅許が違法となり、由々しき大事ではないか、というのが、伊東の考えであった。

三、もし、波多野宮相の専断により、典範の改正なくして婚儀を決行するならば、身体を賭して宮相および内閣を弾劾するという者までもいた。

結局、解釈（日韓併合の詔書に、皇族の礼をもってす、とあるのに基づく）のみをもって宮相の責任で決行するか、内閣の責任において『皇室典範』の改正を提議（もし否決されれば結婚中止）するかで行き悩んでいたのである。明治時代に、明治天皇と重臣の間で処理されていた問題に対する対応の仕方と、法規と建前だけの不毛の論議を繰返している小粒の重臣たちの対応の仕方と、著しく対照的である。

原首相は、結局『王公家軌範』は延期し、結婚問題と『皇室典範』改正とは切離すという考えで双方の顔をたて、漸く十一月一日『皇室典範』追加の議が枢密院で可決されるに至ったのである。

『原敬日記』の中に、この結婚に関する顚末が書かれている。それによると、「宮内省より梨本宮女王を王世子に嫁せられては如何と李王家に相談したところ、李王家では喜んで承諾した。しかし法律その他の関係もあるので、それまでは秘密を要すと言っておいたので、前年李王来朝のときにも聖上にも何等言上するところなく、梨本宮家にも一言もせず帰られた」。「それならば聖旨は先方には達していないではないか」との原首相の問いに「それはもちろん聖旨ここにありという事で申入れた」とある。すなわち、この結婚については、宮内省が聖旨を独断で専用していたことが、明白に語られている。正に完全なる政略結婚であり、最後には政治問題にまでもなった。

十二月五日、婚約が正式に勅許となり、同八日納采（民間の結納）の儀がとどこおりなく完了、十二月十一日鳥居坂御殿で方子女王がはじめて王世子と対面された。時に王世子満二十一歳、方子女王満十七歳である。十二月十三日告期の儀、これは結婚の期日を定めたことを告げる儀式で、いよいよ挙式は翌一月二十五日と正式に決定した。明けて大正八年一月九日、方子女王は勲一等宝冠章を賜わり、翌十日には女王として最後のお暇乞いのため、午前九時、ご盛装にて桜井ご用掛が馬車に陪乗し、青山北町の御殿を出門、十時三十分賢所に到着、久邇宮邦彦王、波多野宮相以下着席の中を、藤堂式部官の先導にて賢所の本位に着かれ、九条掌典長祝詞《のりと》を奏し、賢所に拝礼、ついで皇霊殿、神殿にも拝礼の儀を終えられた。午後二時再び参内、人形の間において天皇・皇后に拝謁された。この日新聞は方子女王の美しい盛装の姿を大きく報じている。

この婚儀のために、侯爵李載覚、侯爵尹沢栄（李王妃尹妃の父）、李完用伯爵ら朝鮮貴族は続々東上をはじめた。新聞は、連日その盛儀の予定を掲載している。一月二十一日付『東京日日新聞』には、王世子は明後二十三日、大勲位を賜うべきことを大きく報じている。この日、梨本宮家から、花嫁道具がすべて鳥居坂御殿に運び込まれる予定であった。

ところが、その日午前十時、京城から「李太王には二十一日午前一時三十五分、突然脳溢血を発せられ、ご重体なり」との特電が入った。王世子は常のごとく近歩二に出勤しておられたが、鳥居坂御殿内は驚愕、大混雑を来たし、取敢ず連隊に電話で連絡、宮内省とも打合わせの上、一まず調度品搬入を遠慮されたき旨を梨本宮邸に通じた。王世子は、かかる際にも連隊勤務の都合を深く懸念され、午後二時半まで連隊で執務された後、金武官と馬車で帰邸された。夜中まで帰鮮の準備をされていたが「午前六時三十六分全く絶望」との電報が入り、翌二十二日喪が発せられた。王世子は二十二日午前八時、東京駅発の汽車にて帰鮮されることとなり、婚儀は一年延期となった。この結婚は始めから困難に満ちたものだったのである。

五　李太王国葬

王世子は一月二十二日早朝起床、陸軍歩兵少尉の通常の軍服に身を固め、金武官、高事務官、ならびに婚儀参列のため上京中の国分李王職次官、李完用伯爵、厳賛侍らを従え、午前八時二十分東京駅発。お見送りは、梨本宮家御使、各宮家御使、長谷川朝鮮総督、波多野宮相、宮内次官伊藤式部次長ら数十名であった。

方子女王も駅までお見送りあり、「列車の窓際にお立ちになっている殿下のおそばにかけ寄り、深い愁いに沈んだお顔を見上げたきり、何も申し上げることができず、かえっておいたわりいただいているような殿下の瞳に、涙ぐんでしまいました」とは、後年の方子妃の述懐である。(『すぎた歳月』)

元朝鮮総督・前首相で病気のため大磯に静養中だった寺内正毅伯および伊藤博文公未亡人梅子刀自は、午前十時過ぎより国府津駅に赴き、王世子の列車の到着を待受けた。当時は国府津から御殿場線の急斜面にかかるため、ここで機関車を増結したから、多分十分以上は停車したであろう。「梅子刀自は親しく王世子に拝謁、懇々とお悔みを言上したところ、懐しさのあまり発車寸前まで何かと物語られ、梅子刀自は老の目に涙を湛えられたり」とは新聞記事の一節である。

李太王近侍の談によれば、「昨年来の痔疾はほとんど快癒されていた。この冬に入り持病のリョウマチスが再発、起居不自由であったが、近頃は快方に向かっていて、居室であった咸寧殿の西オンドルから中の間を通り抜け、東オンドルまでの往復は杖によって歩行されていた。さる十七日李王・同妃が訪問した際も歓談された。二十日も機嫌よく応待され、午後三時頃持薬を飲み、夕食も平常通り、消化剤を服用。十一時金典医の診察を受けられた後、寝殿に入られたのだが、二十一日午前一時三十分、突然発病されたものである。脳溢血は李太王のご血統なり」と。この経過の発表は後に多くの憶測を生む結果となった。

京城では、李太王薨ずるや直ちに喪に入り、李王・同妃は紗《しゃ》の第一喪服に着替えられ、李王妃は喪の髪に結び、咸寧殿の居間にむしろを敷き、北に面して並び座られ、これに向かい合うように南面して李太王常用の輿《こし》を据え、輿の前に冠《かんむり》・沓《くつ》・机を備え、御霊《たま》を天に送り、礼拝慟哭《どうこく》せられた。ご近親一同、主なる貴族たちも喪服を着て階下に居並び、李王・同妃に和して「アイゴー、アイゴー！」を唱えた。これが李王朝伝統の儀式なのである。

東京では二十二日、宇佐美総督府内務部長官は、長谷川総督の命を含み、原敬首相を訪問、数時間協議の後、李太王国葬の儀を決定した。原首相は高橋是清蔵相らと協議し、朝鮮李王朝第二十六代の王を葬ることであるから、最も荘重な式を行いたいとの希望であるので、前例によることもできず、十万円以上十五万円以内を支出することを決めた。

王世子一行は二十三日朝下関到着、直ちに関釜連絡船高麗丸に乗船。二十三日夜釜山着、鉄道ホテルにて少憩の後、午後十一時半発、貴賓車連結の列車にて京城に向かう。二十四日午前九時十分南大門駅に到着。自動車にて徳寿宮に入られ、石造殿にて喪服に着替え、咸寧殿において李太王遺体および李王・同妃、李堈公・同妃その他ご近親と対面された。王世子は哀愁悲痛の極み、李太王の御手に縋って流涕滂沱《りゅうていぼうだ》（涙がとめどもなく流れること）、慟哭・三拝の礼を行われた。ついで東オンドルの兄李王の喪室に赴き、悲嘆のうちにも待ちわびられる兄君とご対顔、悲痛の情迫って互いに言葉もなく、慟哭の礼を交換された。続いて別間において李堈公・同妃と対面。発病以来臨終の模様を涙のうちに物語られた（『東京日日』大正八年一月二十五日）。

その前一月二十一日、天皇は特旨をもって大勲位李太王に菊花章頸飾を贈られた。前に述べたように、李王家の家憲ともいうべき『王公家規範』は、まだ枢密院を通過していなかった。国法の定めるところではなかったのだが、「国葬式は主として李王家の祭祀令の式典により、儒教式となるのであろうが、これについては李王家のお考えもあると思われるので、宮内省も内閣も深く干渉進言せず」という態度をとり得たのは、原敬首相のせめてもの努力であろう。

天皇の聖旨に曰く、「王世子を早く帰省せしめ、父子の情を尽さしめよ。国葬の儀もなるべく荘重にとり行い、式典も李王家の旧典古例を破らざるよう周到に用意怠るべからず」（『東京日日』大正八年一月二十五日）とあるが、当時の天皇のご病状から推して、これは原敬の意によるものであろう。

当時、京城の市街は弔旗を掲げ、市民も喪服をまとい、旧儒生両班《ヤンバン》は三年間の喪に服した。韓国のしきたりでは、喪は三年であった。李王・王世子・李堈公は、父子の縁により一年の喪に、李王妃・李堈公妃・李鍝公（李堈公の子、李太王の孫）は百五十日、李王職職員は皇室服喪令第十五条四項に準じ、規定の喪に服することになった。王世子一年の喪というのは、『皇室典範』による日本皇族のしきたりである。韓国側で王世子の結婚に反対する人は、李王家のしきたりにしたがって、三年の喪を主張したのではないかと思われる。李太王の墓所は、一月二十三日、高陽《こうよう》郡金谷《きんこく》御陵地（現ソウル市東方二十四キロ）と決定した。京城一般官吏は徳寿宮に伺候して弔意をのべ、市民数万人は麻の喪服を着て、徳寿宮大漢門に集まり、たえず「アイゴー、アイゴー」を叫んで慟哭し、半島全土から続々入京して弔問したと伝えられている（『東京日日』大正八年一月二十三日）。

一月二十七日、李太王国葬令は勅令第九号をもって公布されたが、歌舞音曲停止は日本全土には及ばず、朝鮮半島だけ一月二十九日まで三日間、総督府令をもって公布されることに決定した（『東京日日』大正八年一月二十五日）。

同日、李太王葬儀掛長は政務総官山県伊三郎に、祭官長には博文養嗣子伊藤博邦が、仰せつけられた。

〔注〕**山県伊三郎**――安政四年勝津氏の二男として生まる。山県有朋の甥。五歳の時、有朋の養嗣子となり、後、公爵家を継ぐ。ドイツ留学を経て官界に入り、逓信大臣等を経て、初代政務総監となった。素空と号す。昭和二年没。

一月二十七日の貴族院は、定刻午前十時開会、李太王国葬の予算案につきまず原首相登壇、ついで前田利定子爵は、「李太王退位（明治四十年）後のご行状は常に現状に安んぜられ、王世子を故伊藤公に託し、この初夏の頃には王世子慶事の御礼言上のため上京の心組みであった」として賛成演説をなし、黒田侯爵が哀悼の意を表し、国葬費案を満場一致可決した。

こうした原首相の努力にもかかわらず、国粋派の巻返しの結果であったのかも知れぬ。あるいは担当者の思慮が足りなかったのかも知れぬ。二月五日京城にて開かれた葬儀掛会議の決定によれば、李太王国葬はすべて故有栖川宮威仁親王の国葬に準拠し、葬列の大輿には提灯その他朝鮮式をとらず、喪主李王も日本式の衣冠束帯を着用（昌徳宮宮内官、権藤四郎介）、青竹の杖をつかれ、王世子、李堈公は陸軍大礼服にて、王妃、公妃は朝鮮の旧慣により葬列葬儀場ともに参列されず、一般参列員は大礼服または正服とし、朝鮮貴族及び位階を有する者は爵位・服位・階服着用、その他は燕尾服に決し、ただ総督府において認めた者に限り朝鮮服を着用することとなった。これは明らかに天皇の聖旨にも反する決定である。当時の朝鮮総督府が、軍人寺内総督時代以来いかに頭脳が化石と化していたかの一例である。これほど民族の心を傷つける愚かな決定は世界の植民地統治でも希有のことと思われる。

この年の一月十五日、ワシントン電報として「少数の朝鮮人団体は、その決議を米国ウィルソン大統領及び講和委員会に送り、日本の朝鮮併合に反対し、ウィルソンの民族自決主義を朝鮮にも適用することを求めたり。同団体は同決議を議会外交委員会へも送付せり」と報じている（『東京日日』大正八年一月十九日）。当時の日本の新聞が、朝鮮独立運動の記事を掲載したのは異例のことである。

ここで好むと好まざるとにかかわらず、日韓併合後における韓国の実情につき触れておかなければならない。日韓併合を最も積極的に推進した黒龍会の内田良平さえも、『日韓併合秘史』において日本の朝鮮統治を次のように厳しく批判している。

一、合邦の大業は、たとえ当然の帰結であったにせよ、その動機が一進会（解説参照）の請願によるものであることは、争うべからざる事実であった。しかし、一旦合邦成るや、当局は忽ち私心を挾んでその功を奪い、併合が韓国民の希望によって成就した実績を隠滅し、しかも彼等の理想とした合併後における間島移住策の約束は反古にし、冷酷非情にも百万会員を解散、路頭に迷わしめた。その統治においても韓人の風俗習慣を無視し、圧迫威圧ただ日本の主権を頑迷に固守するのほか、何等の能事を示さなかった。いずれも将来の禍根ならざるものなく、寺内総督はただ誠意の押売をなすのみであった。

二、本来、峻厳なる政策は、併合直後の建設時代においてこそ必要な側面もないわけではないが、長く墨守すべきものではない。

当の内田でさえも大正三年四月、「朝鮮統治制度に関する改革意見書」を草し、これを時の大隈重信首相、各大臣、元老ならびに寺内総督に提出している。この意見書は、朝鮮統治の大局と、朝鮮民心の傾向の容易ならざる旨を述べ、かつ「大正四年、御即位の大典を機とし、韓人の未だ求め来らざるに先だち、大詔の渙発により、一定の期間内において韓人に参政権を与え、もって前途の光明を得せしめられたし。然らざれば恐らく十年を出でずして動乱を免れざるに至るべし」(『日韓併合秘史』)と切言した。この予言は、不幸にして的中した。

〈解説〉一進会

日韓併合当時、日本側から見れば一進会は御用団体といえないことはない。韓国側から見れば売国的政党そのものであったのであろう。以下は韓国側資料による一進会の解説である。

旧韓末の親日政党。閔氏一派から迫害を受け、十年あまり日本に亡命していた宋秉畯は、日露戦争が始まると日本軍の通訳として帰国、日本軍の力を背景に政治活動を志し、独立協会の残党、尹始炳、兪鶴柱らと維新会を組織し、愛国団体保安会と対抗した。そして、一進会と名を改め、会長に尹始炳、副会長に兪鶴柱が就任し、①王室の尊重、②人民の生命と財産の保護、③施政の改善、④軍政、財政の整理等の綱領を制定し、国政の改革を要求した。さらに東学党の残余勢力を糾合し、李容九らが組織した進歩会とも合同し、明治三十八年(一九〇五)の総会において、会長に李容九、副会長に尹始炳、地方総長に宋秉畯、評議員長に洪肯燮を選出した。この会は日本軍より莫大な資金援助を受けるとともに、日本人、望月龍太郎を顧問として積極的な親日活動を展開し、日本の御用団体と化した。この年十一月十七日締結された乙巳条約(明治三十八年日韓第二次協商)に対して積極的支持を宣言し、機関誌『国民新報』を通じて売国的啓発を行った。

宋秉畯は李完用内閣に農商工部大臣として入閣、ハーグ密使事件を契機として高宗皇帝の譲位を強要した。明治四十年(一九〇七)七月、高宗が譲位して韓国軍隊が解散になったが、半島全域に義兵が暴動を起こし、一進会員を殺し、国民新報社も襲撃された。明治四十二年十月、伊藤博文がハルピンで安重根に暗殺された後日韓合邦案を隆熙皇帝に上奏を繰り返した。

この頃、韓民族感情を代弁していた金允植らは、宋秉畯、李容九らを処刑するよう政府に要求したが、統監府によって阻止された。日韓併合条約が締結された年の九月二十六日、寺内総督によって、結局解体されてその売国的使命を終えた。

六　万歳事件

三月三日の李太王国葬の前々日、朝鮮十三道より多数の韓人が京城に集まってきた。各種の流言が飛んだ。「李太王は、日本の総督政治に不満を抱く民衆の苦衷を訴える密使をパリに送る計画を進めていた（第一次大戦終結の後、米国のウイルソン大統領の示した民族自決主義に大きな希望と幻想を描いたのである）。ところがこれが事前に日本側に洩れたところから、総督府の密命を受けた李完用らが侍医の安商鎬に命じて毒を盛ったに違いない。あの時間まで内殿に残っていたのは、あの男だけだったから。そして、甘い紅茶の中には砒素が残っている形跡があったのだが、その証拠品は盗まれてしまった」というのである。

この噂は、宮中の女中の口から、大漢門前に集まった群衆をはじめ、半島の津々浦々にまで電波のように伝わった。この流言の中にも、腑に落ちない点がいくつかある。李完用が密命を帯びてとあるが当の李完用は東京にいた。日本側にパリ密使の件が洩れたとあるが、当の原敬首相の耳に入っていなかったことは『原敬日記』が証明している。彼は真実だけを書き残したから。

本書では、今ここで、事の真相を究明しようとは思わない。しかし、この噂が真実であったか、流言であったかは別として、半島の民衆にとっては真実と思うに足る状況が整っていたことだけは間違いない。枯葉に煙草を捨てて忽ち山火事になったように、大騒動が起こったのである。

三月一日午後二時、京城における中学校以上の韓人の一部が結束し、進明はじめ多くの女学生もこれに加わり、隊を組んで行進を開始し、「独立万歳！」を叫びつつ大漢門に至ったときには、数千の群集これに加わり、さらに景福宮に赴き、警察員総出で鎮撫につとめたが、その甲斐もなく、午後五時に至るも群集容易に退散せず（『東京日日』大正八年三月三日）南大門の城壁に孫秉熙署名の檄文「パリ会議にて目的を達せりとの電報ありたり」とのポスターの内容は、忽ちにして半島全土に伝わり、百万人以上が「独立万歳！」を叫んだ。京城ではついに騎馬憲兵および歩兵第七十八連隊の一個中隊が銃剣をつけ、憲兵が抜剣して群集を制したが、群集は某国（多分米国）領事館に赴き万歳を叫び、午後八時頃漸く鎮圧した。しかし四日夜になって騒動は再発し、五日未明には三回も大漢門に押し寄せたが、警察・憲兵隊に阻まれ、多数の拘引者を出した。

このような憲兵、軍隊の厳戒の下で、三月三日李太王の国葬は、何とか形をつけることはできた。以下新聞の報道による。

群集は三月二日、夜を徹して大漢門前に集まり、「アイゴー」の敬弔を行なった。沿道には各学校生徒三万人その他葬送者が整列して待ち受けていた。咸寧殿の霊柩奉安所で最後の儀式が行われ、午前六時三十分、李王、王世子、李堈公が着席、李載覚侯爵以下親戚一同は後につづき、多数の貴族・両班《ヤンバン》もそれぞれ定めの位置につき、合図の大太鼓とともに最後の名残りのアイゴー慟哭の声、殿内に響きわたった。

霊柩は大きなみこしに移され、二百六十六人に動かされて午前八時三十分、大漢門を発進した。李王の馬車には尹徳栄子爵が陪乗、王世子には金武官が陪乗してこれに従い、ご親戚、長谷川総督以下葬儀係、李王職楽隊、陸海軍指揮官宇都宮中将(宇都宮徳馬の父)、儀杖隊三個中隊などこれにつづき、行列の長さは三十町にも達し、空前の盛儀となった。

沿道にはアイゴーが絶えず、道路には跪座して慟哭するものがあった。軍楽隊の奏する哀の曲響く中を、行列は訓練院葬場に到着。奏楽のうちに李王、王世子、李堈公着席され、祭官饌幣を奠《てん》じ、伊藤祭官長祭詞を申し、勅使日野侍従は礼拝玉串を捧げた。ついで順次ご拝礼あって国葬の儀全く終る。全く日本の古来の形式である。李王家にとっても、民衆にとっても、心安かったはずはあるまい。事実、この日本式の国葬に参列した朝鮮人は、わずか七十人にすぎなかった。

三月三日夜、金谷里墓所に霊輿到着。幾千のかがり火煌々《こうこう》と照りわたる中を、李王、王世子、李堈公もここに泊まられた。翌三月四日埋柩式は純粋の李王家の古式により金谷里において行われた。この朝鮮古式の葬儀には、七千人以上が参列したというのだから、総督府の面目は丸つぶれというべきであろう。

万歳事件の余震は大正八年の八月すぎまで続いていたことは、原敬首相の日記からもうかがうことができる。米国のニューヨークの新聞に、わが憲兵が十字架にかけて朝鮮人を殺した写真（これは日露戦争中ロシアのスパイを殺したときのものであったというのが、金子堅太郎の説。真相は不明）が掲載されたりして（大正八年七月十七日『原敬日記』）国際的にも大問題となっていたものである。政府は対外的には重大に、国内では些細な事件として処理する方針をとっていたので、当時の一般日本人にはほとんど真相を知ることは不可能であったであろう。

日本の指導層の受けた衝撃も、また甚大であった。日韓併合を実現し、初代総督として権勢をふるい、以来事あるごとにこれを自慢話としてきた寺内正毅は、当時病床にあったが、騒乱事件の報道を聞いて心臓激しく鼓動し、病状は逆転した。さらに九月二日、斎藤実新総督が着任するときの南大門爆弾騒ぎをきくや、寺内伯爵長嘆息して曰く「万事休す」と。これより病勢一気に進み、十一月三日逝去した。

朝鮮の情況は、万歳事件以前においてすら、もはや武人をもって総督とする時期は過ぎていた（大正七年十月十三日『原敬日記』）。騒動の発生により長谷川総督、山県伊三郎政務総監は辞表を提出していたが、八月十二日に至り漸く後任に斎藤実総督、水野錬太郎政務総監が決定した。原首相も朝鮮統治改善の方向を模索していたが、その内容は朝鮮人の差別を少なくし、官吏登用の途をひらき、北海道に土地を払い下げ、朝鮮人の希望者を移住せしめたり、あるいは宗秉畯の説いた朝鮮語新聞の発行計画に同感の意を表わし、またそのうちに帝国議会に代表者を出すようにするといったところであったようである。帝国議会に代表が出る案は、昭和二十年に帝国議会で可決はされたものの、その日はついに来なかった。

騒動事件によって王宮や貴族の受けた衝撃も大きく、爵位の辞退者も続出した。王世子の異母兄義親王李堈公は、大正八年の秋朝鮮より脱出を企て、義州において取押えられるという事件までも発生している。

かくしてこの万歳事件は日韓双方の心ある人々に癒し難い傷痕を残した。王世子は李太王の国葬をすませ、騒動の余燼収まらぬ半島を後にして帰京されたわけであるが、その渦中にあって王世子の心が激しく揺れ動かなかったはずはない。しかし王世子の中に流れる李太王の血は体内の何処かに深く沈澱したのであろう。その悲しみも怒りも面に表わされるようなことは決してなかった。

このような韓国の状況に対して、王世子がどのような感慨を抱いておられたかを留める資料はほとんどない。後にご結婚後方子妃に洩らされたと伝えられる「せめて伊藤公存命なりせば……」の一言の中に、万感がこめられているように思う。もう一つの資料は、作家・野口赫宙によって昭和二十五年に書かれた李王家悲史『秘苑の花』である。この本は、昭和二十五年に小説の形で書かれたもので

あるが、その巻頭に、

感想　　　　（元李王）李　垠

小説家張赫宙氏が見えて、私たち夫妻の半生を物語りにしたいと希望されたので、私の手許にある極秘の材料をことごとく提供しました。今「秘苑の花」を読了し、自分のことながら終日感動を禁じ得なかった。たとえ小説風に書かれたとは言え、内容は皆正しき事実であります。私は波瀾多かりし四十年の過去を回顧し、感慨無量なものがあります。

と述べられている。したがって、この本の中の王世子の感慨は、正にそのようなものであったのであろう。

〔注〕李垠さまが提供されたという極秘の材料は、野口赫宙の手許にも、李王家にも、もはや残っていない。

第五章　幸福なる政略結婚と晋殿下の死

一　世紀の政略結婚

万歳事件の朝鮮を後にして、大正八年三月末に帰京した王世子は、何事もなかったかのように近歩二の勤務をつづけられた。梨本宮家も方子女王も王世子を暖かく迎えた。

当時、通常の宮家の結婚の場合には、婚約中に何度も会うようなことはほとんどなかったのだが、一年結婚が延びたことは、お二人にとってかえって幸せであった。毎日曜日ごとに会っておられた。とはいっても、、昨今の濃厚なデートのようなものではなく、庭を散歩したり、琴を弾いたり、テニスをしたり、雨が降ったらトランプをしたりといった程度のご清潔なものであった。

大正八年の夏のことである。富士の裾野に野営演習があって、近歩二の連隊も東京から東海道を藤沢、大磯、小田原と行軍したとき、方子女王は、丁度大磯の別荘に滞在しておられた。王世子は小休止の約三十分を、その庭先で休まれた。その時に、方子さまから奉った歌は、

はからざりき波うちよする磯の家に

たち寄り給ふきみを見むとは
あすはまた箱根の山をこえまさむ
降るなむらさめ照るな夏の日

お二人には、確かな愛情が芽生えはじめていたのであろう。この時の模様を、方子さまの唯一人の妹規子女王（現広橋真光夫人）は、「砂山の上に腰かけて姉が離れて座っていると、お付の人が〝もっとおそばへ！　もっとお近く！〟と盛んに世話を焼いていた」と回想している。方子さまはこの頃、ハングル文字でどうにか手紙が書けるぐらいにまで、朝鮮語の勉強もしておられた。

結婚までには、多少の曲折もあった。京城では李王朝の伝統にしたがって、服喪三年を主張していたし、日本側も先方の意向を尊重する方針をとっていたためである。しかし、十一月になってようやく円満に解決、来春四月二十八日挙式と決定した。

大正九年四月二十七日、王世子は大勲位菊花大綬章が授けられ、同時に、陸軍歩兵中尉に昇任された。明けて二十八日、いよいよ結婚の日である。日韓双方のすべての人が注目した。上は天皇、皇族より下は一般大衆に至るまで。原首相以下政府首脳も、一昨年来の最大の政治問題の一つでもあったから。

口にこそ出さなかったが、「東宮妃の第一候補に挙げられながら、朝鮮の宮様へお嫁入りとは！

何ともお気の毒」と思った日本女性が沢山いたことであろう。事実、日韓併合の代償として、日本国がかの国に差上げることのできたのは、この日本一の高貴なる麗人お一人であったのかも知れぬ。

方子女王は、ロープ・デコルテの洋式大礼服に勲二等宝冠章を佩用、午前九時、渋谷梨本宮本邸出門、宮内省さしまわしの二頭立ての儀装馬車にて桜井御用取扱が陪乗、高李王職事務宮供奉、皇族公式鹵簿《ろぼ》にて、司令以下二十九名の近衛儀仗騎兵および警部四騎の警衛の下に、青山御所前を右に、電車線路に沿い乃木邸前を経て、六本木を右へ、そして鳥居坂御殿へ入られた。

結婚式は午前十時より開始。皇族女子の結婚には、袿袴《けいこ》姿（十二単衣）の式服を着用するのがならわしであったが、多分神式とか朝鮮式とかの議論があって特例によったのであろう。王世子は陸軍中尉の正装、方子妃はロープ・デコルテで、儀式は小笠原流と現代流を折衷した礼法により行われた。梨本宮守正王・同伊都子妃のほか、皇族代表として、朝香宮・同妃、久邇宮・同妃、梨本宮家親戚代表鍋島侯爵夫妻、昌徳宮御使李達鎔侯爵、李王職長官李載克男爵、李堈公御使金亨燮をはじめ、波多野宮相、斎藤実朝鮮総督、伊藤博邦公夫妻、井上宗秩寮総裁以下多くの人々が参列した。三々九度の御盃事、蓬萊等はすべて純日本式で、宮岡、西、松宮各宮御用取扱、皇后宮職御用掛山中貞子、吉田鞆子（明治十八年生、昭和六年皇后宮職御用掛、昭和四十四年没）らそれぞれ袿袴にてお酌を奉仕し、式は約四十分で終った。午後一時から三時までは新ご夫妻はお揃いにて祝賀を受けられた。午後六時からはお色直しの儀がとり行われたとあるが、これは民間の披露宴のようなものである。

この日、原敬首相は日記に「本日、王世子・梨本宮婚儀、伊藤公もさぞ地下にて喜びおらん」と書き記している。

翌二十九日、ご夫妻はお揃いにて賢所に参拝、直ちに結婚の報告とお礼のため、ご静養中の葉山御用邸に伺候して天皇に拝謁、三十日には皇后に拝謁し、「日鮮のちぎりを深め、どうか末永くおしあわせに」とのお言葉を賜わった。その後、各皇族邸にあいさつ回りをされた。五月二日から六日までの五日間、連日披露の宴が開かれたが、二十三歳の新郎はともかく、十九歳の新婦は、さぞ疲れたことであろう。

ご夫妻は、後から知ったことなのだが、婚礼の日に、方子女王の馬車に爆弾を投げようとした者があった。この政略結婚に憤激した、徐相漢の仕業によるものであった。幸いにして警察のひもつきであった、朝鮮人大学生申成浩の密告で、事前に犯人が逮捕されたため、事件は未遂に終ったが、この結婚の前途の多難を象徴する事件であった。

二　斎藤総督の文化統治

大正八年九月二日、海軍大将男爵斎藤実は、新総督として政務総監水野錬太郎とともに京城に入った。この日京城市街は、朝から国旗を掲げ、午後四時には南大門から駅前まで、西側には歩兵第七十八連隊（堀田大佐）の二個大隊が整列し、東側には一般の民衆が人垣を築いていた。

駅の貴賓室には、宇都宮軍司令官、浄法寺師団長、児島憲兵司令官、李完用伯、韓昌洙男爵（文久二年生、元駐英・独・伊公使、併合時内閣書記官長）、閔李王職長官、国分次官、ハレシ英国総領事、銀行・新聞・会社関係者など一千人以上がつめかけたという。

総督と夫人の馬車が前に踏み出そうとしたとき、突然人力車置場の背後から総督の背後に爆弾を投げつけた者があった。爆弾は総督の後方四メールのところに落ちて大音響で爆発、重軽傷者二十九名を出したが、幸いにして総督は軍服と革帯の三カ所に穴ができただけで無事であった。

このような事態であったが、斎藤総督の施政方針は、武断政治から文化政治への転換であった。

㈠　文化主義を唱える。

㈡　民衆の心情をなだめて彼らの包容同化に努める。

㈢　憲兵制度を徹廃する。憲兵は軍の紀律だけを担当し、すべての民間治安は警察の担当とする。そのため、内地から二千名の警察官を増強すると同時に、朝鮮人の中からも六千名の巡査補を登用する。

㈣　公務員と学校教師の制服を廃止し、軍刀と銃器の携行もやめる。

㈤　朝鮮の有力な人士たちと接触し、これを包容して重用する。

㈥　いくつかの新聞発行を許可する。

などがその主なものである。当時、朝鮮十三道中、朝鮮人が道知事を占めていたのは、黄海道、江原道、感鏡南道、忠清北道、全羅北道の五道であった。新総督は内鮮融和方針による統治をすすめた。内鮮人の同化を最終の目標にしたのである。だから、王世子の結婚問題は、最大の政治問題でもあったし、万歳事件の傷痕を癒し、武断政治から文化政治への転換を告げる一大セレモニーでもあった。

斎藤新総督と水野新政務総監は、ともに夫人を同伴して京城に着任したが、これは寺内、長谷川の時代には見られぬことであった。いわゆる内鮮一視同仁の大義に基づき、民衆の誤解を解き、不合理な抑圧を緩めて自由を与え、その風俗習慣を尊重して人心を転換することを期した。また、李王家に対しても恭謙の態度をとり、従来の監視的態度や干渉を棄てたので、王家一族からは伊藤公以来の悦服を得たといわれている(権藤四郎介)。

王世子結婚の前の一月六日には、着任以来の構想にしたがって、時事新聞、朝鮮日報、東亜日報の三新聞に許可を与え、三月五日には、創刊号を世に出した。王世子結婚の慶事を記念して、一年前の騒動の大赦や朝鮮貴族の昇爵も行われた。大正七年十一月に炎上した大造殿は、殿閣の様式ならびに構造は炎上前と同様にし、内部の装飾、設備、採光、通風、排水には最近の方式をとり、一千坪余の建物を工費百万円で再建し、大正十年十月二十五日に竣工した。炎上以来二年間、楽善斎で不自由されてきた李王・王妃も大造殿に帰還されたのである。

大正十年に入ると、三月には演劇芸術会が創立された。六月には最初の雑誌『開闢』が創刊され、七月には文学雑誌『廃虚』が刊行された。同じく七月には朝鮮体育会が設立されるといった具合で、斎藤総督の文化政策が進行していたのである。

教育についても、内地の尋常小学校と同じような普通学校や、中学校に似た高等普通学校の制度を設け、大学の設立をも計画した。京城帝国大学は、大正十五年四月には、医学部と法文学部の新入生を募集するまでになった。

大正十年九月には、総工費六百四十万円を投入した朝鮮総督府庁舎も、九年目にして竣工した。そしてこの文化統治によってある種の安定した時代を迎えたのである。

官幣大社朝鮮神社は、大正初年より寺内総督、山県政務総監によって計画されていたが、大正八年七月十八日、長谷川総督の時代に京城の南山に建立された。祭神は、天照大神と明治天皇である。大正十四年六月二十七日には、これが朝鮮神宮と改称されることになり、同年十月十五日、勅使園池実康が参向し、鎮座祭が行われた。他民族に異国の神を押しつけるとは、いかにも愚かな文化統治であるが、当時の日本人の平均的知能レベルは、この程度のものであったのだろう。

三　王世子の陸大・参謀本部時代

ご新婚後約半年経った大正九年十二月七日、王世子は陸大第三十五期生として、七十一名の一般学生とともに入校された。当時一般学生の定員は七十名であったが、王世子の入校で一名増員され、さらに一名の延期があったので、計七十二名であった。学生は、陸士二十二期から王世子の二十九期にまで及び、二十六、七期生が圧倒的に多く、二十八期生は僅かに四名、二十九期生は王世子唯一人であったから、さぞ窮屈されたことであろう。陸大における王世子の状況について、同期の吉原矩は次のように述べている。

陸大では、この七十二名を四戦術班に区別し、また一年を四期に区分し、教官が交代するのが例であった。

三年間の各学年ごとに班の編成替えが行われるから、殿下と班を共にする機会は滅多にないのであるが、私は、幸いにも第三学年の折に、殿下と同じ班に編入された。古参教官香月清司中佐(後、中将)の統裁で愛知県下の参謀旅行に参加し、殿下と行動を共にする機会にも恵まれた。

戦術は隔日、一週三回行われ、毎回宿題が課せられた。その答案を素材として、次回に討論が行われるので、その日のうちに答案を作成し、翌朝提出しなければならない。これは一般学生にとっても容易なことではない。まして殿下は一般学生と異なり、宮中や李王家の行事、その他公的行事が山積されているのに、唯一度も答案の提出を違えるようなことはなかった。殿下の学習態度は、あたかも奥州平泉中尊寺金色堂に奉蔵されている一字金輪仏の権化を思わしめるものであった。殿下の答案は王者の戦術であって、部下に無理を強いたり、奇をてらうようなことはか

陸軍大学校第35期生名簿

氏名	卒業時	最終または死亡時
〔陸士22期生（7名）		
岡本鎮臣	歩大尉	少将
下枝金之輔	〃	〃
関原六	〃	中将
佐藤尚蔵	〃	少将
田村透	〃	歩大佐
高橋多賀二	〃	中将
小野賢三郎	〃	少将
〔陸士23期生（10名）〕		
森長	工大尉	工大佐
西原八三郎	〃	少将
小原礼蔵	歩大尉	〃
福栄真平	〃	中将
松井貫一	〃	少将
大迫通貞	〃	中将
湯原均一	輜大尉	少将
高場損蔵	歩大尉	歩大佐
板花義一	輜大尉	中将
片村四八	歩大尉	〃
〔陸士24期生（12名）〕		
細川忠康	砲大尉	中将
秋山義隆	歩大尉	〃
高橋常吉	〃	少将
重田徳松	砲大尉	中将
長谷川正憲	歩大尉	少将
宮沢斉四郎	〃	〃
服部暁太郎	工大尉	中将
真野五郎	歩大尉	〃
光岡米吉	〃	歩大佐
岩永汪	〃	中将
吉田峯太郎	〃	〃
川並密	〃	〃
〔陸士25期生（13名）〕		
川合祐三	歩大尉	歩大佐
山口信一	〃	中将
宮川清三	砲大尉	〃
河田末三郎	工大尉	〃
岡本徳二	歩大尉	歩大佐
那須弓雄	歩大尉	中将（ガタルカナル島戦死）
奥村半二	〃	〃
富永恭二	歩大尉	〃
高橋茂寿慶	砲大尉	中将
田中勤	歩大尉	〃
田中新一	〃	〃
山路秀男	〃	〃
中村美明	砲大尉	少将
〔陸士26期生（12名）〕		
栗原忠道	騎大尉	大将（硫黄島戦死）
山田清一	砲大尉	中将
佐々木登	騎大尉	〃
影佐禎昭	砲大尉	〃
吉積正雄	歩大尉	〃
藤本鉄熊	歩中尉	〃
林義秀	〃	〃
田辺助友	〃	〃
谷口春治	砲大尉	〃
洪思翊	歩中尉	〃（比島戦犯刑死）
住吉正	砲大尉	少将
坂本末雄	歩中尉	中将
〔陸士27期生（13名）〕		
伊藤忍	歩中尉	中将
石川浩三郎	〃	〃
白銀義方	〃	〃
菅野謙吉	工中尉	工大佐
西大条胖	歩中尉	中将
坪島文雄	〃	〃
中平元量	砲中尉	少将
長谷川鍵一	〃	砲中佐
吉原矩	工中尉	中将
久保田肇	歩中尉	歩大尉
秋山豊次	〃	中将
広田豊	騎中尉	〃
藤室良輔	歩中尉	〃
〔陸士28期生（4名）〕		
寺田済一	歩中尉	中将
菅波一郎	〃	少将
国分新七郎	〃	中将
山本健児	〃	〃
〔陸士29期生（1名）〕		
李王垠	歩大尉	中将

ってなかった。

一般戦術以外の科目、すなわち戦史、特殊戦術、参謀要務などは、全学年が大講堂に集まって行われた。したがって、一般学生も殿下と討論する機会が与えられたわけである。

王世子の軍歴の話を、先に進めておこう。大正十二年九月一日の関東大震災は、王世子陸大三年のときのことであった。その前の七月五日に陸軍大尉、その年の十二月二十九日陸大卒業。大正十三年十二月二十日参謀本部付。大正十五年六月三日朝鮮軍司令部付を兼務し、同年七月二十八日に朝鮮軍兼務のまま参謀本部部員となられた。

その頃のことを岡崎清三郎は左のように語っている。

私が大正九年十二月陸大の三年になった時、殿下は一年に入校された。大正十三年十二月、殿下は、参謀本部付となり、第一課に配属されてから、私は殿下と机を並べて勤務することになった。閑な時には雑談に花が咲いた。当時JOAK（NHK）のラジオ放送が始まったばかりであったので、よく前日の放送が話題になった。その頃、鳥居坂の御殿にお召し頂いて、トランプや麻雀を教えて頂いたものである。

私は、大正十四年二月末、秩父宮御外遊に随行する内命を受け、ある晩、やはり随員の一人に予定されていた松平慶民さん（当時宮内省課長）の邸に夕食に招かれ、同席していた関屋宮内次官とも話をした。私は王世子殿下の日常について話をしたところ、次官は、「殿下のように立派な方は、日本の皇族の中でも稀です」と言ったので、私はなるほどと思った。

当時の関係者の証言は、ことごとく王世子の王者の徳をたたえているが、日本の軍人としても王族としても非の打ちどころのない勤めを続けておられたことは疑いない。少なくともその御姿に接し、王世子を識った日本人の中で悪い印象を持った人は一人もなく、衆人より敬愛されていたのである。

四　晋殿下の誕生とその死

王世子と方子妃とのご結婚は、まことに幸せなものであった。陸大では毎日のように宿題が出されるのだが、深夜机に向かわれる王世子に、熱い紅茶を用意したり、鉛筆のけずり役をいそいそと務められる方子妃であった。**大正十年**一月二十四日には、御父高宗皇帝（李太王）の三年祭が行われるため王世子のみ京城に帰られ、一月三十一日に無事帰京された。方子妃はめでたくご懐妊、三月二十四日に着帯式が行われた。

この頃、王世子の異母兄・李堈公の第一公子李勇吉（後の李鍵公、終戦後日本籍となり、桃山虔一と改名）が、幼年学校に入学のため上京、休日にはよく鳥居坂御殿に遊びにこられたという。

〔注〕王公家は皇族の礼をもって遇せられたが、日本の皇族と異なり、公家は当主だけが殿下であった。李勇吉が李鍵公となられたのは、李堈公が隠居された後である。李鍝公は李堈公の第二公子であるが、李埈公の跡を継がれたため、兄の李鍵公よりも先に殿下となられた。

大正十年八月十八日、方子妃は、前夜来陣痛を催されていた。直ちに岩瀬博士、鈴木侍医、小山典医、岩崎助産婦らが産殿に伺候、午前二時三十五分安々と男子を分娩された。梨本宮家へも陣痛のときすぐに報らせが入ったが、母君伊都子妃がお出でになった時は、すでにご安産の後であった。王世子のお悦びは一方ならず、京城の李王家へは早速電報が飛んだ。李王家にとっての一大慶事であるばかりでなく、正に政略の筋書き通りでもあった。

翌日の新聞は、「旧李王朝二十九代にあたる日鮮融和のシンボル」とか、「ここに日鮮一体の結晶実る」といった大きな見出しで報道した。

天皇はとくに詔勅を下し、牧野宮相、原首相副書の上、午後六時官報号外をもって公布せられた。

詔　書

朕惟フニ王世子李垠ハ李家ノ元儲ニシテ令聞日ニ升リ積徳月ニ高ク洵ニ内外ノ瞻望タリ我カ皇考(天皇の父、すなわち明治天皇のこと)愛最モ渥《アツ》ク久シク寵光ヲ承《ウ》ク故ニ朕ノ王世子ニ対スル情誼殊《コト》ニ篤ク親眷渝《カワ》ルコトナシ今李家慶アリ厥《ソ》ノ生誕スル処ノ男子ハ世家《セイカ》率循《ソツジュン》ノ系嗣《ケイシ》ニシテ宜《ヨロ》シク方《マサ》ニ休祉ヲ享《ウ》ケシムヘシ乃チ待ツニ皇族ノ礼ヲ以テシ特ニ殿下ノ敬称ヲ用イシム茲ニ皇考ノ聖慮ヲ体シテ殊遇ノ意ヲ昭ニス

御　名　御　璽

大正十年八月十八日

宮内大臣子爵　牧野伸顕
内閣総理大臣　原　　敬

生まれながらにしてこれほどの祝福を受けた王子は、近くは皇太子継宮明仁親王、古くは安徳天皇（高倉天皇と平清盛の娘、建礼門院の御子）は別格として歴史上それほど多くはない。詔書が発布されたのは、李王家の皇室典範ともいうべき『王公家軌範』が大正七年の枢密院において流産していて、準拠すべき国法がなかったためと思われる（王公家軌範は、後に、大正十五年十二月二十一日に成立している）。

お七夜に、王子は晋《しん》と命名された。

大正十一年三月、王世子陸大二年の頃である。王世子は方子妃と晋殿下を伴って京城に帰られることに決まった。四月二十三日出発、京都に二泊して伏見桃山御陵に参拝、下関より新羅丸に乗船、四月二十六日、李堈公お出迎えの釜山に着く。それから先は、方子妃の『すぎた歳月』の中から、そのまま引用させていただこう。

長男晋の死

李　方　子

八時四十五分。陸海軍兵の勇ましい儀礼のラッパひびく中を、幾千人学生の旗の波、万歳の声に迎えられて、なつかしい故国に第一歩をおろす。九時、臨時列車はホームを離れ、北方さして進む。途中の駅々に停車しつつ、いずれも老若男女、手に手に旗を打ちふり、白衣の学生服の波は、各駅毎にいっぱいであった。

秋風嶺《しゅうふうれい》駅では、昔、侍従長をしておられた老爺が、古式の礼服を着け、涙を浮かべて、殿下のためにはるばると出迎えてくださった。八十歳を越え、己が白髪を切って、若宮（晋）の齢《よわい》長かれと、山奥からわざわざ出てこられたと聞き、うれしく答礼した。

山の姿、川の流れも広々として、橋もない川……雨季には洪水も多くなるというので、これでは交通にも困るのではないか、と心配に思う。

植林事業も温突《オンドル》に松の木を切って用いるためか、幾年も待たずに伐られてしまうよし。なんとかすぐ若木を植えるとか、他の燃料に代えるとか、方法なきものかと思う。田舎家《いなかや》も内地のわらぶきと似ているが、丈低くまわりに石の塀をめぐらす。大陸的な雄大な景色、内地のせまく細々とした風景とは別ないいところがあると思った。漢江《かんこう》の長い鉄橋を渡ると、もう竜山《りゅうざん》の町が見える。高い瓦ぶき洋風建築などもある。軍の町で、司令部や官舎がこの付近に多い。

六時十五分、南大門駅着、斎藤実総督、以下文武官、外国領事など、多数の出迎えを受け、儀装馬車に私たち二人と長官に武官、次の馬車に若宮と高事務官に侍女の中山と寺山が供として乗り、騎兵の列が左右について、大漢門《だいかんもん》を入り、石造殿《せきぞうでん》に到着する。

幼き子らの、黄・赤・緑も美しき服、白布をふる白衣の老人、チマチョゴリの婦人の群れ、みな門のまわりを取りまき、立ち去るけはいもなく、夕闇の迫るころまでたたずみ、殿下が昌徳宮《しょうとくきゅう》に兄上李王殿下のごきげん奉伺のためご訪問、それが終わってお帰りのころまでその人々の姿は見られたという。

そして、四月二十七日。

朝風ことに心地よく、ひえびえとして乾いている。ベランダに出て、まず四方の景色を眺める。空気が澄んでいるので、遠くの山々も目近に見え、峰の松、谷の山ひだもはっきりして、実に美しい。

午前九時、昌徳宮《しょうとくきゅう》より尚宮《しょうきゅう》（女官）二名に氏（官名で、尚宮の下）一名と、通訳の澄永女史来たり、明日の式服の準備をし、かつらをつけてみる。重いこと、重いこと。一人では頭が動かせないくらい。少し私の頭には小さくて、浮いてしまう。

着物も日本の礼服五《いつ》ツ衣《ぎぬ》の古式服に似た美しい色彩のもの。聞けば、殿下ご幼少時から、父李太王殿下が厳妃さまと共に、飾り物など中国から取り寄せて準備されしよし。ひとつひとつに御心のこもりし品、ただただありがたく感じる。織物は見本を京都西陣工場に出されて織ってあったよし。花と雉《きじ》の模様が紺地に織り出されてある。今さらのように、もう二年ご長命であられ、父王にお目にかかれたらと、それのみ残念に思った。

いろいろ注意してくれる尚宮たちの心くばりもうれしく、黄《こう》乳母、李乳母（いずれも殿下ご幼少時の乳母）は心から私たちを助けて手伝ってくれ、若い私に馴れぬ儀式順序など説明し、習慣なども聞かせてくれる。

四月二十八日も、すばらしい晴天でした。三年前、あの心ひきしまる婚儀が行なわれた同じこの日に、思い出もあらたに、覲見《きんけん》の儀が取り行なわれたのでした。

殿下は竜袍《りゅうほう》という緋赤の上衣に金の縫飾りのついたものを召されて、頭には冠を。私は日本の大礼服に相当する翟衣《てきい》を着て、裳を付け、頭には、飾りものがたくさん付いて、金の後カンザシでとめる独特の大カツラをかぶるのですが、たいへん重いので、女官の背の高いのが、後ろから支えてくれないと、歩けないほどでした。晋もまだ八カ月の赤ん坊ながら、桃色の紗に黒で縁どりした大礼服で、黒紗の頭巾もかわいらしく、侍従に抱かれて式場にのぞみました。

大造殿《だいぞうでん》で行なわれた古式豊かな儀式は、荘厳の気に満ち、三時間にも及ぶ緊張の連続だったので、式後、記念の写真を撮り終えたときは、さすがにホッとした心地でした。

つづいて各界の要職者を接見し、祝饌《しゅくさん》にうつりましたが、このときは衣服も略式に改めました。

この夜は、王公族方との初めての晩餐会が開かれることになっており、その前のひとときを、殿下の御兄でいらっしゃる李堈公邸に参上、鍵公さまのご近況などおしらせしました。姉上さま（李堈公妃、口絵写真三三頁）はさばさばしたご性格で、何かとあたたかいご注意をいただき、大勢のまだお小さいお子さま方が、日本語の唱歌をお聞かせくださったのもうれしく、つい涙ぐんでしまいました。

熙政堂《きせいどう》で行なわれた晩餐会のあとは、くつろいで、李王両殿下（元純宗皇帝と尹妃）はじめ皆さま方と談笑してすごしましたが、私のかたことまじりの朝鮮語が、この場のふんい気をいっそう和《なご》ませたように思います。じっと、義姉の私をみつめていらっしゃる徳恵さまの、ご利発そうなつぶらなひとみに、そっと微笑みかえすと、にっこりと、はにかまれながら、それでもまた、親しみをこめてこちらをみつめられるおかわいらしさ……。

このお方が、のちに、あのような悲惨な半生を送られることになろうなどと、だれが予知し得たでしょう……。

翌二十九日は、宗廟奉拝の日で、おごそかな廟見の儀が行なわれ、これで大きな行事は終わりましたが、なおレセプション、園遊会と、毎日の日程はぎっしりで、五月にはいり、四日には厳妃さまが創立された、進明《しんめい》、淑明《しゅくめい》の両女学校はじめ、小・中学校へも行きました。五月五日の園遊会の会場にだれが思いついたのか、空高く鯉のぼりがひるがえっているのが、若宮のしあわせを祝っているようで、うれしくふり仰いだものでした。無心の若宮も、それがわかるかのように、青空を泳ぐ真鯉緋鯉に、しきりと両手を高くさしのべていました。

そして五月八日。

二週間にわたる数々の行事も終わって、いよいよ明日はこの地を去るかと思えば、名残りが惜しまれてきて、なんとはなしに寂しさをおぼえたのは、殿下のみならず、私にとっても、晋にとっても、この国、この地がふるさとであることを、心でも、肌でも、確かめることができたからだったでしょうか……。

出発前にあれほど心配したことが、いまとなってはおかしく思われるほど、晋も元気いっぱいで、

王家の女官たちにもなじみ、

「おかわいい若宮さま」

と、たいへんな人気で、だっこされたまま、しばらくどこかであそんでくることがあるのも、私はひそかによろこんでいました。故国のだれからも、愛される若宮であってほしかったのです。

八日の夜は、お別れの晩餐会が仁政殿《じんせいでん》で催され、親族方や貴族方とも、またお会いする日までのしばしのお別れをのべて退出、石造殿へ帰る車の中の私は、こころよい疲れとともに、つつがなく大任を果たし終えたよろこびにひたりながら、さわやかな五月の夜風を、ほおに受けていました。

「ほんとうに、よくやってくれたね。王公族方のあなたへの評判はたいしたものだ。私もどんなにうれしく思っているかしれない。女官たちも心からあなたを慕っているようだ。ほんとうにご苦労だった。ありがとう」

と、殿下は非常なごきげんで、私をねぎらってくださいました。

「私も、ほんとうに帰ってきてよかったと思っています。殿下がお育ちになった御殿や御苑を実際にこの目でながめ、そこで暮らしてみて、いままで私が知りつくすことのできなかった殿下のすべてを自分のものにできたような気がして、うれしゅうございます」

「そんなものかねえ」

「それにみなさまおやさしくて……。このつぎ、またいつ帰れるかしらと、もういまから考えております」

殿下は軽く、けれど満足そうに、笑い声をたてられました。

「晋にも、やがてもの心つくようになりましたら、このたびの帰国のことは、よくよく話しきかせてやろうと思います」

「そうだね、あの小さい大礼服は、大きくなった晋にとって、いい思い出となるだろう」

殿下にも、私にも、紗の桃色の小さい大礼服を手に、目をかがやかして話に聞き入る晋の姿が、いまから目にみえるようでした。

「ただ、父上さま母上さまに若宮をお目にかけられないのが……」

「私もそれが残念だ。どんなにか喜んでいただけただろうに……」

好意と愛情につつまれた毎日をふりかえるにつけても、東京を発つまえに、私の身辺の危険を心配する空気があって、東京からつれてきたお付きの者も、はじめのうちは食べものなど、それこそ毒味までする気のつかいようだったのですが、なにか申しわけないような気がして、心がとがめられてなりませんでした。

滞在中の朝夕に、閔姫《びんひめ》さま（一五五頁参照）のことも、決して思わなかったわけではありませんが、私には関わりのないこととして、心をそらすようにしてきました。一刷きの雲のように、それだけが心のどこかにわだかまっていたとはいえ、初の帰国がよい思い出だけでつづられているのを、感謝したい気持ちでいっぱいでした。

やがて、車はすべるように石造殿へ到着、その車がまだ停車しきらないうちに、つぶてのように車窓へ体当たりしてきた桜井御用取扱が、ほとんど半狂乱のようになって、

「若宮さまのご容体が！」

ついいましがたより、ただならぬごようすで……というのを、みなまでは聞かず、殿下も私も、無我夢中で晋のもとへかけつけました。私たちが晩餐会へ出る直前まで、あんなに機嫌がよくて、なにごともなかった晋が、息づかいも苦しげに、青緑色のものを吐きつづけ、泣き声もうつろなのを、ひと目みるなり、ハッと思い当たらずにはいられませんでした。出発前の悪い予感がやはり適中したことに、おののきながらも、気をとり直して、ただちに随行してきた小山典医を呼び、総督府病院からも志賀院長、小児科医長が来診されました。

「急性消化不良かと思います」

との診断で、応急の処置がとられましたが、ひと晩じゅう泣きつづけ、翌九日の朝があけても、もち直すどころか、ときどきチョコレート色のかたまりのものを吐いて、刻々と悪化していくさまが目に見えるのでした。

「原因は牛乳だと思います」

母乳のほかに、少量の牛乳を与えていました。いい粉ミルクがない時代でしたから、起こり得るこ

とだとはしても、こうも突然に、こうも悪性にやってくるものでしょうか。しかも、京城を発つ前夜になって……。万一の場合を考えての細心の警戒が、最後にきて緩んだのを、まるで狙っていたかのような発病……。それを、どう受けとめればいいのか……。

東京から急ぎ招いた帝大の三輪博士もまにあわずに、五月十一日午後三時十五分、ついに若宮は、はかなくなってしまいました。

—・—・—

五月十二日の新聞は、晋殿下薨去の報道を、丸々と太った赤ん坊の写真とともに大々的に掲載している。梨本宮家のご愁嘆ぶりは、語るにも堪えぬほどのものであった。

奥田事務官は語る。「男子のない梨本宮家の御初孫として両殿下のいつくしみも格別、伊都子妃も毎週王世子御殿をお訪ねになっていた位で……」後は言葉にもならなかった。

晋殿下重体の電報、宮内省に到着するや、牧野宮相は直ちに両陛下ならびに摂政宮(今上天皇)に奏上、両陛下より直ちにお見舞電報を発送、摂政宮もいたくご心痛とある。

病名については、李王職も拝診した医師も一切これを語らず、ただ消化不良と称している……と報道されたが、ほとんどの日本人は口にこそ出さなかったが、「やっぱり毒を盛られたのでは……」と思った。確証はなかったが、そのように疑うに足る状況であったことは確かである。丁度李太王がなくなった時、朝鮮の民衆が思ったのと同じように。

晋殿下の葬儀は、五月十七日に行われた。この国の古いしきたりでは、国王の兄弟でさえ、幼くして亡くなった場合には葬儀を行わず、ただ埋葬だけするのだが、晋殿下の場合には親王の資格で行われ、墓所は厳妃の眠る清涼里永徽園の峰つづきの土地が選ばれ、崇仁園と名づけられた。五月十八日午後八時十五分京城発、翌早朝景福丸に乗船、五月三十日夕方七時三十分、東京駅着。悲しみの帰京をされたのである。

五　大韓高宗大皇帝洪陵

ここで少し朝鮮の陵墓について述べておこう。

李王家においては、ご先祖を奉祀するところを、陵、園、壇、墓とに区別している。すなわち、陵は太祖高皇帝の健元陵ほか各皇帝、王、皇后、王妃の御陵。園は永徽園（王世子ご生母厳妃のお墓）、崇仁園（晋殿下のお墓）、永懐園、孝昌園など。壇は肇慶壇（始祖先公諱翰、新羅司空公甑《ちん》城、同妃慶州金氏を埋葬した壇）。墓は穆祖大王の父親の将軍公を埋葬した濬慶墓、同妃李氏の永慶墓などの区別があった（柴田全乗による）。

李王朝は、十四世紀の初め、李成桂が基を開き、李太祖と呼ばれた。太祖の出生地は、咸鏡南道の南約三十キロの永興付近といわれている。太祖の父王・桓祖大王の御陵は、咸興の郊外にあり、定和陵（定陵は桓祖大王陵、和陵は桓祖大王妃陵）と呼ばれている。長谷川太郎（防衛大学校名誉教授）は、大正四年から九年まで咸興の小学校の生徒であったが、その頃、王世子が李王とは別に定和陵に参拝された時のことを記憶している。当時、咸興にはまだ鉄道が通じていなかったので、ご一行はまだ珍しかった自動車十数台を連ねて京城からお出でになり、小学生たちは小旗を持って、城川江《じようせんこう》にかかる万歳橋のたもとでお迎えしたということである。王世子が咸興に来られたのは、多分大正八年李太王薨去の後三月まで、京城に滞在しておられた間のことであろう。

李太王は大正八年薨ぜられた後、閔妃とともに金谷に葬られてはいたが、実はまだ碑が立っていなかった。最初、陵碑を作ったとき、「大韓高宗大皇帝洪陵」と刻んだ。確かに日韓併合後、李太王になっていたとはいえ、明治四十年までは大韓帝国の現職の皇帝であったのだから当然であろう。しかるに、総督府の児島警務局長が異議を唱えて「李太王殿下」と書くべきであると主張した。総督府では、この難しい問題に行き悩んだ末、宮内省と再三相談の上、「前大韓高宗大皇帝洪陵」ならよろしい、という指示を与えた。尹徳栄、李完用、宗秉畯などは宮内省の折衷案でよしとしたが、朴泳孝、閔泳達（男爵、閔妃の従兄弟、前度支部大臣）などの反骨のある李王朝の遺臣は反対し、用意された石碑は金谷の一隅に転がされたまま、四年の歳月が流れた。

「百年一笑に堪えたり。人生何ぞ虚名を惜しまん」と天に向かってうそぶく亡国の遺臣高永根は、李王朝時代には高宗の寵を得、閔家一族のためには水火をも辞せぬ頑固な男であった。大正十二年三月のある夜のことである。七十三歳の彼は、ついに意を決し、夜半ひそかに多数の人夫を集め、まず四年間横たわっていた陵碑を浄め、朝までに陵頭に陵碑を建立したのである。そして一切が終ると、「大事終れり。我が先王の洪恩に報いたり」と、上疏文を携えて午後敦化門前に至り、座して罪を待った。この突然の上疏文に接した李王職では周章狼狽、協議して善後策を講じ、直ちに上林次官が総督府に出頭して子細を報告し、さらに宮内省に長文の報告を送って指示を仰いだ。宮内省でも幾日も協議した結果、「すでに建ててある碑を撤去するのは難しい。しかし、この事件に関連した者には厳重な措置をとる」ことを決した。しかし高永根はすでに七十歳を越す老人、彼を逮捕することは、かえって逆効果を生みそうなので、彼の陵参奉の職（墓守り）を解任し、さらに李王職長官李載克と次官上林敬次郎を更迭することで、事件を収拾したのである。

六　関東大震災

大正十二年九月一日、王世子は陸大の三年で卒業も間近い頃であった。この日、赤羽工兵隊にお出でになり、帰邸の直後関東大震災が起こり、東京は火の海と化した。その悲惨さもさることながら、この時起こった朝鮮人虐殺事件は、日鮮間の不信の象徴ともいえる不幸な出来事であった。この事件について吉野作造（東京帝大教授）の遺稿があるが、当時日の目を見ることがなく、四十年後、昭和三十九年九月になって、はじめて『中央公論』誌上に発表された。以下は吉野作造の論稿による。

――・――・――

震災地の民衆を大混乱に陥らしめた、いわゆる鮮人襲来の流言は、その出所が区々として一定していない。警視庁幹部の説明によれば（大正十二年十月二十二日『報知新聞』）、流言の源は九月一日の夜、横浜刑務所から釈放された囚人らが、至るところで強姦、強奪、放火などの悪行を働きながら歩き回ったので、これを朝鮮人の暴動と誤認して、誰かの口からそのような噂が立ったのではないかと思われるが、その流言は電光石火のごとく各方面に伝播されて、このような思いがけない不祥事が誘発されたという。この流言が東京に達すると、その根も葉もない噂が火の手のように広がり、民心を一層混乱させたので、警視庁幹部たちもはじめのうちはこの流言を信じたほどであったという。その流言の出処については、今なお疑惑が多いが、当時の官憲が措置がでたらめであったことは疑う余地はない。その実例。

(1) 九月二日付で、埼玉県内務部長が郡町村長宛に出した「不逞鮮人暴動に関する」通牒。――今般の震災に際し、東京にて不逞鮮人の妄動あり……その毒手をふるいつつあり。従って町村当局は、在郷軍人分会、消防団、青年団と一致協力、その警戒に臨むべきにして、一朝有事の際に、迅速に適当なる方策を講ずべく緊急指示し……、とある。

(2) 衆議院本会議席上における永井柳太郎代議士（憲政会。永井元文部大臣の父）の質問演説の一節――

「九月一日内務省は船橋無線電信局を通じて、朝鮮総督府に朝鮮人強力取締りに関する電報を送ったことがあり、また当時山口県知事と各海軍鎮守府では、朝鮮人の不法行為に関する訓令を電報で送っている。近頃になって、自警団員の検挙だけで事件を収拾しようとするようだが、この不祥事はごく少数の官吏たちが徒らに朝鮮人に対する恐怖心を抱いていたことにより起ったものであることを断言する」と。

十月三十一日までの朝鮮人の被害状況は、虐殺、横浜方面千三百人、埼玉五百人、千葉二百人、東京六百人、その他百人、計二千七百人といわれている。

——・——・——

この不祥事の影響は、王世子・同妃にも及んだ。鳥居坂御殿にも危険が及ぶおそれがあるというので、宮城の中にある宮内省前の広場に張られたテントに避難し、約一週間を過ごされた。

「何かにつけ朝鮮人は悪いと決められてしまうのは実に情ない。たまたま労務者として渡ってきたごく一部の人の非常識なことだけが目立って、それが朝鮮人だという固定観念を作り上げてしまう……」と、王世子は言いようのない悲しみと憤りに声をふるわせた。(『すぎた歳月』)

大正十二年十二月二十九日、王世子は陸大を卒業、その報告のため妃とともに西下、伊勢神宮、桃山御陵に参拝の後、下関より釜山へ向かわれた。

この時の帰郷は、宗廟はじめ御陵への報告と李王・同妃に新年のごあいさつと、晋殿下の墓参を行なうことにあった。一月四日には京城を出発、帰京の途につかれた。

七　李王の継承

李鍵公につづいて、李堈公の第二子、李鍝公も大正十一年六月に上京、とりあえず学習院に進まれた。朝鮮の公家は、日韓併合当時李堈公と李熹公であった。李熹公は李太王の兄で、その嫡子が李埈公である。李埈公は声望人格卓絶していたが、大正六年三月二十三日、五十歳にもならずして薨ぜられた。子がなかったので、李堈公の第二子が後をつぎ、李鍝公となられたのである。王世子の妹君、徳恵姫（御母福寧堂、明治四十五年五月二十五日生）も、大正十四年春から上京、留学されることになった。実は皇后（貞明皇后）は李王家の女性の教育について深くご宸念せられ、滞京中の斎藤総督を召されて、王世子のように東京遊学されてはとの思召しを洩らされたので、総督は直ちにこれを李王家に伝達した。当時李王も、かねてその宿願があったので、直ちにこれを決せられたということである。

（権藤四郎介）

大正十四年三月二十日、徳恵姫は午前十時京城発。随行は住永通訳、女官二人、属官一人、雇員一人で韓掌侍司長は東京まで、閔李王職長官は大田まで、篠田次官は下関まで、大山日の出小学校長その他多数の官民は水原までお見送りした。

当時十四歳の徳恵姫は、李太王の晩年の子で、種々な事情のため、はじめ王家の籍に入れる手続きが厄介であった。しかし六歳の頃、この問題も解決し、王世子の唯一人の妹ともなった。鳥居坂の王世子御殿では、すでに語学・音楽などの家庭教師の人選も終り、王世子妃も、実の妹のように衣裳調度を整えて、入京を待たれたということである。しかし、十四歳の幼女にとって、刺激は強すぎた。姫は現在（昭和五十二年）も楽善斎の一室で意識喪失のまま起居はしておられるが、この上京が一生の悲劇のはじまりとなった。

大正十五年の春三月一日、王世子・同妃はあわただしく京城に向かった。兄君李王は、かねて病気療養中であったので、そのお見舞のためである。当時王世子・同妃に外遊の話があって、三月三十一日にその勅許が下るため、急ぎまた帰京された。

四月に入って李王の病状再び悪化、再び玄海灘を渡られたのだが、看護の甲斐もなく、四月二十六日薨去せられた。殯殿（ご遺体を安置するところ）に、三十日余安置、李朝歴代の式典に則り、李太王の時のように日本の儀式を強制するようなことは避け、伝統的儀式および宗教的信仰の自由を拘束しないことを根本義として、六月十日、国葬の礼を行った。この時も、一部に不穏の動きがないわけではなかったが（韓国側では、この時の事件を六・一〇事件と称している）、万歳事件のときとは比ぶべくもなかった。

前李王は、李太王と同じく金谷裕陵に葬られた。李王薨去の四月二十六日、王世子は正式に李王を継承され、今なお多くの人々の記憶に残る李王垠殿下となられたわけである。王世子妃は李王妃に、前李王妃尹妃は大妃となられた。喪が明けた後、大妃はそれまで王妃として過ごされた大造殿から楽《らく》善斎《ぜんさい》に移られ、代わって李王垠殿下と方子妃は、熙政堂の北隅の景薫閣に住まわれた。数々の儀式の後の六月二十六日に帰京された。

〈付表〉

41	42	43 (1910)	44	45	2	3	4 (1915)	5	6	7	8	9 (1920)	10	11	12	13	14 (1925)	15

朝鮮総督

8月—併合 ←……→ 10月　初代 寺内　正毅

10月 ←……→ 8月　二代 長谷川好道

8月 ←……　三代 斎藤　実

政務総監

① 山県伊三郎 ——→|

|←—② 水野錬太郎—→|

|←—③ 有吉　忠一 →←

④ 下岡　忠治（病死）——

⑤ 湯浅　倉平

軍司令官

長谷川好道

10月 大久保春野

8月 上田　有沢

1月 安東　貞美

1月 井口　省吾

8月 秋山　好古

8月 松川　敏胤

7月 宇都宮太郎

8月 大庭　二郎

11月 菊池慎之助

8月 鈴木　荘六

3月 森岡　守成

備考

43・8・29 日韓併合

8・3・1 万歳騒動

3・3 李太王（高宗）国葬

14・10・15 朝鮮神宮鎮座祭

2 3 4 5 6 7 8 9 10 11 12 13 14 15 16 17 18 19 20

1930 (5) / 1935 (10) / 1940 (15)

- 四代 山梨半造 12月（2）←→ 8月（4）
- 五代 斎藤実 8月（4）←…→ 6月（6）
- 六代 宇垣一成 6月（6）←…→ 8月（11）
- 七代 南次郎 8月（11）←…→ 6月（17）
- 八代 小磯国昭 6月（17）←…→ 7月（19）
- 九代 阿部信行 7月（19）←→ 8月—終戦

- ⑥池上四郎（病死）
- ⑦児玉秀雄
- ⑧今井田清徳
- ⑨大野緑一郎
- ⑩田中武雄
- ⑪遠藤柳作

- 3月金谷範三
- 8月南次郎
- 12月林銑十郎
- 5月川島義之
- 8月植田謙吉
- 12月小磯国昭
- 7月中村孝太郎
- 7月板垣征四郎
- 4月上月良夫

- 15・4・26李王（純宗）薨去6・10国葬
- 15・5・1授業開始京城帝大
- 4・11・3光州内鮮人生徒争う
- 5・9・12赴戦江水力発電所
- 7・3・1満州国成立
- 9・9・8在日朝鮮人協和事業実施要旨
- 12・10・2皇国臣民の誓詞制定
- 13・2陸軍特別志願兵令公布
- 13・3朝鮮教育令改正（朝鮮語随意科目編入）
- 14・11民事令改正（創氏改名）
- 17・5徴兵制実施発表

第六章　李王垠殿下の時代

大正十五年から昭和二十年までの李王垠殿下は、まことに理想的な大日本帝国皇族であり、軍人であられた。喜怒哀楽を面に現わさない王者の風格をもって、ひたすらに、聖上のために忠誠を尽された。少なくともこれは、日本人の誰の目にも自然のお姿と映った。以下、李王垠殿下の年譜を追ってみることにしよう。

李王垠殿下略年譜

大正十五年（一九二六）

四月二十六日　李王継承、王世子より李王垠殿下となる。

七月二十八日　参謀本部部員、兼朝鮮軍司令部付。

十二月二十一日　大正七年以来懸案の『王公家軌範』裁可、これにより方子妃に勲一等宝冠章下賜。

十二月二十五日　大正天皇崩御、今上天皇践祚。

昭和二年（一九二七）

二月七日　大正天皇御大葬。

四月十日　前李王一年祭のため京城に出発。

五月二十三日　横浜より箱根丸に乗船、欧州諸国歴訪の旅に上る。御用掛金応善大佐、御付

武官佐藤正三郎中佐（後、中将）、高階典医、御用掛三浦夫人、篠田治策、足立嘱託、鏑木侍女随行。
五月三十日　上海着、韓国独立運動のため危険につき上陸はせず、軍艦八雲に一泊。
五月三十一日　上海出帆。
六月三、四日　香港。
六月九、十日　シンガポール。
六月十一日　ペナン、蛇寺と極楽寺。
六月十五、十六日　コロンボ。
六月二十三日　アデン。
六月二十七日　スエズ着、カイロに向かう。ピラミッド見学。
六月二十九日　ポートサイド出帆地中海に入る
七月二日　ナポリ。
七月四日　マルセイユ着、横浜以来四十三日。
七月五日　マルセイユ駅発、夜パリ着。
七月十二日　エリゼー宮にズーメルグ大統領を訪問、夜、大統領の答礼あり。
七月二十四日　戦場見学のためパリ出発、ペルダン要塞等見学。
七月二十六日　メッツ。
七月二十九日　ストラスブルグよりスイスに入る。
七月三十一日　ベルン。
八月二日　ジュネーブ。
八月四日　パリ。
八月六日　パリ発、ドーバー海峡を経てロンドン。
八月九日　バッキンガム宮殿において英国皇帝および皇后に謁す。
八月二十四日　スコットランドに向かう。ニューカッスル着。
八月二十六日　エジンバラ。
八月三十日　グラスゴウ。
九月一日　フランス大統領よりレジオン・ドノール大綬勲章を贈られた知らせを受ける。
九月四日　リバプール、マンチェスター。

九月八日　再びロンドンへ。
九月十二、十三日　バーミンガム、ポーツマス軍港。
九月三十日　バッキンガム宮殿において、皇帝代理ヘンリ親王よりナイト・グランドクロス・オブ・ブリティシュ・エンパイヤ最高勲章を贈られる。
十月一日　再びパリへ。
十月十六日　パリよりブラッセル（ベルギー）に向かう。
十月十七日　ベルギー皇帝・皇后訪問、午餐会。ベルギー最高勲章を贈らる。
十月二十五日　オランダに入る。ハーグ着。
十月二十六日　オランダ女皇・皇婿訪問。晩餐会。李王にオランダ最高勲章グランドクロス・オブ・ゼ・ネゼルランド・ライオンを、同妃にオーアレデ・オブ・ゼ・ハウスオルダ・オブ・オレンジ勲章を贈らる。
十月二十九日　アムステルダム、ロッテルダム。
十一月一日　ベルリン（ドイツ）着。
十一月三日　ヒンデンブルグ大統領訪問。
十一月九日　デンマークに向かい、コペンハーゲン着。
十一月十日　フレーデンスボリ離宮に皇帝・皇后・皇太子訪問、最高勲章を贈らる。晩餐会。
十一月十二日　ノルウェーに渡る。
十一月十四日　オスロ。ノルウェー皇帝訪問。
十一月十五日　ノルウェー皇帝晩餐会。
十一月十六日　ストックホルム（スウェーデン）
十一月十七日　皇帝午餐会。
十一月二十日　ストックホルム発ベルリンへ。
十一月二十三日　ケーニヒスベルヒ（東プロシャ）
十一月二十五日　ワルシャワ（ポーランド）
十一月二十九日　モシスキー大統領訪問。
十二月三日　ベルリン。
十二月五日　ドレスデン。
十二月七日　ライプチッヒを経てミュンヘン。
十二月九日　ウィーン（オーストリア）着。

十二月十三日　バイニッシュ大統領訪問。
十二月十四日　チェコスロバキアに入る。
十二月十六日　マサリック大統領訪問。
十二月十七日　プラハ発。ウィーンへ。
十二月二十日　イタリアの水の都ベニスへ。
十二月二十三日　ローマ着。皇帝・皇后をキリナレ宮殿に訪問、夜皇帝晩餐会。
十二月二十九日　ローマ法王庁訪問（法皇と会見）

昭和三年（一九二八）
一月四日　ムッソリーニ首相と会見。
一月八、九日　ナポリ、ポンペイの遺跡。
一月十一日　フローレンス。
一月十五日　ミラノ。
一月十七日　ゼノア。
一月十九日　フランスに入る。
一月二十四日　モナコ。
二月十日〜三月二日　ニース、カンヌ。
三月三日　マルセイユ出港。
四月九日　神戸港に帰着。李堈公、徳恵姫、李鍝公、梨本宮・同妃等お出迎え。
八月三十日　陸軍歩兵少佐。近衛歩兵第二連隊大隊長。

昭和四年（一九二九）
五月三十日　徳恵姫ご生母福寧堂死去。
八月一日　歩兵第一連隊付。
十月十八日　方子妃入院。
十二月二十二日　教育総監部付。

昭和五年（一九三〇）
一月　鳥居坂より紀尾井町新邸に移る。
四月二十三日　方子妃流産。

昭和六年（一九三一）

五月八日　徳恵姫宗伯爵とご結婚。
十月五日　李鍵公と松平佳子姫ご結婚。
十二月二十九日　王世子玖殿下ご誕生。

昭和七年（一九三二）
八月八日　陸軍歩兵中佐。
八月十四日　徳恵姫女子出産。同日李鍵公家男子出生。

昭和八年（一九三三）
四月一日　教育総監部課員。
四月七日　朝鮮癩予防協会にご下賜金。
十二月二十三日　皇太子継宮明仁親王御誕生。
昭和九年（一九三四）
四月十三日　李王・同妃京城へ。
四月十九日　朝鮮神宮で郷軍全鮮大会、李王台臨。
昭和十年（一九三五）
四月　満州国皇帝来訪。
五月三日　李鍝公、朴賛珠姫とご結婚。
八月一日　陸軍歩兵大佐。歩兵第五十九連隊長として宇都宮に赴任。
八月八日　軍旗祭。
十月　秋季演習。
昭和十一年（一九三六）
二月二十六日　二・二六事件発生。
四月七〜十四日　第一期検閲。
四月二十日　佐官、大尉の現地戦術（李王統裁）、相馬原。
五月　中・少尉現戦のため長野県下へ。
五月末〜六月上旬　検閲のため金丸原に野営。
八月　秋季演習事前調査のため長野県へ。
八月八日　軍旗祭。
十月三十日〜十一月十四日　秋季演習（長野県）
昭和十二年（一九三七）
一月三十日　連隊将校家族一泊スキー旅行（那須）。方子妃、王世子（李玖）も参加。
二月八〜十日　耐寒行軍、塩原—尾頭峠—鬼怒川—川治温泉—帰営。
三月一日　陸軍士官学校教授部長に発令。連隊訣別式。偕行社にて師団送別宴。
三月二日　正午方子妃連隊に台臨。夜、将校団送別宴。
三月三日　官民合同送別宴（宇都宮会館）。
三月四日　正午李王招宴、偕行社。
三月五日　宇都宮駅出発、東京に向かわれる。
五月五日　座間の陸士新校舎建築状況視察。

七月七日　支那事変勃発。
九月二十八日　二年生生徒金丸原にて迅速測図第二日を視察。現場にて昼食をとらせらる。
十月二十二日　一年生金丸原野営（第七日）、分隊教練視察。お土産として塩原の饅頭を賜わる。
十一月二日　予科士官学校創立記念式典。梨本宮、方子妃、王世子（李玖）台臨。

昭和十三年（一九三八）

一月二十六日　生徒隊中隊長の現地戦術（第二日）視察（韮山付近）、清酒源氏を下賜。
四月十八〜二十五日　李王・同妃帰鮮。
七月十五日　陸軍少将。
九月七日　学生の高崎付近現地戦術（第六日）を視察。酒を下賜せらる。
十月二十六日　学生の豊橋付近現地戦術（第三日）第五班を視察。
十月二十八日　同第六日第七班を視察。
十二月十日　北支方面軍司令部付に転任。

昭和十四年（一九三九）

一月　山西戦線巡視、太原に飛び梅津美治郎第一軍司令官、軍参謀竹田宮と歓談、さらに臨汾、運城などを巡視さる。
一月下旬　山東方面戦線視察。済南、徐州、さらに青島に今村均中将（後、大将、ジャワ方面軍司令官）を訪問さる。
二月　京漢線沿線方面軍直轄兵団視察。石家荘、新郷等を巡視さる。
三月　駐蒙軍方面戦線視察。張家口、大同、包頭を巡視。厚和にては徳王に謁を賜う。この巡視には武藤章少将（後、中将、軍務局長、フィリピン方面軍参謀長、刑死）が随行した。
三月末　約十日間東京に出張。
四月　天津、青島、新郷、視察さる。新郷において歩兵第五十九連隊を訪問。
五月一〜十二日　関東軍諸部隊視察。延吉、チチハル、阿城、南嶺、旅順、牡丹江等巡視。この間、五月二日、満州国皇帝に謁見。

五月八日には皇帝より茶話会に招かる。
五月三十日〜六月二日　梨本宮北支視察、岳父と対面。
六月　幹部候補生隊および下士官候補者隊等視察。
六月中旬　北京にて秩父宮、竹田宮恒徳王と小皇族会。
六月下旬〜七月上旬　中支方面視察。二十一日南京、畑俊六大将（後、元帥）。二十三日漢口、岡村寧次中将（後、大将、支那総軍司令官）。二十七日蘇州。二十八日上海。二十九日呉淞、日本人小学校、陸戦隊訪問。三十日杭州、土橋一次中将。飛行機で北京に帰還さる。
七月二〜三日　青島。
七月十二日　北京出発、列車により承徳、とくに故宮博物館を見学。熱河を視察さる。
七月二十四日　南苑飛行場に航空兵団司令部訪問（以上在支中の記録は吉原矩による）。
八月一日　近衛歩兵第二旅団長に転任さる。近歩五創設。
八月四日　李王新旅団長夕刻帰京。将校数名東京駅にお出迎え。
八月五日　新旅団長に対する伺候式。
八月十日　旅団長の初度巡視（閲兵、舎内巡視、訓示、会食、懇談）。
八月十四日　近歩五創立記念式。来賓は飯田貞国師団長、李王旅団長。（式典、閲兵、訓示、舎内巡視、記念撮影、会食などあり）
八月三十一日　秉兼少佐の戦史講和、李王臨席。
九月八日　歩兵学校伊藤中佐の射撃教範の説明第二日、李王旅団長臨席。
九月二十七〜三十日　近歩五連隊長の統裁する現地戦術が伊勢原、小田原付近にて行われ、二十七、八日の両日、李王旅団長視察。
十月九日　北支より無事凱旋を宗廟に報告のため妃ご同伴帰鮮、約一週間滞在。
十月十四日　京城飛行場発、空路帰京。

十月二十五日　午後二時宮中において永沢近歩五連隊長に軍旗を親授さる。午後三時五十分営庭において軍旗奉戴式。まず、連隊長、李王旅団長に申告。軍旗奉迎。連隊長軍旗親授に当たり賜わった勅語奉読。連隊長奉答文朗読、軍旗に対し誓詞奉読。軍旗に対し分列式。軍旗奉送。式終了後、李王旅団長の記念植樹、将校全員にて土を一鍬ずつかけた。（明治天皇以来、歩兵連隊の象徴として軍旗が下賜された）

十一月六日　天覧旅団対抗演習始まる。午後三時、李王旅団長は直接命令を下達さる。

十一月七日　演習第二日、午前三時、行動開始。児島大隊は旅団の先遣隊となり、敵陣地に近接の後、広正面に展開して主力の進出を掩護す。午後三時三十分、演習統監戦線巡視。

十一月八日　演習第三日、午前一時、旅団主力逐次進出。先遣大隊の展開線を越えて展開。演習の天覧は午後一〜三時。御野立所（天皇がご覧になる所）は大塚付近であった。やがて演習終る。御殿場において講評が行われた。

十一月二十六日　李王は秋季演習慰労のため、旅団の幹部を御殿に招待される。

昭和十五年（一九四〇）

一月三十日　李王旅団長は、部下各隊の将校団員を順次紀尾井町御殿に招待されたが、この日は近歩五将校団であった。李王妃、王世子も臨席。団員の手品、童謡、詩吟、軍歌などにより座興を添えた。

五月二十五日　近衛師団（近歩五を除く）に動員令下令近し、李王留守第四師団長（大阪）、に転任。その後大手前師団長官舎に移らる。王世子は、大阪偕行社付属小学校へ転校。当時御付武官は光森勇雄（昭和十三年八月〜十五年七月）。

五月二十七日　李王旅団長に訣別式、営庭に近歩五全員集合し、李王よりお言葉を賜わる。

五月二十九日　李王旅団長より将校全員に賜品あり。佐官以上には李王家ご紋入り手釦、尉官には同木盃、なお各隊の佐官以上、連隊副官を紀尾井町御殿に招待さる。
五月三十日　近歩五将校団の宴会が将校集会所において行われ、李王臨席。余興は琵琶曲垣平九郎の一席。
六月一日　日本女子大へ両殿下台臨（神奈川県西生田）、体操等を小型撮影機にて撮影。
九月二十日　上京の際、近歩五永沢連隊長を御殿に召し、連隊の状況につき下問される。
九月二十二日　大阪陸軍幼年学校（南河内郡河内長野、千代田台）落成式に台臨。松を植えられる。
九月下旬　長田野演習場、歩戦連合演習。
十一月下旬　秋季演習（歩兵第八連隊補充隊主体、北河内）を統裁さる。
十二月二日　陸軍中将。
昭和十六年（一九四一）
二月　随時検閲。
五月　各部隊長、各部長の現地戦術（松阪、伊勢山田付近）統裁。
五月二十九日　方子妃大阪陸軍幼年学校へ台臨。
六月十三日　大阪陸軍幼年学校へ台臨、「大君につくしし人を鑑にて　心も身をも磨けとぞ思ふ」の歌を下賜さる。
七月一日　第五十一師団長（宇都宮）。
八月十二日　部隊は満州錦州に向かって出発。
十月　南支に転進。
十月十八日　東条内閣成立。
十一月六日　教育総監部付。
十一月二十日　広東より帰還される。
十二月五日　京城へ。
十二月八日　大東亜戦争始まる。
昭和十七年（一九四二）
一月二十八日　広島陸軍幼年学校視察。
八月一日　第一航空軍司令部付。
昭和十八年（一九四三）
七月二十日　第一航空軍司令官。

昭和十九年（一九四四）

七月二十六日　空母鳳翔に乗艦、周防灘で陸軍航空隊の雷撃訓練を視察さる。

九月十四日　在八日市部隊視察、多賀神社に参拝さる。

十月十一日　在三重県甲乙幹候修業式に臨席。伊勢神宮に参拝。

十一月十七日　在宮崎市航空情報隊視察。宮崎神社に参拝。

十一月十六日　鹿屋飛行場の飛行第七及び九十八戦隊を視察、斎藤大尉に軍刀を授与し、令旨を賜わる。

昭和二十年（一九四五）

四月一日　軍事参議官。

八月十五日　終戦。

十一月三十日　待命。

十二月一日予備役。

以上が昭和二十年までの李王垠殿下の年譜である。年代により年譜に濃淡があるが、これは関係者の記録に濃淡があったからである。年譜を全部埋めてみたところで、読者にとっては退屈することの方が多いであろうから、かえってところどころ欠落した部分があった方がよかったのかも知れぬ。この時代の李王垠殿下像と言えば、温容なる王者の風格である。部下将校、下士官、兵に至るまで温情をもって接せられ、演習が終れば、酒、煙草を下賜せられたり、斥候から帰った兵士にチョコレートを賜わったり、といった類いの回想は、枚挙にいとまがない。

家庭的にも、もっとも幸せな時であられたのかも知れぬ。晋殿下のご不幸の後、待ちに待った王世子の誕生は、昭和六年十二月二十九日のことであった。以下年代順に李王の動静を記すが、その中に模範的忠誠を尽す李王、部下をひたすらに愛した李王、ユーモアの李王、気前のよかった李王、そして故国韓国のことを忘れられなかった李王の姿を見るであろう。

一　外遊前

大正十五年に李王を継承された頃の軍歴は、参謀本部部員であったが、大正天皇の御大葬や前李王（純宗）の一周忌もあり、外遊前でもあったから、実質的には短い期間であった。

李王の勤務された参謀本部の第二部は、第二部長松井石根少将（後、大将、戦後戦犯刑死）、欧米課長は建川美次大佐（後、中将）、欧米班長は本間雅晴中佐（後、中将、フィリピン攻略軍司令官、戦犯刑死）、後に安藤利吉中佐（後、大将、台湾軍司令官、自決）、田中静壱中佐（後、大将、東部軍司令官、自決））であった。欧米班の中には、英、独、仏の三つの小班があり、本間中佐が英班長で、李王はその部員をしておられた。独班は河辺正三中佐（後、大将、ビルマ方面軍司令官）、後に本郷義夫少佐（後、中将）と馬奈木敬信大尉（後、中将、第二師団長）、仏班は酒井康少佐（後、中将）と清水盛明大尉（後、中将、伊国駐在武官）で、その他各班に語学将校が一、二名いた。

当時、第二部では、月刊の『参情報』（「普通」と「秘扱」の二種類があった）を編集出版していた。この本は各国に駐在している大公使館付武官の報告や各課の人々が調査研究した結果を集録したもので、陸軍部内はもちろん、海軍省や外務省の関係部局にも配布していた。英国関係の情報は、本間課長自からも執筆していたが、李王自からも起草された。お世辞なしに立派な作業をしておられたということである。

三時頃になると、李王は赤坂の虎屋から羊かんを取寄せ、お茶を饗応された。広い参謀本部で三時のお茶が出たのは、恐らく欧米班ぐらいなものであろう、とは清水盛明の回想である。

二 ヨーロッパ旅行

そうした昭和二年の五月から、約一年の予定で李王・同妃はヨーロッパの旅行に出発された。その日程は年譜に記したとおりである。随行はご用掛金大佐、お付武官佐藤中佐、高階典医、御用掛三浦きよ子夫人、李王職嘱託篠田治策博士(前知事、後李王職長官)、足立嘱託、鏑木侍女の七人であった。宮内庁の記録によると、伯爵李垠としての非公式のものであったようである。この洋行の事情については、方子妃の母君、梨本宮伊都子妃が後年書かれた『三代の天皇と私』の中に余すところなく描かれているので、そのまま引用させていただくことにしよう。

李王家の欧州洋行

梨本伊都子

李王殿下と方子の欧州旅行計画は、大正天皇の崩御によって中止されてしまいました。あれほどお二人が楽しみにしておられたのに……と、可哀相でなりませんでした。しかし李王さんの渡欧については反対する人も多かったのです。

朝鮮側の心配は、訪問国が朝鮮の国王として待遇したら、日本は面白くないだろうし、そうかといって純粋の日本皇族でもないから冷たくあしらわれるのではないか、というのでした。また古来、朝鮮国王は一里の外に出でずという宮中の不文律がありました。これに対して李王さんはきっぱりといいきるのです。

「私は李王として行くのでなく、李垠として行く。どんな待遇でもよろしい」

だが日本側の側近も、梨本宮を通してご洋行中止を建議しました。

「極東の日本はまだ外国に理解されていない。プリンス・オブ・リーを、プリンス・オブ・コーリアと新聞に書かれるやもしれず、万一朝鮮皇帝とでも騒がれたら一大事です」

「よしわかった。その旨、話はするであろう。だが最後の決断は李王殿下ご自身である。それを承知してもらいたい」

宮様（梨本宮守正王）は穏やかに答えるのでした。王世子から今や事実上の王になられた李王さんには、ご洋行なされて見聞を広めることが是非必要だと私も思うのでした。しばらく日本を離れ、いろいろな悩みを少しでも柔らげられるならば、親としては大変に嬉しいのです。

関東大震災、朴烈大逆事件、難波大助の虎の門事件と暗いことが重なり、そのたびに李王さんは摂政の宮さん(今上天皇)にお見舞に上がって、親しくお話しされる機会が多くなったのです。ゴルフ、植物からご洋行のことまでお二人の話は弾むのでした。

「時に、ご洋行はどうなりましたか」

「聖上御不例の折なので中止いたしました」

「そうですか。それはお気の毒です」

李王さんは洋行帰りの摂政の宮さんのお言葉に、大いに慰められたのです。たび重なる不祥事でご一緒に新宿御苑でゴルフを競う機会もありませんでしたが、技倆伯仲というか、お二人ともあまり上手ではなかったのです。

昭和二年四月、兄(純宗)皇帝の一年祭のために李王夫妻は京城に向いました。無事帰京しますと、李王職嘱託の篠田治策博士に命じ洋行の手続きを取らせるのでした。だが宮内省は首を縦には振りません。篠田博士は強引に粘ったのです。

「それでは、皇族として公式の訪問ではなく、お忍びということにいたします。手続きをとって下さい」

なぜ、日本皇族プリンス・オブ・リーとして盟邦諸国を訪問できないのか、篠田博士は口惜しさに

泣いたといいます。だが李王殿下は、

「お忍びで結構、公式ですと却って固苦しいからね」

と淋しそうにいわれたそうです。そしていよいよ欧州旅行が決定して準備にかかりました。約一年の予定でしたから、私の時より日数も訪問国も多かったのですが、公式のご接待を受けないということが可哀相でなりませんでした。

五月二十三日、横浜から箱根丸に乗船することに決定したのです。出発の朝、李王邸には両陛下、皇太后陛下の御勅使、横浜の港には各宮様方がお見送りに来て下さいました。

宮様と私は箱根丸を見送りますと、すぐさま横浜から汽車に乗り、神戸に向ったのです。翌日午後二時、神戸埠頭に横付けされた一万トンの船内で、宮様は一行とシャンパンで祝盃を上げられました。

随員は篠田博士、御用掛、御付武官、医者、事務官、侍女二人の七人で、神戸から門司まで李王家の職員が数人同乗されたのです。

どうか楽しい旅であってほしい。上海には朝鮮の仮政府があり、パリやハーグには朝鮮独立の志士がいるというのです。どうかその陰謀に巻き込まれないようにと祈るのでした。

上海では仮政府の人たちが、ご渡欧を嗅ぎつけて、なにか画策しているらしいという情報が入ったのです。五月三十日、箱根丸は上海に入港しましたが、万一を慮り上陸せずに軍艦八雲に移乗して一泊したとの知らせに、ヤレヤレとした思いでした。排日と独立運動の真っ只中に飛び込んで来たら、李王垠殿下、同方子妃殿下を拉致する計画であったとのことでした。

随員たちはランチで黄浦江を溯江しましょうという申し出もあったが、それも断って万全を期したのだそうです。しかし、祖国解放のために命を投げ出している同胞のことを片時も忘れることはなかったでしょう。だが、すべてを忘れ見知らぬ国へ、見知らぬ風景にと、旅の楽しさを満喫しようとしていた二人でした。

船の旅は楽しいものです。デッキ・ゴルフを楽しまれたり、プールで泳いだり、そこには日韓の人たちの好奇に満ちた視線はなかったことでしょう。シンガポール、ペナン、私の思い出の地、セイロンのコロンボからインド洋に豪華船は進みました。恒例によって一等船客に晩餐を賜わったり、船員たちの演芸会に喜ばれるお二人でした。

エジプトではスフィンクスやピラミッドの偉大さを手紙で知らせて来ました。マルセイユに上陸し方子は初めて自分のポケット・マネーで、フランス語を使って買い物をしたという便りに、私も過ぎし日を思い出すのでした。

　　次々と旅のたよりをおもしろし
　　　　われもとも〲ゐる心地して

フランス大統領のズーメル氏を表敬訪問し、大統領も答礼のために日本大使館に見えられたという知らせが、宮様（梨本宮）を大変に喜ばせました。宮様が隊付として勤務したルーアン歩兵連隊も見学したとのことで、毎日の話題はフランスばかりでした。

その頃ジュネーブの軍縮会議に、日本代表として行った朝鮮総督の斎藤実と、駐仏の石井菊次郎大使に宮様からの連絡が届いており、用意万端整っていたようです。そこでフランスの最高勲章、レジオン・ド・ノール勲章を贈られました。

各国は非公式訪問ながら、公式と少しも変わりなく接待して下さったのです。イギリスではバッキンガム宮殿で皇帝陛下、皇后陛下にご対面し、ベルギーでも両陛下主催の午餐会に招待されました。オランダのハーグでは太皇帝時代に祖国の密使がこの地で憤死しているのです。殿下がいかなる心境でハーグを訪れたかと、感慨無量のものがありました。駐英公使であった李漢応もロンドンで自刃、各地を訪問されて国を思う志士の死をどのように思われたでありましょうか。日本皇族か、朝鮮王かの悩みに苦しまれたことをお察しするのでした。

スウェーデンでは来日された皇太子が、朝鮮の慶州で古墳発掘の見学をされ、その地を瑞典《スウェーデン》の瑞を取って、瑞鳳塚と名付けた因縁があるので、新羅の文化に話が弾んだということでした。皇太子は殿下の日本における立場をよくご存じで、非常に気を使われたそうです。

北欧から南欧の明るい空の下で、二人は旅の楽しさを充分に味わうのでした。この解放された旅の楽しさに、何時までもこの幸せに生きたいと願った二人であったでしょう。

翌年四月九日、神戸港に我が宮家をはじめ、李王家の職員たち、鍋島の旧家臣までが歓声を挙げて出迎えたのです。二人は楽しい旅であったことを、溢れる笑顔で見せてくれるのでした。

―・―・―

この文を引用した理由の一つは、摂政宮(今上天皇)と李王の関係がえがかれているからである。本書では明治天皇と李王との関係については詳しく記した。これを記すことができたのは宮内庁が六十年かかって編集出版した『明治天皇紀』があったからである。正確な記録という面から見ると、明治時代はまことに素晴らしい。それに比べて大正・昭和時代は暗黒時代である。今後歴史家が百年の歳月をかけたとしても、『明治天皇紀』のような、大正天皇紀・昭和天皇紀を作ることは恐らく不可能であろう。ことを英親王李垠伝に限って考えてみても、『明治天皇紀』において出典として採録した『大韓東宮職日記』『王世子日記』の写しは、もはや宮内庁には保存されていないし、李王家や李王職関係の記録も、戦後(李承晩―張勉の過渡期と思われる)の火災によって消失しているので、李王と大正・昭和期の宮中との関係を知ることは、ほとんど不可能である。このような日本現代史における正史の欠落は、単に英親王李垠伝の不幸であるばかりでなく、日本の悲劇の一つの象徴ともいえるであろう。正史の基礎資料が整備されていないと、いつの日か小説家の勝手な推測が、事実と思われるような日が来ないとは限らないからである。

以上は余談だが、李王・同妃の外遊に関しては、篠田治策著『欧州御巡遊随行日記』に詳しい。だ

スウェーデン
ノルウェー
オスロ
ストックホルム
デンマーク
コペンハーゲン
グラスゴ
エジンバラ
ニューカッスル
リバプール
マンチェスタ
イギリス
ロンドン
オランダ
ハーグ
ベルリン
ケーニスベルヒ
ワルシャワ
ポーランド
ライプチヒ
ドレスデン
ドイツ
ブルッセル
ベルギー
プラハ
チエコ
パリ
メッツ
ストラスブルグ
ウィーン
ミュンヘン
フランス
ベルン
スイス
オーストリア
ベニス
ミラノ
ゼノア
ニース
カンヌ
マルセイユ
フローレンス
イタリア
ローマ
ナポリ
地中海

李王・同妃欧州ご巡遊図

からここではもう一つだけ蛇足をつけ加えるに止めよう。この篠田博士という人は、当世風にいえば、余程潔癖というか、よほどダンスや裸体画の嫌いな人であったらしい。書中至るところに「男女抱擁して舞踏するの状、醜態正視するに忍びず」「……網の靴下をうがちて皮膚を表わすに腐心する者あり。かくの如くにして止まずんば、欧州人は遂に婦人をして全然裸体たらしめずんば満足せざるに至るべし」「ロダンの作は大胆にして小心、確かに独特の妙技あり。然れども、彼の作品は多く裸体人物にして、男女の抱擁するもの、接吻するもの、観る者をして正視する能わざらしむるものあり。ある銅像の如きは、一見嘔吐を催す」とある。こういうかたぶつがお供したわけだ。芸術を理解し、話の分る李王ご夫妻にとっては、さぞけむたかったことであろう。

三　平安の日々

昭和三年四月、外遊から帰られてから、昭和十年八月、宇都宮連隊長になられるまでの七年ほどの間は、李王の一生を通じて、恐らく最も平安の日々であったのであろう。軍歴としては、近衛歩兵第二大隊長、歩兵第一連隊付、教育総監部勤務と続くのだが、この間の李王の足跡を示す記録はまことに少ない。いろいろ調べようと思ったのだが、諦める方がよいと思って諦めた。多分この頃が、李王ご夫妻の最も幸せな時代であったようであるから。

その乏しい資料の中から、歩兵第一連隊時代の李王の動静について、当時連隊旗手であった西久（陸士三十九期）は、次のように書いている。

「部隊は直ちに朝食を喫せんとす」　西久

当時李王殿下は少佐で、歩兵第一連隊の教育主任であられた時、私は東条英機連隊長（後、大将、総理大臣、戦犯刑死）の下で連隊旗手を勤めていたので、連隊本部でお顔を拝する機会が多かった。周知のように、殿下は真の真面目であらせられ、公私の別を分けた東条連隊長の遠慮会釈のない「李王少佐！」という呼び掛けに、直ちに不動の姿勢を執られる真面目さであられた。

それと私は一度、殿下のユーモアの面を拝した。それは連隊の中・少尉の図上戦術指導の時であった。殿下の出された想定に基づいて経過を進めてゆくうちに、まだ敵との距離が相当ある地点において、種々の地形上ならびに敵情の情況を示して、指揮官の決心を求められた。中・少尉は鉛筆をなめ、熟考の上、決心、理由、処置を出した。いよいよ検討に入り、殿下との一問一答が繰り広げられた。そして最後に殿下は、「原案（軍用語で、模範回答のこと）を示す。部隊は直ちに朝食を喫せんとす」一同唖然として肩すかしを食ったことに苦笑を禁じ得なかった。

〔注〕皇族の軍人が公務にある場合、その上官は「李王少佐！」「竹田宮大尉！」というように呼称することは、陸軍礼式に定められていた。

昭和六年は李王家にとってはいろいろなでき事があった。徳恵姫と対馬の殿様・宗武志伯爵の結婚式が行われた。この結婚も政略結婚で、結局は不幸な結末に終るのである。

十月五日には、李鍵公と松平佳子さまとの結婚式が行われた。佳子さまは、方子妃の母方の従妹に当たられる。この結婚も戦後不幸な結末を見た。

晋殿下のご不幸の後、待ちに待った王世子の誕生は、昭和六年十二月二十九日のことであった。新聞はこの日、「宮内省発表、李王妃殿下二十九日午前八時二十二分ご分娩、男子ご誕生あらせられたり」と掲載し、輝くばかりの紀尾井町御殿の模様を大きく報道している。この頃には、例の「王公家軌範」も成立していたので、晋殿下の時のように詔書の発布もなく、男子は自動的に王世子となられ李玖《りきゅう》と命名された。梨本宮家のお喜びもまた格別であったであろうことは想像に難くない。

その頃の李王の周辺は、勤務も家庭もまことに平穏そのものであったようだ。次に二つだけ当時の関係者の回想を掲げよう。中村忠英（陸士三十一期）は、昭和六年の初頭から教育総監部第二課で、李王が少佐、彼が大尉のとき同室に勤務した人である。

教育総監部のころ

中村忠英

紀尾井町の御殿で、殿下は硬球テニスを鴨選手についてご練習になり、相当上達せられていた。土曜の午後ご殿に立寄って練習しないかと誘われ、梅村篤郎武官（中佐）も奨められるままに黒田重徳中佐（後、中将、フィリピン方面軍司令官）と私はめくら蛇におじずで、毎週参上して練習というよりも運動をした。黒田中佐は駐英中練習したとみえて、私よりは上手である。一汗かいて休憩、また話が進みウイスキー等も出て、夕方まで時を過ごすのを常とした。いつのときであったか、黒田中佐はザックバランの人だから遠慮なく何でも申し上げる。「私はまだ正式の日本料理を食べたことがありません」とか「朝鮮の漬物は実においしいですな」とか思ったとおり放言する。殿下は翌日「次の土曜、日本料理をご馳走しましょう」「漬物はとりよせて上げましょう」などといわれ、そんなつもりで申し上げたのではないと恐縮弁解することもあった。数日後梅村武官が漬物の箱を黒田中佐に差し出し、飛行機でとりよせられたのだ、との説明が加わった。また週末、課長以下を殿下はお招きになり、立派な日本料理をご馳走になったことは一再ではなかった。

昭和六年、王世子玖殿下がご生誕になられ、ご殿に関係者を招かれてご披露の宴を催された。我々も末席に列した。丁度その頃、私に長女が生まれた。殿下は世子殿下のご成育ぶりに大へんご関心をもたれ、また大へんお楽しそうに拝見した。「中村君、きみのところの赤ちゃん、今週は何匁になった？わたしのとこは何匁になったよ」と、日々のご成育ぶりを楽しまれ、私の娘の成育と比較してよろこんでおられたこともあった。

——・——・——

次は、王世子李玖殿下が最も可愛らしい盛り、ご養育係として紀尾井町の御殿に参殿した河内綾子の回想である。文中より、李王のことを側近は、王殿下とお呼びしていたことがわかる。また李王が河内女史と全然直接話したことはないとあるが、これは当時の皇王族のしきたりとしては当然なことで、平民の常識から推測できることではない。

紀尾井町の御殿のころ

河内綾子

私が李玖殿下の御養育掛として参殿いたしましたのは、昭和八年十月から丁度一年間でございました。

満二歳におなりの玖殿下は、丁度片ことのお話がお可愛いいさかり、若宮様のおつき専門でお相手させていただきましたので、私達は王殿下に直接お話申上げる機会など全然ございませんでした。

お暇のおありの時は、お方（若宮様のお部屋）にお出で遊ばして、お可愛いいさかりの若宮様のご成育ぶりを可愛いくてたまらないというようなお顔でごらんになっていらっしゃいました。

お言葉数も少なく、いつもにこやかでおやさしい王殿下でいらっしゃいました。

妃殿下が若宮様とお庭をお散歩などでお見えにならない時、お詰所のドアのところにお立ちになって「どちら？」「どちら？」と妃殿下をお探しになっていらしたことが一、二度ございました。王殿下のこの「どちら？」はとても印象的でございました。

蘭のお花がお好きで、広い芝生のお庭の一隅に蘭の温室がございました。らんのお部屋、らんの小父さん（園丁さん）と若宮様は仰せでございました。

四　宇都宮歩兵第五十九連隊長時代

李王の勤務地は、大体東京であったが、**昭和八年**八月から約一年八カ月、宇都宮に連隊長として赴任された。軍隊指揮官として連隊長ほど冥利に尽きるものはない。普通の人は師団長や参謀長の方が偉いように思うであろうが、一番部下が沢山いるのは連隊長なのである。連隊長の方は、とても兵隊の名前は覚えておられないが、兵隊の方は絶対に忘れない。

現に宇都宮には、宝木会という会が今でもあって、李王連隊長時代の恩田忠録中隊長が会長（昭和五十二年現在）で、鈴木貞夫大隊副官、橋田貞司歩兵砲隊長、関常三連隊旗手、永島圭本部書記曹長、大塚福二当番兵に至るまで、未だに当時の李王ご一家を慕っている。これらの人たちの回想をもとにして李王の宇都宮時代を描いてみよう。

昭和十年八月一日、李王は陸軍大佐になった。当時陸士二十六期のトップでも中佐であるから、皇王族の昇進は普通よりはずっと早いのである。同日付で富永信政大佐の後任として宇都宮の歩兵第五十九連隊に赴任されることになった。

当時、王世子も四歳の可愛いい盛りであったが、ご一家は市の西方にある西原町の新築された民家に転居された。現在「東京インテリヤ」の塔の建っている家具店の敷地内である。当時は桜の並木が美しく軍道と称せられていた。栃木県知事の筆になる「桜並木ここにありき」の碑があり、軍道が変じて桜通りになったが、今は桜は一本もない。桜通りを北に向かって、現在の身障者福祉センターは宇都宮連隊の敷地跡にある。当時は連隊に接して宝木原の広大な演習場があった。

当時でも、地方の連隊に皇王族が勤務されることはあまり多くはなかったので、連隊の方でも居室の整備や将校の挙措言動に関する注意などが、菱田連隊付中佐や吉野直靖副官(後、大佐)などにより真剣に検討された。田舎の連隊の周章ぶりが思いやられる。しかし、事前の李王の指示によって、一部を除いて特別の増改築は行われなかった。上は中佐から下は一兵卒に至るまで、緊張して李王連隊長をお迎えしたわけだが、実際に着任されてみると、隊内の起居その他前連隊長と変わりなく、しかも春風駘蕩《たいとう》たる王者の風格で、一同安堵の息をついたというのが実情であろう。

当時、大塚上等兵は恩田大尉の第六中隊に所属していたが、第一回の当番兵に選ばれた。大塚は吉野副官から、まず出勤されたらお茶を出すこと、ご昼食の準備に間違いないようにすること、野外演習の際お供すること、また警護に当たること、など、当番兵としての任務を受け、当時の日本人としては当然のことなのだが、緊張してカチカチになっていた。

ところが、いざ着任されてみると、「温顔で『ご苦労』と言われた一言により、緊張がすうっとほぐれていった」とは、彼自身の四十年後も忘れ得ぬ思い出である。東京からお供してきて引続き御付武官を勤めたのは内田孝行中佐〈後、中将、昭和十年三月〜十一年八月。後、井桁中佐〈後、中将、サイパンで戦死〉に代わる〉と入江大尉であった。連隊長着任の披露には、多数の地方官民も招かれた。地方としての珍しさも手伝って李王さまを歓迎した。

当時、宇都宮の第十四師団司令部は、現在国立病院となっているところにあった。師団長は畑俊六中将、旅団長は、日露戦争第二軍司令官の奥元帥の息、奥少将であった。畑師団長は「殿下の隊付勤務は、将来の元帥道のご修業であるので、細かいことは側近に任せ、ご修道に精進せられるよう」注意されたという（元連隊副官吉野直靖遺稿より）。李王は隊付勤務が珍しかったから、はじめ何でも自分でやってみたいと思われたのであろう。

李王は、着任早々から、将校全員をかわるがわる御殿に招待され、妃とともに部下将校と夕食をとられた。御殿が狭いために何回にも分けて招待されたのである（鈴木貞夫による）。

一同としては、宮様とはこんなにも有難いものかと思ったであろうが、李王はやはり特別だったのである。これは当時の李王職には、特別な財産があって、普通の皇族よりも財政が豊かであったせいもあるが、李王が幼少の頃、明治天皇が気前よく賜わり物を下賜された王者の徳が、ひとりでに李王の中に受け継がれていたためでもあろう。

昭和十年十月中旬より秋季演習は、筑波山周辺で水戸の連隊と対抗して行われたが、この時李王連隊長は夜の寒さをも冒して兵とともに行動した（関常三による）。この時よく将校斥候を出されたが、報告に帰る下士官兵に、また帰着後は全員に、チョコレートその他の菓子を賜わった。また、金丸原野営演習の際には、将兵の無聊を慰めるため、夜間野外において映画を見せられた（鈴木貞夫）。このような恩恵に浴した将兵は、当時の日本軍隊としては稀有のことであったであろう。

多分、この秋季演習の前のことであろう。連隊の中・少尉の現地戦術が郡山、会津若松地方で行われ、李王自から統裁された。この時、誰かの答案に対して「そんな生ぬるいことでは二階から目薬ではないか」と洒落られたので、宮様のお言葉としては面白かったのであろう。一同爆笑した（関常二）。その間のある夜、東山温泉「白い滝」旅館で会食が行われたのだが、李王は同宿していた松竹歌劇津坂織江一行を招かれ、一同にご所望の二曲の舞踊を見せられた。これは同行の山本主計大尉がお願いしたものではあるが、当時の無骨者にとっては、破天荒のことであったのであろう。宴後、鈴木中尉がほろ酔い機嫌で同僚と街に浴衣のまま出たところ、「新滝」旅館に泊まっておられた李王が、キチンと白地の単衣に袴をつけられ、机に倚って新聞を読んでおられたのが、路上からガラス越しに見られたということである。

〔注〕演習とは実兵を動かすものであるのに対し、現地戦術とは幹部だけが地図を見ながら現地に赴き、敵味方の状況を設定して用兵指揮の実際を学ぶものである。

二・二六事件が起こったのは、この翌年、昭和十一年二月の雪の降る朝であった。この時李王は、直ちに混成大隊（宇部中佐）を率いて東京に出動した。

この時「かかる事件に皇王族ご自身に出動を煩わすことは如何なものか」と懸念する声もあったようであるが、李王は「連隊主力が出動する以上、連隊長が直接指揮するのが当然」と決意を表明されたという（内田孝行）。李王は、二月二十八日には四谷の双葉高女付近で夜を明かし、降り積った雪の中を二十九日早朝、九段靖国神社前広場に兵力を集結、田中新一中佐（後、中将）らと対策を練っておられたが、いよいよ午前八時半を期して戦闘行動を開始することになった（関常三）。

そのころ、かの有名な香椎戒厳司令官の「兵に告ぐ」という告示が流れたが、李王は「これを聞いて感じない者は日本人ではない」と強く申された。幸いにして間もなく銃声も聞こえなくなり、逐次帰順兵のあることが報ぜられていたが、午後二時に至り将校を除き、ほとんど全員帰順、ここに事件は鎮定された。

李王は事件後直ちに参内、天皇と感激の対面をされたと伝えられる（内田孝行）。

その後、一個大隊だけ小石川一帯の警備に任じ、李王は徳川公邸を宿舎として数日滞在されたが、紀尾井町御殿には警備に任じていた部隊に、武官を遣わして慰労されただけで、一度も帰邸されなかった。

昭和十一年四月一日、連隊付中佐は、田中新一から岡崎清三郎（後、中将、第二総軍参謀長）に交代した。四月七日から約一週間にわたり、昼夜を問わず第一期検閲が行われ、李王は率先これに臨まれたが、検閲が終って慰労の宴が将校集会所で、その二次会が料亭「八百駒」で行われた。和して乱れぬ模範を示されたが、時には進んで、宇都宮音頭の手ほどきを受けられるような一面もあった。李王はこのような芸者の出る宴会が大へん気に入ったようで、その後「次の宴会は何時にしますか?」と催促されることも一再ではなかった。その度に過分の金一封を下賜された(岡崎清三郎)というから、将校一同の有難さも格別だったであろう。

四月中旬には、李王連隊長統裁の佐官、尉官の現地戦術が行われることになり、相馬ケ原において自から計画ならびに実施された。この時、岡崎中佐が高級補佐官、野砲第二十連隊の佐々木大尉と歩兵学校甲種学生を終えた恩田大尉が補佐官であった。

皇王族のこの種の出張には必ず伝令のほか、護衛兵数名が同行して警護するのが常であったが、李王は兵たちの昼食、休憩の細部に至るまで心を配られたとは、当時の関係者の証言である(恩田忠録)。

五月には連隊の中・少尉の現地戦術が長野県下で行われ、岡崎中佐が統裁したが、李王もこれに臨席、指導された。

五月末から六月中旬にわたっては、第二期、第三期検閲のため、約一カ月にわたり金丸原に野営をした。第二期の五日間と、第三期の二日間は終夜の演習であったが、李王連隊長は、この間ほとんど不眠不休で統裁された。そしてこの野営の間、将校には毎週酒一本、下士官にはビール一本を下賜され、また将兵に当時まだ珍しかったトーキーの映画を夜間野外で見せて下さったが、このようなことも空前絶後であった(鈴木貞夫)。

七月の末に、師団から将校の退職候補者および配属将校の候補者を提出するよう指示があった。いずれも皆の嫌がることであり、李王連隊長もご心痛になったが、さすがは李王のご仁徳で、退職予定者は転任に、配属将校はなるべく東京へ栄転という意向で、大体そのようになった（岡崎清三郎）。

八月には、岡崎中佐以下をしたがえ、秋季演習の地理実地調査のため、長野県に出張された。この際、上山田温泉にも宿泊せられたが、この際民謡を楽しまれたこともある。

八月八日には、恒例の軍旗祭が行われ、その前夜には、宇都宮劇場を借り切って、前夜祭が開かれた。この時、李王のご負担で東京から軍楽隊が招かれ、音楽会が催された。地方官民も多数招待され盛会であった。軍旗祭当日にも官民多数を招待されたが、分列式にその軍楽隊が参加したことはもちろんである。李王妃も、王世子も参列されたが、地方で、このような盛大な軍旗祭が行われたことは稀有のでき事であった。

ラッパで始まる連隊歌のレコードは、当時李王が戸山学校軍楽隊に編曲させたもので、今でも宝木会で毎年愛唱されている。またこの時の軍旗祭のようすも映画に撮られ、昭和五十年ごろ「消えた連隊」としてテレビに放映されたこともある。

秋季演習は長野県下で十月三十日から十一月十四日まで行われ、いく晩か徹夜の演習が続いた。菅平、六里ケ原の師団仮設演習の際には、俄かに降雪に見舞われ、寒気肌をさす寒さであったが、連隊長は率先して将兵と行動をともにされた（鈴木貞夫）。将校斥候が帰還して報告するときには、適切な質問のほかに、斥候兵の身の上まで心を配られた（恩田忠録）。

年末に連隊で、少尉任官直前の見習士官が准士官をなぐった事件が起こった。当時の軍隊では、階級は絶対であったから、下士官が騒いで、師団でも問題になった。李王連隊長も苦慮され、結局将来ある者だからと訓戒に止められたが、李王の仁徳で双方円満に落着した。
〔注〕見習士官は、階級は曹長だが、間もなく准尉を通り越して少尉になるのでエリート意識がある。准士官は兵、下士官からたたき上げた人が多い。
この連隊では、年末に将校に冬期作業を課する例になっていたが、十二月李王は将校に軍人勅諭を清書して提出するよう命ぜられた。李王は、これを一々点検訂正されたが、この姿は誰の目からみても、真の帝国軍人になり切っておられると映じ、心ある人々に深い感銘を与えた。
〔注〕明治十五年、明治天皇が陸海軍人に下賜された勅諭で、忠節・礼儀・武勇・信義・質素を諭された。
昭和十二年の正月には、二・二六事件の後、警備のため東京に残留していた吉野大隊の将校を築地の料亭に招かれ、慰労の宴を設けられた。
一月三十日には、李王の提案で、将校団の家族を含めて、那須で一泊のスキー旅行が行われ、妃も王世子も参加された。筆者も小学校五年生の子供であったが、参加した一人である。子供心に、美しい妃が滑って転ばれる姿が面白くて、見とれていたものである。
宇都宮時代、李王はロンバルト号という英国産の馬と、他に青毛の馬を持っておられ、多くの場合ロンバルト号を愛用された。あるとき青毛の馬が厩舎内で頭を怪我し、係が恐縮して報告したが、何のおとがめもなかった。

大体、李王は挙措極めて謹厳荘重で、感情を面に現わして叱責されるようなことは一度もなく、第一「……をやれ」とか、「……をしろ」とかいうような軍人特有の言葉はお使いにならず、「それをして頂戴」、「そうするように」と極めて丁寧に申されるので、将校のマナーにも大きな影響を及ぼした(関常三)。

二月八日から三日間、在営二年兵の主力が参加して耐寒行軍が行われ、氷雪をついて塩原から尾頭峠を越え、鬼怒川河西に出て、川治温泉を経て帰営する経路であった。尾頭峠の積雪は二尺余であった。

この行軍の主目的は、積雪地における歩兵部隊、特に機関銃、歩兵砲などの重火器部隊の行軍、併せて徒歩部隊におけるスキーの活用を研究することであった。李王は愛馬ロンバルト号にまたがり、部隊の先頭に立たれた。李王の通過にあたり、沿道の住民は皆国旗を掲げ、在郷軍人は部隊に同行して何かと協力した。

いよいよ峠にさしかかり、積雪はますます深く、とくに歩兵砲などの車輛部隊の行軍が難渋したので、直ちに用意したソリを車輪の下に履かせ行進をつづけた。李王は山道の中腹より下馬され、雪靴にはきかえて陣頭に立たれた。歩兵砲、機関銃部隊の行軍がいよいよ困難になったとき、見かねた在郷軍人の一部が砲車の坂道引き上げに協力した。たまたまこのようすを見られた李王は、直ちに入江武官を通じ「軍は独力にて実施すべきなり」と戒められ、一同恐れ入ったとは橋田貞司（後、中佐）の回想である。

かくして正午頃、西に白雪の日光連山、東に塩原、那須の高原を一望の中に眺められる山頂に到着した。さらに行軍の後、午後三時頃、麓の三依村にて大休止、李王は三依小学校校舎で休憩された。山本主計大尉のはからいで将兵一同に甘酒が支給されたが、李王もこれをご所望になり、粗末な茶わんにてお代わりをされたことまで、語り伝えられている。

その夜は川治温泉に一泊、翌日宇都宮に帰営された。昭和十五年頃、この行軍を記念し、尾頭峠上に李王ご通過の記念碑を村民が建立し、現在においても三依村民が李王の徳を偲んでいる（橋田貞司、口絵写真一九頁参照）。

李王の宇都宮在任中、李王妃も将校夫人会の親睦につとめられ、鬼怒川河畔の明治天皇行幸跡にピクニックに出かけられたこともあった。また王世子を連れて松原町の第二高女にお出でになったこともある。妃ご自身、自由に外出されたり、農家に入って兎を見たり、鶏小屋をのぞいて卵を買い求めたり、皇族として東京では味わえない気分を楽しまれたようである。

三月一日、李王は士官学校に転任されることになった。その日連隊で、訣別の式が行われた。三月二日夜には送別会が行われ、李王妃も参加されたが、軍の上下、地方官民ともに別れを惜しんだ。これは決して儀礼的なものではなく、心からの敬愛によるものであった。三月五日、盛大な見送りの中を宇都宮駅から帰京された。

李王と宇都宮の関係はこれで終ったわけではない。まだまだ後日譚が沢山ある。

五　陸軍士官学校教官時代

李王は、昭和十二年三月一日、陸軍士官学校教授部長となり、昭和十三年十二月十日まで、ここに勤務された。李王ははじめ大佐で、戦術学部長として、中・少佐、大尉の教官約三十名を指導しておられた。乗兼悦郎大尉（陸士三十三期）もその中の一人である。当時は丁度日支事変（七月七日、盧溝橋事件勃発）が勃発した時期にも当たっている。李王は、生徒・学生の戦術教育も、図上戦術、現地戦術に重きをおき、実戦に役立つ戦術を！　と強調されていた。

当時士官学校生徒隊の中隊長であった児島義徳（陸士三十二期）は、当時軍制学教官をも兼務していたので、その面では李王教授部長の指揮下にあったわけだが、その頃の李王について、次のように書き残している。

李王の軍人勅諭奉読

児島義徳

殿下について、私が一番印象深く記憶していることは、軍人勅諭の奉読を立派になさることであった。当時全校行事として、職員修養会という集まりが、毎月四日に行われた。まず甘粕校長から始まって、毎月一人ずつ指名され、軍人勅諭を奉読したが、間もなく順番が殿下に当たった。殿下の勅諭奉読が、ご立派なことは、すでに職員の間には定評があったのであるが、私としては、この時始めて拝聴したのである。ご態度極めて荘重、音吐朗々として澱みなく、程よい速度で、はじめから終りまで、正確に落ち着いてお読みになったのである。平素のご修養とご研鑽の並々ならぬことを思い、今も忘れ得ない思い出である。

次は、その当時の一下士官の思い出である。

李王家の自動車でノンストップ

永島圭(少尉候補者十八期)

私は李王殿下が宇都宮連隊長当時、連隊本部書記で曹長でした。連隊は昭和十二年八月北支に出征しました。昭和十三年四月、北支の黄河渡河作戦前に陸士(市ケ谷)に合格、入校を命ぜられ、蜂須賀光男、熊倉幸治、大沢金夫とともに帰国しました。東京で下車、殿下にご挨拶のため、四人で紀尾井町御殿にうかがいました。

殿下は「よかったな」と非常に喜ばれ、連隊将兵の状況を聞かれました。那須弓雄連隊長（後、中将、ガダルカナル戦死）以下一同志気旺盛であるとともに、たびたび殿下からの慰問品を沢山頂いたお礼を申し上げました。

殿下は「内地に帰って、飲みたいもの食べたいものは何か？」と聞かれましたので、「水です。水のうまいことが有難くなりました」とお答えしたところ、「それでは取り敢えずうちの水を飲みなさい」と言われましたので、喜んでグット飲み干しました。

殿下は笑いながら「後でゆっくりご馳走するから」と言われたのですが、まだ宇都宮の原隊に帰っていなかったので、お暇することにしました。

殿下は御付武官に、「汽車に乗り遅れないように私の車で行かせなさい」と命ぜられました。お陰で私たちは、李王家ご紋章入りのリンカーン号オープン車に乗せていただいて、沿道の辻々の交通巡査の挙手の礼を受けながら、「ブーッ！　ブーッ！」と警笛を鳴らしつつ、上野駅に到着しました。

読者は、いささかうんざりしたかも知れないが、李王垠殿下は、これほど有難い宮様だったのである。当時の帝国陸軍において、大佐と曹長の関係、宮様と平民との関係は、今日のサラリーマンにたとえていうならば、三菱重工業の社長と課長・係長ならぬ平社員との関係以上のものである。平社員にして社長の家で何回かご馳走になったり、社長の車に乗せてもらったことがあるかどうか考えてみ給え。上司をもつなら、このような人を持ちたいと思うであろう。李王垠殿下は、正にこのような理想の上官、上司、そして帝王の徳を備えておられた。

六　北支方面軍司令部勤務時代

李王は、昭和十三年十二月十日付で北支方面軍司令部付となり、朝鮮経由で赴任された。当時の軍司令官は、前に陸軍大臣を経験した杉山元大将（後、元帥、終戦時自決）、参謀長は、山下奉文中将（マレーの虎と称せられ、フィリピン方面軍司令官、戦犯刑死）、参謀副長は武藤章少将で、李王少将は軍司令部付であった。

参謀部は、第一課長（作戦）吉原矩（後、中将）、第二課長（情報）雨宮巽（後、中将、沖縄戦戦死）、第三課長（後方）副島太郎、第四課長（政務）河村参郎（後、中将、刑死）の各大佐で、他に報道課長川口清健（後、少将）と高級副官小薗江邦雄の両大佐がいた。当時の李王の御付武官は、光森勇雄大尉である。李王の本務は、軍隊教育に関し、第一課長以下を指揮し、参謀長を補佐することであった。

軍司令部は、かつて北京政府の陸海軍省のあった建物で、中庭を囲んだ四角の煉瓦造りの建物であった。外見はあまりきれいではなかったが、堂々としていた。これに付属して、進徳社があった。これは、いうならば偕行社か将校集会所のようなもので、将校達がクラブとして使用していたものであろう。これは大小多数の部屋が回廊でつながれ、その片側には名苑とまではゆかないが、かなり数奇を凝らした庭園があり、散歩や運動には事欠かない施設であった。この進徳社の一角が、軍司令官以下の宿舎にあてられていた。李王の宿舎も、その中の洋風の独立した家屋であった。

参謀長室は、軍司令部の建物の西南隅にあった。明るい大きな部屋で、山下参謀長が中央に、右に李王少将、左に武藤章参謀副長の机が配置されていた。杉山軍司令官の部屋は、廊下一つ隔てたところにあった。これに隣接して副官部と参謀部があったから、この部分がいわば軍司令部の中核で、周囲の警戒も厳重であった。

軍司令部と密接不可分の関係にあった出先機関は、興亜院華北連絡部で、長官は喜多誠一中将（後、大将）、副長官は根本博少将（後、中将）であった。この機関は、方面軍司令官の区処の下にあって、王克敏を主班とする華北政権に関する業務を司るものであった。参謀第四課長を介し、参謀長との交渉は相当頻繁なものであった。

李王は着任してまだ日も浅い昭和十四年一月、当時毛沢東指揮下の共産軍と黄河を隔てて激戦中の第一軍の戦況視察を計画された。まだ、正月祝もすんだばかりであり、また北支の寒さにも馴れておられないからと、吉原課長以下は延期するようおすすめしたが、「第一線には正月もなければ、寒いからといって一日も休戦も許されぬではないか」といわれたということである。この巡視は、まず太原に飛び、第一軍司令官梅津美治郎中将を訪ね、軍参謀であった竹田宮とも歓談された。次に臨汾に赴き、第一〇八師団長谷口元治郎中将を、また運城に第二十師団長牛島実常中将を訪ねた。第二十師団は京城駐屯部隊であり、その中には、多くの朝鮮人志願兵がいた。彼等は、李王の温顔に接して感激した、と記録されているが、李王の心境が如何なるものであったか、これは到底覗い知ることはできない。この巡視後健康を損ね、数日間病臥された。

病気が癒えると、直ちに、共産軍の東進部隊がゲリラ戦を演じていた山東方面の戦線視察に向かわれた。まず、済南に第百十四師団長末松中将を、次に徐州に作戦中であった第二十一師団長鷲津鈆平中将を訪ね、さらに青島に飛んで、第五師団（今村均中将）の戦況を検討せられた。

当時、京漢線に沿う地区は最も安定していたが、それでも大行山脈南部地区は、黄河を渡河してくる敵の巣窟となっていた。李王は二月、まず新郷に第十四師団（井関隆昌中将）、石家荘に方面軍予備隊として配置されていた第十師団（篠塚義男中将）の戦線を視察された。

三月には駐蒙軍方面の状況、とくに軍隊教育を視察するため、張家口に駐蒙軍司令部（蓮沼蕃中将、後、大将）、大同に第二十六師団（後宮淳中将、後、大将）、包頭に騎兵旅団（吉田悳少将、後、中将）を訪問され、ゴビの砂漠に連なる広大な地区に散在した部隊を視察された。この間、厚和では当時内蒙古の王様として知られた徳王とも会見されている。この巡視には、武藤章参謀副長も随行した。

蒙疆から帰ると、約十日間東京へ出張された。帰任されるとすぐ司令官邸に報告に来られたが、光

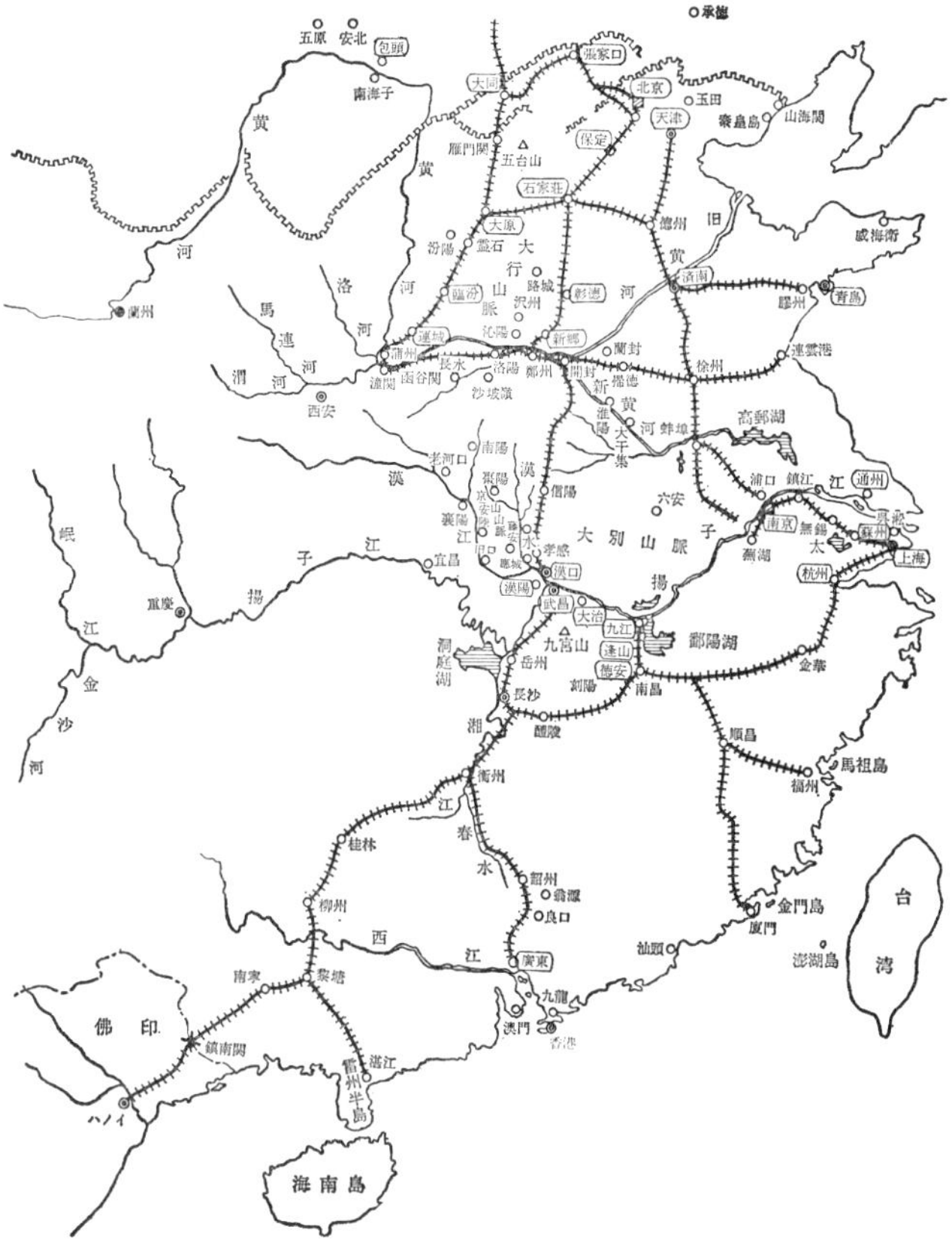

支那事変戦域一般要図

（○印は李王視察地）

森御付武官は、恭々しく白布に包んだ箱を持って続いてきた。東京からのお土産であったのである。中村屋の羊羹と餅で、司令部一同その恩恵に浴した。

大陸も四月になると寒さも遠のき、陽春の暖かさが訪れる。この頃になると北京にも訪問客が相つぎ、李王も迎接に忙しかったが、その間を縫って、天津、青島、新郷の教育状況を視察し、同時に天津では柴山兼四郎大佐(後、中将、陸軍次官)、青島では河野悦次郎大佐より特務機関の活動状況を聴取された。新郷では、かつて連隊長を勤められた歩兵第五十九連隊(三宮大佐)を訪ねられ、旧部下たちと感激の対面をされたということである。

またこの頃、杉山軍司令官とともに豊台、蘆溝橋の戦跡、当時北支通信中枢であった双橋電台、かつての通州事件の跡などを訪ねておられる。

李王は、かねてから関東軍諸部隊の視察を計画されていたが、皇王族ともなると、警護の問題や満州国宮内府、関東軍、中央との折衝が必要で、簡単にはゆかなかったが、五月になって実現した。五月一日出発。二日新京に到着。満州国皇帝に到着の挨拶、握手を交わされた。八日には、皇帝より茶話会に招かれ、歓談されたということである。この旅行中、延吉の重松部隊、チチハルの山下部隊、阿城の福家部隊、南嶺の河根部隊、旅順の小林部隊の教育訓練をご視察、牡丹江にも足を伸ばされ、また露天掘りで有名な撫順炭鉱や鞍山製鋼所の銑鋼一貫作業も見学された。

この満州旅行のあと、五月三十日より六月二日の間、岳父梨本宮守正王が、北支戦線視察のため北

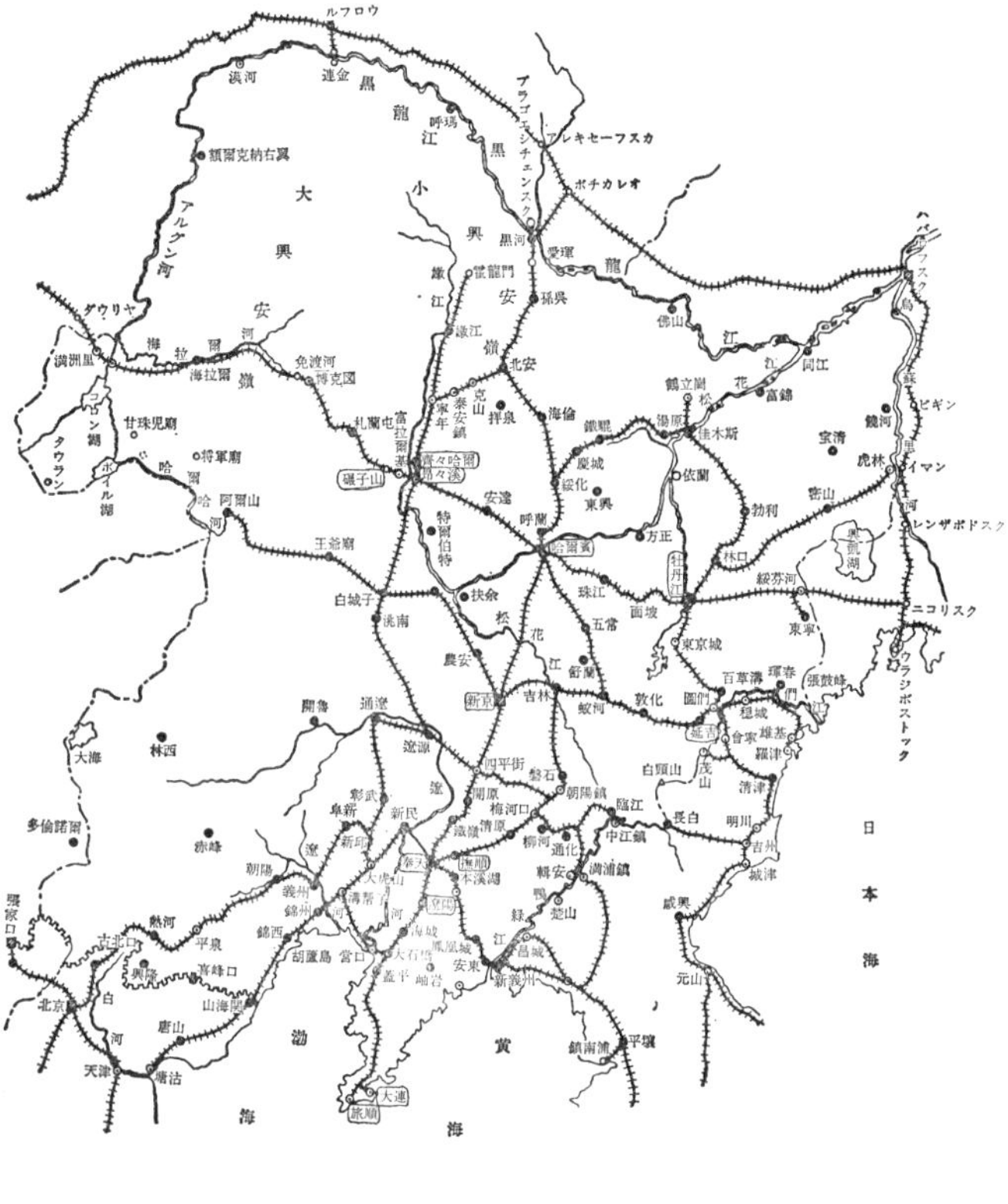

満州事変地域図

（○印は李王視察地）

京に立寄られ、歓談の機会が与えられた。李王在職中の大きな功績の一つは、方面軍に各種兵種の下士官候補者隊を創設されたことであった。

〔注〕歩兵―保定、騎兵―包頭、砲兵―石家荘、工兵―天津、輜重兵―北京

六月上・中旬は、当時ようやく緒についた唐山の幹部候補生隊や、北京の下士官候補者隊を巡視したり、南口の戦跡や北京市内の学校を視察したりされた。この月の中旬には、当時、参謀本部第二課(作戦)参謀であった秩父宮が北京に来られたので、太原から竹田宮参謀を迎え、お三方で小皇族会を開かれたということである。

六月下旬より中支方面の視察に向かわれた。第一課参謀寺倉小四郎中佐が随行。二十一日に飛行機で南京に向かわれる。同日、中支軍司令部に畑俊六大将を訪問。二十二日岩松義雄師団長の案内で紫金山、先草門、雨花台等の戦跡を視察、中山陵をも訪問された。河内太郎(軍医)は、この時中支軍司令部に勤務していたが、とくに随行を命ぜられ、宿舎でカラーフィルムを見せていただいたということである。

二十三日には飛行機で漢口に飛ばれ、武昌の第十一軍(岡村寧次中将)隷下兵団を訪ね、同時に武漢大学をも訪問された。二十六日に南京に帰還、翌二十七日汽車にて蘇州に向かい、第十七師団(広野太吉中将)を訪ねられ、「月落ち烏啼いて霜天に満つ」の詩で有名な寒山寺をも巡られた。再び汽車にて上海に向かい、海軍警備司令官官邸に泊まられ、古戦場飯田桟橋、鉄道橋、呉淞砲台を視察、日本

人小・中学校、上海神社、西本願寺等にも立寄られた。また海軍警備隊司令部、陸戦隊本部や軍艦出雲に方面艦隊司令長官を訪ねられた。

六月三十日には、汽車で杭州に向かわれ、第二十二師団（土橋一次中将）を視察の後、上海に帰還。七月二日上海の大連埠頭発、青島丸により海路青島へ向かい、三日上陸、一泊の後、四日飛行機で北京に帰られた。

七月には、北支及び熱河の視察を行われた。十二日、汽車により長城を越え承徳に向かわれ、同地の故宮博物館なども視察されたということである。十五日に北京に帰着。

七月二十四日には、南苑飛行場の航空兵団司令部（江橋英次郎中将）を訪問。またその頃、日華航空公司（総裁辻邦助中将）、青年訓練所、農事試験場なども視察されている。

以上が、在支中における李王の動静であるが、当時は、ある意味で、日本の国力が最も充実していた時期でもあり、李王の近辺にも、当時の多士僭々たる人名が現われている。李王は在職中健康管理にも留意され、一、二度軽微な風邪に罹った以外は全く健康で、激しいスケジュールを消化された。軍務の余暇があれば、冬は近くのスケートリンク（平地を仕切り水を湛えて作ったもの）で、スケートに興じ、春はそれがテニスコートに早変わりしてテニスに興じたり、あるいは乗馬練習を楽しまれた。趣味は映画や写真の撮影であった。とくに写真の引き伸ばしの技倆は抜群で、同期の河村課長と技を競っておられた。また、支那語の教師について支那語の勉強をされたり、政務財政については、北支方面軍最高顧問であった湯沢三千雄（後、内務大臣）、大達茂雄（後、文部大臣）等を招き、研鑽を積まれたということである。

時々は杉山軍司令官や副官岩永宝《たもつ》（陸士三十七期）と玉突きに興じられたこともあるようだ。李王の玉突きは、いつも些かのためらいもない豪快無礙の突き方で、成否度外の爽快な技であった。「やはり平民の突き方とは違うね」とは、杉山軍司令官の後での述懐であったそうだが、韓太子として来日した、十歳の頃から嗜んでおられたのだから当然であろう。

かくして八カ月の大陸勤務の後、八月一日に、近衛歩兵第二旅団長に転任、東京に帰られたのである。以上は吉原矩（陸士二十七期）や寺倉小四郎（陸士三十二期）の資料をもとに執筆したものである。

七　近衛歩兵第二旅団長時代

昭和十四年八月、李王は北支方面軍司令部付より、近衛歩兵第二旅団長に栄転された。旅団副官には、当時中支の第百一師団作戦主任参謀であった乗兼悦郎少佐（陸士三十三期）に白羽の矢が立った。彼は中央幼年学校の時から李王に知られていたし、昭和十二年頃士官学校の教官時代にも李王の下で仕事をしていたため、気心が知れていたからであろう。李王は八月四日東京駅着の列車にて帰京されたが、乗兼副官他数名の将校がお出迎えした。

旅団司令部は、当時赤坂の近歩三の一隅の閑静なところにあり、旅団長、副官、御付武官光森勇雄少佐（三十八期）、その他下士官二名という小人数であった。従来、平時の旅団長の職は比較的閑職といわれていたが、八月一日に新たに近衛歩兵第五連隊が新設せられ、従来の近歩三、近歩四を併せて三個連隊編成の歩兵団の形式に改められたのである。近歩五の兵営は東京麻布の歩三の兵舎、将校以下の基幹要員は、近歩一〜四の四個連隊から集められた。

そのような事情であったため、李王旅団長は隷下連隊の野営、検閲、宮城守衛の視察、連隊長以下佐官級の対抗兵棋演習などの幹部教育はもとより、都内の成城、拓植、玉川、成蹊、大東文化学院の各大学・高専の学校教練の査閲などがあり、さらに皇族としての行事が加わって、ずい分忙しい勤務をされた。李王は当時朝鮮の牧場産の青毛の名馬を愛用されていた。

十一月六日から三日間、伊豆三島付近より富士の裾野一帯を舞台として、天覧旅団対抗演習が行われた。これは近衛歩兵第一旅団の出征の日が近く、師団として恒例の秋季演習も実施し難いこともあり、短時日にこれに代る演習を行い、御親兵（近衛師団は宮城の守護を任務とするため）として暫らくお別れするに当たり、特に行幸を仰いだものである。演習統監は近衛師団長飯田祥二郎中将、南軍（攻撃軍）は李王少将の指揮する近歩二旅団（歩兵三個連隊基幹）、北軍（防御軍）は桜田武少将（後、中将、戦死）の指揮する近歩一旅団（歩兵二個連隊基幹）であった。参加部隊は、各歩兵連隊より戦時編制の一個大隊を編成し、両旅団は、それぞれ一個連隊を編成したものである。

演習第一日、南軍は三島付近に集結し、李王旅団長は直接命令を下達し、企図の細部につき指示された。演習第二日、午前三時行動開始、児島大隊を旅団の先遣隊とし、敵陣地に近接した後、広正面に展開して主力の進出を掩護せしめた。午後三時三十分、演習統監の戦線巡視があった。

演習第三日、午前一時、旅団主力は逐次進出し、先遣大隊の展開線を越えて展開した。ついで先遣隊は旅団予備となり、兎島付近に集結、ついで中央隊の後部に位置すべきを命ぜられた。演習の天覧は、午後一時から三時の間であった。

昔の天覧演習というのは、演習のクライマックスの時、一番見晴らしのよい戦術上の要点に、御野立所といって天皇が馬上からご覧になる場所をこしらえたのである。これは明治天皇が天皇旗を先頭に、西郷隆盛が天子の馬を引いて習志野へ行幸されて以来の伝統であった。この日の御野立所は大塚であった。この地点に攻撃軍が突撃して演習は終りである。

李王旅団長は、南軍指揮官として、行軍、開進、展開、陣地攻撃など、不眠不休で終始手際よく作戦を遂行された。演習中、御野立所に召されて、約二十分、南軍指揮官として戦況を直接天皇に報告されるという場面もあった(口絵写真二四頁参照)。終って帰途馬上で、「陛下の御前なのですっかり上がってしまったが、報告に手落ちがなかったか心配だ」と洩らされた、とは乗兼副官の回想である。御殿場にて演習統監の講評が行われた後、三島まで行軍、帰京された。それから後の李王の部下に対する思いやりは、宇都宮の時と変わらない。秋季演習参加の慰労のため、旅団長隷下の将校を次々に紀尾井町御殿にお召しになった。当時近歩五大隊長だった児島義徳少佐の例をとってみても、李王が旅団長であったわずか十カ月足らずの間に三回も御殿にお召し頂いている。最後に転任されるときには、旅団の佐官以上には李王家御紋付手釦、尉官には同木盃を下賜されている。部下を御殿に召されるときには、夕食のときに妃も王世子も同席され、和やかなお話が続くのが常であったという。

旅団内将校全員の剣術競技会では、佐官、尉官ごとに、それぞれ銀製の優勝楯を寄贈された。

李王は、部下ばかりでなく、かつて上官であった人にもよく尽された。外地勤務した旧上官が帰還すると、必ず御殿に招かれ、在任中の話をきかれた。その時には、光森御付武官と乗兼副官が陪席するのが常であった。第二十三師団長小松原中将のノモンハン事件の悲惨な戦闘経過は、とくにご印象が深かったようである。出征中の旧上官に慰問袋を送られたこともしばしばであった。中支にいた斎藤弥平太中将もその一人で、みりん干しを送っていただいて大変感激したということである。

昭和十五年五月二十五日、近衛師団（近歩五を除く）に動員令が下り、李王少将は留守第四師団長に栄転された。近歩五もこの秋には出征することになるのだが、李王はその後も近歩五のことを心にかけられ、九月二十日には、永沢連隊長を御殿に召され、連隊の状況をきかれた。連隊長はいたく感激して、翌日将校全員を集めて、思召しを伝えたということである。

以上は、児島義徳（陸士三十二期）、乗兼悦郎（三十三期）の記録によるものである。

八　李王師団長時代

昭和十五年五月二十五日、李王少将は、大阪の留守第四師団長に親補された。ご一家は大阪大手前の府庁のそばにあった師団長官舎に転居されたが、ご一家が東京を離れたのは、宇都宮時代についで二回目のことである。王世子もまだ小学生であったが、学習院から大阪城の北にある偕行社付属小学校に転校された。陸軍のゲートルに似せた虎ジマのような靴下と軍隊の背嚢のようなランドセルを着用させた軍国式小学校である（現在は大手前学院になっている。口絵写真二九頁参照）。御付武官は、この時期の初めまで北支以来の光森少佐であった。彼は実によくお仕えしたが、昭和三十九年没した。彼が在世していたら、この伝記も、もう少し精彩のあるものになったであろう。信子夫人は李王のことを次のように述べている。

思いやりのあった李王垠殿下

光森信子

昭和十三年十二月十八日、王殿下（当時の側近はこのようにお呼びしていました）は北支に出征され、主人もお供を致しました。私は次女を懐妊中でお見送りもご遠慮申し上げましたが、出産の折には早速北支より和子と命名を賜わり、有難く感激いたしました。大阪留守師団長時代には、私共も官邸近くの将校官舎に住んでおりました。妃殿下には非常時の中にあって玖さまの教育には特にお気をつかわれ、食料不足の折柄、庭園内に野菜の種をまいておられましたが、ある日玖さまが私どもの住いに「八百屋です！」とニコニコお出でになられ、ホーレン草の束を下さったこともありました。当時衣料品も次第に不足していた折柄、妃殿下は改良服の研究にもご恵念遊ばされ、私どももそのご披露にあずかりました。大阪のある老婦人が軍馬の労をねぎらいたいとて、毎日門前に人参を山と積み、行軍で通る軍馬をもてなしていたとのことでした。それを耳にされた王殿下は、是非その馬婆《うまばあ》さんの動物愛をねぎらいたいと仰せられ、光森を老婆宅へ遣わされたとのことでございます。

次に、日本女子大と大阪陸軍幼年学校との関わり合いの手記を掲げよう。

日本女子大へお成り

川村彰子（陸士四十九期、川村康雄夫人）

李王同妃両殿下は、昭和十五年六月一日、日本女子大の校舎疎開予定地であった神奈川県西生田にご来駕頂きました。当時のことを、も少し精しく知ろうと、母校へ行き、当日の学生新聞（『家庭週報』一四七二号）を見せて貰いました。以下、新聞からの抜粋でございます。

まず「新緑いや増す西生田の地に光栄の御車を迎う」という見出しで両殿下のお写真が掲載されて

いて、「かねてから女子教育に御心を寄せられる李王殿下には、妃殿下御同伴にて、事務官林健太郎氏、御用取扱三浦きよ子女史等を従えられ六月一日午前九時五十分、畏くも御台臨あらせらる」

「校長、職員、桜楓会理事等に拝謁を賜った後」

「運動場にお出まし遊ばされ、生徒の勤労作業、棍棒体操等を御覧になり、その模様を御興深げに小型撮影機で御撮影遊ばされ」

「御巡路を苺畑に移された時にも、妃殿下の御手づから真紅の苺をお摘み遊ばす御有様を御撮影」

「午後のお出ましの折、半島出身の学生二十九名に拝謁仰せつけられ、学生達は尊い御姿を間近に拝する光栄にしばし声もなく、両殿下には感涙にむせぶ学生達の前に特に御歩みを止められ御会釈を賜う。」

「グループ別になった生徒らの山の竹伐り、堆肥づくり、落葉かきの作業を御覧遊ばされつつ、林間の小道を御逍遙の後、午後一時五十分、御機嫌麗わしく御帰還遊ばされた。」

と、ございました。ちなみに、校長より御披露申上げたその日の献上品は、

菓子銘々皿……学生製作一組

レース卓被……桜楓会員製作一枚

若宮殿下へボンボン入……桜楓会員製作一個

若宮殿下御菓子……学生謹製二籠

十則集……日本女子大家政学部編十部

節米料理野草料理集……日本女子大家政学部編十冊

野菜……一籠

で、ありましたとか。紙面はすっかり茶褐色に変色し、あの日から既に三十八年の年月が流れ去っていたのでございます。

大阪陸軍幼年学校に台臨

中西孝雄（第二航空団司令・空将補）

私共が大阪陸軍幼年学校四十三期生として入校以来三年間、訓育して頂いた生徒監笠時乗《りゅうときのり》氏は陸士四十二期生でしたので、同期の李鍵公殿下に関するお話を教練や体操の休憩時などによく承ったものでした。

昭和十五年九月二十二日、大阪府南河内郡の金剛山麓、千代田台上に新校舎が落成し、当時大阪の師団長であられた李王垠殿下が台臨せられ、盛大に落成式が挙行されました。教室の中で、林芳太郎校長を従えさせられて生徒の習字、絵画等の作品を御覧遊ばされる李王殿下のお写真が、私のアルバムにも貼ってありましたのが、今でもありありと思い出せます。この時私は作文とフランス語のレポートとを御覧に供し、「賜台覧」と印が押されて返されました。子供心にも非常に光栄に感じ郷里広島市の実家の方に大切に保管しておりましたのが、原子爆弾や戦後の混乱の中で散逸してしまい、誠に残念に存じております。李王垠殿下はその後、昭和十六年六月十三日にもご視察のため台臨遊ばされました。この時に私が何をご覧に入れたかは全く記憶にありませんが、

大君につくしし人を鑑にて
心も身をも磨けとそ思ふ

との御歌をご下賜になりました。楠正成父子の誠忠の地で、「至誠純忠」は大阪陸軍幼年学校の伝統的校風でありましたので、このお歌は強く記憶に残っております。

李王妃殿下はその少し前の五月二十九日に千代田台にお成りを忝う致しました。風薫る初夏の晴れ上った日だったと記憶致しております。生徒達は剣術、体操等の術科をご覧に入れましたが、私は剣術の試合に出場致しました。その時、妃殿下はシックな洋服をお召しになり、面金を通して私の眼には御美しくも気高く拝されました。

さて、留守師団長は比較的閑職であったのであろうが、着任約一カ月半の九月下旬、長田野演習場に野営中だった歩兵第三十七連隊補充隊長三原修二大佐に「歩戦連合演習を計画実施して、歩兵と戦車の密接な協同動作を教育せよ」との命令を与え、これを実施した。演習後は例によって各部隊長と幕僚たちを集め、慰労の大宴会である。

十一月下旬には、歩兵第八連隊と第三十七連隊を主体とする諸兵連合の部隊が対抗して、北河内平

野で行われ、李王師団長が統裁した。高槻付近に集結した歩兵第三十七連隊の南軍は早朝から北進、四条畷東西の線で遭遇戦を展開、接戦となって一時休憩、南軍は黒田方向に陣地を占めていた。夜半二時頃、李王は玉置温和参謀長(同期)はじめ参謀副官を従え、南軍本部で指導されたという風景は、当時の軍隊のしきたりの通りだが、陣中見舞として三原連隊長に清酒一本を下賜されたのは、いかにも李王らしい。かくして演習は平野、八尾付近で終った。

昭和十六年二月には、歩兵第三十七連隊の随時検閲を行い、将校団長に「ノモンハン戦闘より得たる教訓」と題し、約九十名の将校を将校集会所に集め、教育を行わしめられた。当時の補充隊では、将校といっても召集将校が大部分で、現役は連隊付中佐一、大隊長一、中隊長一、中隊付少尉一といった状況であった。

五月には、松阪、伊勢山田付近において師団の各部隊長、部長等の現地戦術が行われ、李王師団長が統裁した。これは対ソ作戦の研究を目的としたもので、三原大佐ほか大尉と中尉が対抗軍となって『ソ連軍作戦要務令』を参照しながら実施したという。

御付武官は昭和十六年八月に光森少佐から伊奈重誠大佐(陸士三十一期)に代わり、昭和十九年八月まで同氏がお仕えした。

この年七月一日、李王は宇都宮の第五十一師団長に親補され、ご一家も東京に帰られることになったのである。

第五十一師団（基兵団）は、昭和十六年初夏、宇都宮師管区で編成された。七月二日、李王はこの師団長に着任されたのである。部隊は八月満州錦州に進み、十月には南支派遣軍として広東に転進、第三十八師団（沼兵団）と任務を交代し、作戦行動についた。当時歩兵第百二連隊（基二八〇三部隊）の第三大隊（大隊長、高村経人）は、李王師団長の直轄として、司令部の位置する中山大学構内に駐留、治安警備に当たっていた。大東亜戦争の開戦の後、沼兵団は緒戦に臨み、香港攻略作戦に従軍したが同兵団に入隊する初年兵の第一期教育はこの基兵団で行っていたのである。当時の師団長官舎は、白亜の天文台にほど近い池のあたりの、馬蹄形に並ぶ大学教官宿舎の中にあった。このあたりで、静岡、名古屋、岐阜連隊区出身の一、一〇〇名が教育を受けたが、李王から折にふれ慰労、激励の言葉を賜わったということである。

当時、広東付近には約四個師団が駐留していたが、第百四師団もその一つで、当時兵団間の連絡を密にするため、時々各兵団長の会合が行われていた。菰田康一はその頃の李王の動静を次のように書き残している。

朝鮮産名墨を賜わる

菰田康一（中将、第百四師団長）

用兵のこと以外に、特に支那の文化について色々と豊富な知識を教えていただきました。とくに支那の青磁器とか、揮毫のための筆、硯、墨について、南支広東省肇慶産出の名硯・端渓、揮毫用唐山

の仏山紙、上海の毛筆等と朝鮮産出のものとの比較、揮毫上の諸問題、ならびに経験上の逸話なども
お話しいただきました。この頃朝鮮産の名墨を賜わり、今なお座右で使わせていただいております。

李王の第五十一師団長時代はわずか四カ月あまりであったが、大東亜戦争開戦前の十一月六日教育総監部付となり、二十日東京に帰還された。なお、昭和十八年、この第五十一師団は、東部ニューギニヤに転戦した。

九　大東亜戦争開戦前後

以来、昭和十八年七月に航空軍司令官になられるまでの一年半あまりの李王の動静はほとんど不明である。十六年十二月五日、大東亜戦争開戦直前に、久しぶりに京城に帰京されたことは『すぎた歳月』の中にも記されている。そこで李王の見た朝鮮の姿はどうであったであろうか。しばらく昭和期における朝鮮統治について述べてみよう。原敬内閣以来の斎藤実総督の文化統治は、確かにある種の成果はあげた。昭和二年十月から拝金将軍とあだ名された山梨半造が後をつぎ、昭和六年六月から十一年八月までは宇垣一成が総督をつとめた。宇垣は、斎藤総督が昭和二年四月から十月までジュネーブの軍縮会議に主席全権として出席している間には、陸軍大臣のまま総督代理をも務めている。この

間朝鮮の農業技術は躍進した。昭和二年には朝鮮電力会社が生まれ、翌三年にはその電力を利用する朝鮮窒素肥料株式会社が咸興に設立された。やがて満州事変（昭和六年）、満州国の成立（昭和七年）を契機として朝鮮の鉱工業は急速に成長した。教育や文化も普及し、北鮮には重化学工業が勃興し、南鮮には米作と軽工業が発達し、すぐれた施設をもつ大農場も出現した。昭和十四年には農業が全生産額の四十二％であったのに対し、鉱工業は四十五％にも達している。

日本の朝鮮統治の最大の失政は、併合初期の武断政治と土地調査事業であろう。本書は、政治を論じるものではないから、簡単に述べる。

併合前、李王朝末期の朝鮮には、もともと農民の土地所有の概念が育っていなかった。広大な土地が王室、官庁、両班などに属していて、農民は、代々土地を耕していても、土地の所有権といったものはなかった。併合直後の朝鮮総督府は、多分太閤検地のようなつもりで土地調査事業を始めたのであろう。悪意でやったとは思いたくないが、少なくとも思慮が足りなかったのであろう。「これは私の先祖代々の土地です」と言った者には所有権を与え、「私はただ小作をしていました」と言った者の土地は国有地にして東洋拓植株式会社に払い下げたり、内地からの入植者に与えたりした。このため耕作すべき土地を失って放浪し、満鮮国境を越えて北間島に移り住んだり、日本内地に出稼ぎに出て後に在日朝鮮人となった農民は、大正八年三月の万歳事件当時で百万人にも達していたと伝えられている。このような事情は、昭和になってからも、それほど改善はされなかった。昭和九年一月、宇垣総督は、農村指導者主任打合わせ会の席上で、農民の窮状を述べ、端境期になると食物がなく、山野に草根木皮を求める春窮農家が全農家の半分にものぼると述べたといわれる。

余談だが、昭和五十一年に筆者が訪韓したとき、韓国の友人から「現政権が海外でいかに悪評であろうとも、李朝、朝鮮総督府、李承晩の時代と比べて、民衆が食うに困らない時代は初めてのことである」という声を何人からも聞いた。

内鮮一体化の朝鮮総督府の治世は、多分、日支事変勃発、そして宇垣の後をついだ、南次郎総督のあたりから狂気の沙汰となった。これは、将来の検討にまたなければならないことだが、多分伊藤公や原敬らの描いた朝鮮の未来像とは、百八十度方向が異なるものであろう。固有の風俗、文化を尊重し、自治を認め、ゆくゆくは、帝国議会に議員を送るといった方向とは、あまりにもかけはなれていた。論評するのはやめて、ただ事実だけを記しておこう。

昭和十二年十月、「皇国臣民の誓詞」が作られ、初等学校においては、

私共は大日本帝国臣民であります。

私共は天皇陛下に忠義を尽します。

私共は忍苦鍛錬して立派な強い国民となります。

という言葉が、毎朝の朝会で唱えられた。

中学以上の生徒、学生および一般民衆に対しては、

我等は皇国臣民なり。忠誠もって君国に報ぜん。

という言葉の朗読が、機会あるごとに行われた。

〔注〕韓国側の資料――市《いち》が立つとき、橋のたもとに日本人警察官が立っている。皇国臣民の誓詞の暗誦ができなければ、一日たっても橋を通さない。田舎のおじいさん、おばあさんは、日本語がわからないから、暗誦ができない。どれだけ困ったことか。その後、そのおじいさんが田畠を耕す時、牛が言うことをきかないから、「この牛め、皇国を食わせてやるぞ」と言った、という話さえ伝わっている。

日本語の普及が企てられ、学校における朝鮮語の使用が禁止され、大正九年以来の朝鮮語の新聞は廃止された。それればかりでなく、姓名を日本式に改めることが強制され、昭和十五年には全人口の約八割が改姓した。また、朝鮮神宮をはじめ全国各地に作られた神社への参拝が強制され、家ごとに、「天照皇太神宮の神符」が配られた。昭和十七年には、徴兵制が施行せられた。

昭和十六年十二月、李王が、右のような朝鮮に帰られて、一体何を感じたかを止める資料は全くない。何を感じたとしても、日本皇族の一人として、また帝国軍人の一人として、何を言うことも語ることもできず、面に出すことさえもできなかったからである。

昭和十七年一月十六日、まだ日本が緒戦の勝利に酔いしれていた頃、教育総監部付として高田旅団の軍隊教育を視察されたことがある。北越の高田は、有数の積雪地で、当時も一メートル以上雪に埋っていた。旅団司令部での旅団長の状況報告の後、高田連隊営庭で初年兵各個教練を視察された。この時高田では、豪雪の中にもかかわらず、多数の沿道市民が敬虔な態度で送迎申し上げたということである（岡田安次、陸士三十七期）。

この後、夕刻、関山で途中下車し、妃とお揃いで一日スキーを楽しまれたという。

以下は筆者の想像である。この頃、李王の胸中には、朝鮮民衆の深い悲しみと、大日本帝国の栄光と、妃への深い愛情とが交錯していたであろう。そしてそのような心の動揺が起こるたびに、明治天皇と伊藤博文公の遺影が、髣髴《ほうふつ》と眼前に現われては心が静まり、時勢の波に身を任せようと思われたにちがいない。

とにかく、この開戦の前後は、李王は閑職にあった。この頃には、朝鮮人の拝謁者も後を絶った。元侍従武官だった趙東潤の子、趙重九男爵が時折伺候するほか、訪ねてくる朝鮮人といえば、李鍵公と李鍝公ぐらいなものであった。時期は不詳だが、多分この時期の前後であろう。ある日、朝鮮から修学旅行にきた女学生の一団が紀尾井町御殿に拝謁に上がった。以下は野口赫宙著『秘苑の花』の一節である。

李王さまの涙

野口赫宙

「どこの学校かね？」居間で書見をしておられた李王が事務官にきいた。

「淑明女学校でございます」と事務官は何げなく答えた。

「淑明？」李王はふと京城の貴族たちを思い出した。この学校は、李王家の創設によるもので、上流家庭の子女が多かったのである。

「方子も一しょに出よう」と妃の居間をのぞいて言われた。

李王は略装の陸軍中将服で、洋装の方子妃と連れ立って大広間に出られた。

粛然と立ち列んだ五十人ばかりの女学生。それは一見して日本の女学生と少しも変らず、同じ型の制服に同じ髪形をしている。しかし、李王のお姿を拝した眼ざしは異様に輝き出して、唇が青ざめたように引きしまり、頭をさっと垂れた。

「最敬礼！」引率の日本人教師が号令をかける。女学生は深く首を垂れて、「直れ！」といわれてもなお最敬礼の姿勢を直さないばかりか、ここ、かしこからシクシクとすすり泣き、咽び、もし自由が許されるならば慟哭して哀号の泣き声を放ちかねないような勢いとなった。引率者は慌てて、青くなったり、赤くなったり。

李王は最初のうち、一寸たじろいだ心となられた。が、方子妃も、侍女も事務官もその他の者も、すべて李王の目の前から消えて、深い悲しみが咽喉にからまり、そしてどっと涙が流れた。その涙を流すまいと努力はしても、ハンカチで涙を拭う見苦しさに気がついても、その「悲しい」と思う気持をどうすることもできなかったのである。

やがてそっと方子妃の方を恐る恐る見た。妃も白いハンカチで目をふいておられる。

「方子」李王は心の中でそう呼んだ。「方子はわたしの心中をはっきりと察している」と確かにそう思った。

この話は、小説の形で書かれているが、この時期の前後に、このような場面があったことだけは間違いない。

李王の周囲にいた日本の軍人は、多くの回想の記事を残しているが、その中に李王の故国に対する思いを描いたものはほとんど見当たらない。感じたとしても、敢えて触れないようにしていたのであろう。王世子（李玖）の「父を語る」の一文の中に小鳥の話がある。

――・――・――

終戦前、故国から誰かが、口ばしが黄色で体の真黒な鳥を献上して来ました。父は書斎の前の日当たりのよい部屋に、籠に入れて飼っていました。その鳥が、女中が掃除をしているうちに、フトしたことから逃げて行ってしまいました。父は少しも女中をとがめず、空を眺めて一言。

「あの鳥は渡り鳥だから、きっと秘苑（ソウルの昌徳宮の中にある庭）に帰って行くだろうね！」と。

その言葉を幼心に聞いて、「やはり故国のことを時々考えておられるのだな」と、父の気持ちが解るような気がしました。

一〇　陸軍航空隊と李王

李王は、昭和十七年八月一日、第一航空軍司令部付、昭和十八年七月二十日には第一航空軍司令官となられた。昭和二十年四月一日、軍事参議官となられるまで、李王と陸軍航空隊との因縁は浅からぬものがあったのである。

第一航空軍司令部は、編成以来三宅坂にあったが、昭和十九年九月十一日、武蔵野市吉祥寺の成蹊学園に移動し、以後終戦までここにあった。

軍の任務は、一口にいえば、戦時下における航空の教育および補充であったが、その内容は極めて多種多様にわたっていた。作戦部隊の訓練、戦力回復部隊の教育、補充をはじめ、幹部候補生、航空要員の教育、または気象および通信、情報、航測などの特殊教育であった。補充は、人員と兵器・器材の両方であり、しかもこれらの部隊が関東地方から九州に至るまで広範囲に配置されていたので、業務の実施には多くの困難を伴った。

軍参謀長は、はじめ吉田喜八郎少将であったが、昭和十九年三月末、第十飛行師団長の佐藤正一少将と交代した。昭和十八年十二月末から昭和二十年四月一日の間、李王の下で軍参謀として教育訓練を担当したのは水谷勉（陸士三十八期）である。以下の記録は、これらの人々の回想に基づいて書き下ろしたものである。

李王は、当時戦況日々に不利な航空軍の責任を痛感され、多くの隷下部隊の初度巡視（軍指揮官に任ぜられた者が、初めて部下の部隊を巡視することをいう）、教育視察、臨時検閲などを精力的に行われた。また、出動する部隊の出陣式、各部隊の幹部養成教育の卒業式にはほとんど欠かすことなく臨席し、訓示を垂れた。

昭和十九年六月三十日、飛行第一戦隊から飛行中排気ガスにより頭痛を覚えるとの報告が入った。李王は即刻調査を命じられたわけだが、当時の軍人としては珍しく、明治天皇から映写機や双眼鏡やオルゴール付時計を拝領した頃以来の趣味も手伝って、物事を科学的に処理する能力を自から備えておられたのであろう。在職中、病気で休んだことは一日もなく、このような航空技術の改善に心血を注がれたのである。

昭和十九年の初夏には、戦況いよいよ苛烈となり、陸軍とか海軍とかいえないような状況になってきた。当時飛行第七、第九十八戦隊は海軍の指揮下に入り、艦船の雷撃訓練を行なっていた。昭和十九年七月二十六日には、李王は航空母艦鳳翔に乗って周防灘で、陸軍航空隊の雷撃訓練を視察されている。

李王に音楽的才能があったことは、幼年学校以来の同期生の証言からも確かである。航空軍の使命達成、団結の強化、士気の昂揚を図るため、李王は航空軍の歌を作成し、司令部はもちろん、各部隊にも普及されたのである。司令部職員一同がこの歌を練習した際には、李王はわざわざ笛を持参され「これは何調だから、ここはこう歌わねばならぬ。ここはこう歌うのだ！」と申されて、音痴な武骨な者どもを指導されたということである（昭十九・一〜二十・四、高級副官菅野浄、陸士三十五期）。

昭和十九年九月十四日には、在八日市の部隊を視察されたが、その折には多賀神社に参拝された。同年十月十一日には、在三重県部隊甲・乙種幹部候補生の修業式に臨席されたが、その後伊勢神宮に参拝された。同十一月七日には、在宮崎市航空情報隊を視察されたが、その折には宮崎神宮に参拝されている。これがご本心から出たものであるかどうかは知る由もないが、誰から見ても、理想の日本の皇族として振舞われたことだけは疑う余地はない。

同年十一月十六日、九州鹿屋飛行場で飛行第七及び第九十八戦隊を視察されたが、その前の台湾沖航空戦における両戦隊の功績を称えられ、武功抜群の斎藤大尉には軍刀を授与し賞詞を下賜された。また、航空事故防止の一つの手段として、長時間無事故の操縦者に対し、航空無事故賞を授与し、賞品と賞詞を下賜されている。また、各隊幹部候補生、下士官学生等の修業式には、成績優秀者に航空軍司令官賞として時計を授与されている。

李王の部下に対する思いやりは、また格別であった。何時の世の中でも鈍重な男がいるものだ。昔の軍隊には、衛兵というのがあって、今の大会社の門衛のようなものだが、皇族や将官または直属部隊長が来ると「衛兵整列！」と叫んでこれをお迎えしなければならないしきたりになっていた。ある日、李王が吉祥寺の司令部に出勤した際、多分田舎者の歩哨が門前にボンヤリ立っていて、「衛兵整列！」と叫ぶことを忘れたのであろう。そのために衛兵の整列がおくれた。このようなとき、お付の者が厳しく叱責するのが当時のならわしであったが、李王は何のおとがめもなく、ただ運転手に徐行を命じ、ゆっくりと衛兵の整列完了を待って、敬礼を受けて玄関に進まれたということである。

今も昔も同じだが、官庁でも会社でも、偉い人には書類がたくさん回ってくる。極めて日本的な風景で、中には自動捺印機に任せた方がよさそうな部長や課長がたくさんいる。しかし、李王は決して盲判を押すようなことはされなかった。疑問の点は必ず質問し、あるいはさらに推敲訂正を命じることも一再に止まらなかった。

一月一日四方拝のときというから、昭和十九年か昭和二十年のことであろう。当時の日本の恒例の行事として、ご真影（天皇・皇后のお写真のこと）の奉拝式が行われることになっていた。これは、日本の小・中学校、官庁、軍隊すべてそうであった。そのご真影は、平素は奉安殿というのがあって、そこに安置しておいたものである。司令部では、軍高級副官が護衛兵を従え、ご真影を奉安室より式場へ、式が終れば式場から奉安室へお移しすることになっていたのだが、李王は常に謹厳にご真影を送迎されたということである。

昭和十九年も暮になると、戦況はいよいよ不利となり、天気予報の発表も制限を受けるようになった。この頃、李王は、軍司令部将校に天気予報能力をつけようとの趣旨により、毎日昼食時に各人の

「観天望気」による予報判断を求められたが、李王の判断は不思議に最高の確率であったと伝えられている（菅野浄）。

これもこの頃のことであったが、戦局日々に暗くなってゆく頃、職員の士気を鼓舞するため、何かよい方法はないか、ということになった。李王の発意により、当時の詩吟の大家、山田積善氏を招いて、将校は週一回、勤務終了後一時間、詩吟の練習を奨められた。また、武道にも関心を持たれ、特に司令部に合気道創始者、道主植芝盛平氏を招いて将校に普及された。李王ご自身熱心に修業されたばかりでなく、妃にも王世子にも奨められたということである。

戦況の深刻化にともない食糧もいよいよ逼迫した。司令部の将校集会所の食事も、高粱《コウリャン》が混入されることになったが、さすがに李王にだけは米の飯を差上げた。一同の「どんぶり」をご覧になった李王は、「高級副官！　わたしは小豆ごはんが大すきだから、わたしにも盛って下さい！」と申されたということである（菅野洋）。

昭和十九年の夏、軍司令部が吉祥寺に移転する前のことであるが、敵の空襲に備え、軍司令部の防空壕を構築することになった。三宅坂の司令部が狭くて、その余地がなかったので、皇居外濠の外側斜面が候補に上ぼった。当時ではなかなか宮城に穴を掘ることは難しかったのだが、そこは李王のご仁徳であろう。宮内省の認可を得て完成した。昭和二十年三月の東京大空襲の際には、司令部は吉祥寺に移転していたが、この壕のお陰により、付近の数百人の住民は生命を完うすることができた。

昭和二十年の初頭から、東京に対する空襲が激しくなり、吉祥寺の軍司令部も、近所に中島飛行機の工場があったこともあって、数回至近弾を受けた。また部隊視察中も、李王はしばしば空襲を経験されたが、至近弾を受けても王者の風格は少しも揺らぐことはなかったと側近の者は記している（佐藤正一）。

李王は、軍司令官になられてからも、連隊長時代や旅団長時代と少しも変わることなく、若い部下たちを可愛がられ、若い参謀や副官の意見にも耳を傾け、宴会にもつとめて出席し、若い者の拙い歌に興ぜられたということである。酒も相当に好きで、かつ強かったようである。

李王は航空軍司令官であったが、とにかく飛行機は好きなようであった。「この飛行機に乗せよ」と、命ぜられて困ったという人の証言もある。この当時、検閲で北海道の千歳に行かれ、帰途、樺太へまでも回られた。その時のことを伊奈重誠（陸士三十一期、昭和十六・八〜十九・八、御付武官）は次のように書き残している。

宗谷海峡上空の李王殿下

伊奈重誠

宗谷海峡は雨で、雲は海面にくっつき、低空飛行もできず、操縦士は雲の上に出ようとぐんぐん高度を上げた。九月頃（昭和十八年）であったが、窓硝子はガリガリに凍りつき、呼吸も少し苦しいぐらいであった。雲の上に出たが、向うに見える雲の峰はまだ高い。高度は六千メートルであった。操縦士も李王をお乗せしているので、気が気ではなかったのであろう。台湾からの帰途にもこれと似たようなことがあった。もう立川へ着く時間が来ているのに、飛行機は依然として五千メートルの上空を飛びつづけているし、下を見ても関東平野と思われる部分は何も見えない。操縦士は少しあいた空の切れ目から急旋回して突込んで雲の下に出ると、やっと目の前に筑波が見えた。何とも気をもんだ次第であったが、こういう場合でも、李王は泰然自若、やはり王者の風格と感じ入った。

このようにして李王は、航空軍司令官在任中、北は樺太、ハルピンから、南は台湾まで飛び回って率先陣頭に立たれたのである。しかし戦勢我に利あらず、航空軍も教育、補充の任務から、作戦軍に性格を変えなければならなくなったのは、昭和二十年の春である。同年四月一日、李王は軍事参議官に親補され、同日離任式が行われた。

二　軍事参議官として終戦

空襲が激しくなった昭和二十年の初頭、李王がまだ航空軍司令官であった頃である。口数の少ない李王が十四歳の王世子にポツンと一言。「陛下に申し訳がない。日本の飛行機は、B29が飛行する高さまで飛んで行って、体当たり出来る飛行機も人も燃料もなくなってしまった」と暗い顔をされたと伝えられる。

四月に軍事参議官になられてからは、そのような実戦の責任からは解放され、多少暇の多い身となられたが、戦局は日々に利あらず、五月二十日には陸軍の最長老、閑院宮載仁親王が薨去され、二十五日が国葬と定められたのに、二十四、二十五、二十六日とつづいた大空襲で東京市内は火の海となり、皇居をはじめ、大宮御所、東宮御所、北白川宮邸、東久邇宮鳥居坂邸、秩父宮邸、閑院宮邸、梨本宮邸も灰燼に帰し、国葬の儀も無期延期となる有様であった。

李王邸だけは戦災を免がれたが、当時の李王は、御殿で過ごされることが多かったものの、常に軍服を着用され、和服でくつろがれることは一度もお見かけしなかった、とは当時の御付武官峰守秀太郎（陸士三十六期、昭和十九・八〜　）の回想である。

沖縄の失陥後、軍もいよいよ本土決戦を決意し、大陸に勤務していた李鍝公も、広島の第二総軍司令部に転任され、七月十六日には上京して、李王・同妃にあいさつされた。その頃は学習院も疎開中で、王世子も那須におられた。李鍝公は「叔父さまも叔母さまもお元気で」と広島に赴任されて何日もたたない八月六日、広島に原子爆弾が投下され、出勤途中に被爆、亡くなられた。この時、李鍝公のお付武官が責任を負って自刃したのは、悲惨なニュースの上に一層李王の心を暗くした。

八月十五日正午のラジオに家中集まって、終戦の玉音放送を涙とともに聞いたのは、庶民も皇王族も変わりはない。

第七章　故国に帰る

思いもかけぬ敗戦によって、李王家にも再び激動がおとずれた。まず、年表を書く。

終戦後の李王家略年譜

昭和二十年（一九四五）
十二月十三日　梨本宮守正王、戦犯容疑者として巣鴨に入られる。
十二月二十九日　王世子李玖満十五歳。

昭和二十二年（一九四七）
五月二日　女王の称号辞退の請願聴許（宮内庁記録）。
五月三日　日本国憲法施行せられたるにより、王族たる身分を失う（宮内庁記録）。
十月十八日　臣籍降下。李垠、李方子、李玖となる。同時に日本国籍を失う（無国籍）。

昭和二十四年（一九四九）
春　李玖、学習院高等科卒業。
六月二十五日　朝鮮動乱始まる。

昭和二十五年（一九五〇）
八月三日　李玖、横浜出帆、米国留学の旅に出発。無国籍。

昭和二十六年（一九五一）
一月一日　梨本宮守正王薨去。
五月十七日　貞明皇后崩御。
五月　　元李鍵公（桃山虔一）離婚。

昭和二十七年（一九五二）

初夏　紀尾井町から田園調布へ。
昭和二十八年（一九五三）
一月四日　秩父宮雍仁親王薨去。
九月　　李玖米国MIT建築科に入学。
昭和二十九年（一九五四）
一月　元李鍝公妃李賛珠と長男清上京
昭和三十二年（一九五七）
五月十八日　李垠ご夫妻羽田より渡米。
六月七日　李玖のMIT卒業式に出席。
十月　　親子水入らずの生活（ニューヨーク）。
昭和三十四年（一九五九）
三月十六日　脳血栓で倒る。
五月十七日　帰国。
昭和三十五年（一九六〇）
四月二十五日　李承晩大統領辞任。
六月六日　李垠ご夫妻横浜より渡米（ニューヨーク）。
七月　　許政内閣から張勉内閣へ。
八月六日　飛行機でニューヨーク発東京着。
十二月　　李玖ハワイ大学へ（昭和三十六年五月まで）。
昭和三十六年（一九六一）
三月二十六日　李垠ご夫妻ハワイへ出発。
五月七日　東京帰着。
五月十六日　朴正熙軍事政権誕生。
七月末　　朴政権、療養費と李家の生活費を保障。
八月三日　築地聖路加病院に入院。動脈硬化による脳血栓および脳軟化症と診断さる。
八月八日　李方子乳ガン手術。
九月末　　退院。
十一月　　朴議長来日、花籠を贈る。李玖米国永住権取得。
昭和三十七年（一九六二）
六月十三日　李方子訪韓。
六月十八日　羽田帰着。
十二月十四〜十九日　李方子再びソウルへ。

昭和三十八年（一九六三）
一月　病状悪化。
五月七日　容体悪化。
五月十五日　李玖羽田着。
五月末　赤坂山王病院へ入院。
六月十五〜二十日　李玖訪韓。
七月二日　李玖帰米。
十一月二十二日　五十六年ぶりに御帰国。
昭和四十五年（一九七〇）
五月一日　薨去。
五月七日　大韓皇太子として国葬。

李王家の戦後もまた、波瀾万丈であった。その詳細については、いずれまた、後世の史家が書き残すであろう。ここでは、関係者の証言のうち、そのいくつかを挙げるに止めておこう。

渋沢多歌子夫人は、那須に李王家の別邸があった頃、お知り合いになった人で、始めてお金を自分でお使いになった頃のことを次のように書いている。

はじめてお金をお使いになった頃

渋沢多歌子

さて、ご別邸滞在中の一日。私は殿下のお伴で、知人のジープで黒磯駅へ東京までの切符を買いに出かけました。駅の出札口の前に立たれた殿下は、お上衣の内側、ズボンの後ろ、上衣の右、左とポケット中のポケットにお指を入れてさぐり、困った風なご様子です。

「いかが遊ばされました？」と伺いましたら、「足りません、小銭が……」とおっしゃって、窓口にぶら下がっていた〝釣銭のいらぬようご用意願います〟という札をごらんになりました。

「おありにならない時は、よろしいのでございます」と申し上げると、ほっとなさったようでした。

駅を出てから、通りの八百屋の前で、「くだものを買いたいので」と申し上げたら、「私もまいりましょう」とついて来られました。私の買物は、すぐ済みましたが、殿下は八百屋の主人に何かご用がおありらしく、主人を相手に何か話しておられて、「私はすぐまいりますからどうぞお先に」とおっしゃいました。で、私は、殿下のお買物をお持ちしに、また戻りましょうと考え、近くのジープに戻りジープの中から八百屋の方に注意しておりました。なかなかお姿が現れませんので、お迎えに行きますと、殿下は八百屋の店の中で〝値段の研究〟のまっ最中。

「ああ、そう、で、こちらはいくらです?」と、あたりのキウリ、ナスビ、カボチャなど、順々に指さしては値段をおききになり、気の長そうな八百屋も、「へい、〇〇で……」といった調子で、問答が続いているところでした。私に気づかれた殿下は「あ、まいりましょう」と、八百屋にくるりとお背を向けられて店を出られました。

もちろん何もお買いにならずに。

右のような次第であったから、経済的にはずい分と困られたことであろう。事実大変にご苦労された。莫大な李王家の財産、紀尾井町の御殿も、那須や大磯の別荘も、今は何も残っていない。

次にお困りになったのは、国籍の問題であった。昭和二十二年十月十八日、直宮様以外の他の皇族と同じく臣籍に降下されたが、李王家の場合には、日本国籍をも失った。しかも当時は、李承晩政権時代であったので、韓国側もこれを受け入れず、結局は、無国籍の時代がつづいた。李垠さま御渡米の時も、この点で大変ご苦労されたのである。したがって、李玖さまが滞米十一年にして、米国籍になったときの喜びは格別であったのであろう。

〔注〕ご渡米の時、パスポートを出すところがなく、やむを得ずお二人は、日本国籍となり、日本外務省からパスポートを得た。当時、これを非難する在日韓国人もいたが、これは方便として止むを得ないものであった。

昭和に入って、李王垠殿下として一般国民から敬慕されておられた頃、恐らくはほとんど韓国語を話される機会はなかったであろう。これは伝聞であるが、戦後のある日、久々の韓国人の訪問者に流暢な韓国語でお話しになったということである。その時お付の者がうかつにも、「殿下！よく覚えておられましたね」と、申し上げたとき、「どうして忘れられよう」と仰せられたと伝えられている。恐らくは、あれだけ理想的な日本皇族として振舞われながらも、故国のことは胸中深くに押し込めておられたのであろう。このことを示す、一つのエピソードがある。これは、戦後進駐軍として来日した米軍軍人ギルフォイルの思い出である。英語の原文は、次のとおりである。

Memories of Prince Yi

My wife and I first met Prince and Princess Yi in late 1949 when we were living in Tokyo and while I was a lieutenant in the U.S. Army. The Yis were close friends of Mrs. Yasuko Fujishiro whom my wife had met in Boston in 1941 and with whom we met very often in those days.

We often met and talked with the Yis during those days and together enjoyed the warm hospitality of Mrs. Fujishiro. At that time and until we returned to America in 1952, we had the opportunity to become friends with them and had them as guests in our own army quarters in Pershing Heights (the former War Ministry and Army Military Academy in Ichigaya).

We returned to America in 1952 and, although we were not corresponding with them, we heard from Mrs. Fujishiro that Yis were in good health. I was sent to Korea in 1955 and spent one year in that beautiful country. It left a lasting impression on me, and I was transferred to Japan in 1956 with a deep love for the country and the Korean people.

Back in Japan with my family, once again we were living in Pershing Heights, and once again we resumed our friendship with Mrs. Fujishiro and Prince and Princess Yi. The Yis were at that time living in Denenchofu and Princess Yi had already started her courageous hard work to help orphans and disabled children — a work which she has continued in Korea all these years. When we had our reunion, I told Prince Yi of my feelings for Korea and mentioned that I had taken many color slides of various places in the country. Prince Yi asked that I show them to him some time, and I, of course, was delighted.

Some weeks later, Prince and Princess Yi invited us to visit their former palace at Akasaka before it was converted into a hotel. We combined that trip with a reciprocal invitation to our apartment to have dinner and see the color slides of Korea.

We shall never forget our guided tour through the Akasaka Palace. It was already empty and stripped of most of its furniture and furnishings, but one could easily sense the grandeur of the place when it was in its prime. 38 servants were necessary to take care of the palace !

Prince Yi was especially proud of his orchid conservatory greenhouse and walked us to the building, discussing it in detail. At that time, he had a small greenhouse in Denenchofu, as I remember, but, as he said, it could not compare with the place at Akasaka.

When we went to Pershing Heights, Prince Yi was so nostalgic because he had actually lived there in his own royal quarters while attending the military academy. After dinner, I began showing the slides I had taken in Korea, and when I had barely started, I realized (as did my wife) that the Prince was silently weeping as he looked at them. I looked with alarm at Princess Yi who motioned that I pay no attention and continue showing the slides. Prince Yi watched the slides with rapt attention, sometimes asking me to go back over some or to hold a certain one for his examination. When it was finished, it was obvious that he was emotionally tired from the experience, but he thanked us over and over again for showing the pictures to him. I hope that they made him happy for a while.

A few years ago, my wife and I, accompanied by Prince Yi's son, Kyu, and the latter's wife, Julia, made a pilgrimage to the Prince's mausoleum outside of Seoul. There, in a magnificent setting amidst the tombs of other Kings and overlooking a valley and meadows with distant mountains, Prince Yi had been laid to rest in his native soil, and both my wife and I were moved deeply to know that he was at peace at last in his beloved country.

Joseph V. Guilfoile

これを要訳すると、次のようなものである。まだ日韓の国交もなかった頃、ギルフォイル氏がGHQの職務で韓国に渡り写真を沢山とって日本に持ち帰った。ある日李垠さまにそのスライドをお見せした時、あの謹厳実直にして、父君高宗皇帝の遺言通り、喜怒哀楽を面に現わすことのなかった李垠さまが、故郷の山河を見てハラハラと涙を流されたというのである。

昭和三十八年十一月二十二日　在日五十六年の生活を終えられ、韓国に帰還された。ご病気はすでに重態であり、周到な手当てをしながらの旅行であった。当時は日韓国交回復前であったため非公式のもので、宮内庁の意向で日本からは安東貞雄夫妻がソウルまでお見送りをし、韓国側からは医師二名と李王家御親戚の李寿吉が迎えにこられただけであった。一時間四十分の飛行中、懸念されたご容態にもお変わりなく、金浦飛行場に着かれた。沿道のソウル官民の歓呼拍手のうちに、聖母病院に着かれた。十二月に入って、安東夫妻が病院にお別れに行ったときには、「微かな笑顔で、じっと私共の方をご覧になり、僅かに左手首を動かされた」程度の容態であった。

再び病いの癒える日もなく、そのような状態が六年半、そして**昭和四十五年**五月一日遂に薨去せられたのである。御年満七十二歳。

ご葬儀は五月九日、昌徳宮において大韓皇太子の礼をもって行われた。国葬である。我が国からは天皇陛下ご名代として、高松宮・同妃両殿下、方子妃方のご親戚として秩父宮妃殿下と広橋規子女史（方子妃御妹）がご参列になり、戸田秀一（慈行会代表）ら内外多数の市民も加わって盛大に行われた。

ソウル市東方約二十四キロの金谷に、李王朝の二皇帝の陵墓がある。御父大韓帝国二十六代高宗皇帝と御兄第二十七代純宗皇帝の陵の裏山に、今、李王垠殿下は眠っておられる。山上の土まんじゅうの陵の下に拝殿があって、その横の石碑に「大韓懿愍皇太子、同皇太子妃」と刻まれているが、皇太子妃はまだご存命であるから、その文字は粘土で埋められている。

懿愍とは、一生いばらの道を歩んだ人という意味である。

（完）

ありし日の李王垠殿下を偲びて

秩父宮勢津子妃殿下御歌

勢津子

昭和三十八年、御病身のまま、久々に韓国へ帰られてよりこの方、病院にて療養生活をつづけられをりし李王様には、昭和四十五年五月一日。七十余年の生涯を閉ぢられたり、五月九日、共和国となりをる韓国ながら、李家御一族の主宰にて、王世子の礼をもって御葬儀行はるるにあたり、初めてソウルに飛び高松宮両殿下と広橋規子の君と共に参列しける折よめる。

韓国の世子と生れし　君ここに
　波乱のいのちを　閉ぢ給ひけり

この君の七十年の　生涯を
　思へば胸の　あつくなりくる

生《あ》れましし　み国の土に　かへりませ
　李朝最後の　日つぎのみこは

手あつくも李朝最後の　世子《みこ》の礼
　うけます見つつ　思ひあふるる

われらとても同胞なりし　国として
　最後の礼を　つくさむと来つ

すべてこれ歴史の流れと　言はば云へ
　感慨ふかく　おくりまつりぬ

日韓の歴史の中の　君なりき
　みたま安かれと　ただに祈りぬ

楽の音もかなし昔の　かげのこす
　昌徳宮に　みはふりすすむ

若葉てる昌徳宮の　広芝に
　君をおくると　人々つどふ

喪家の外は知る顔もなき　人の中に
　われらもたちて　おくりまつりぬ
わが国にいましし頃の　ねもころの
　みこゝろものこし　目にうかびきぬ

波かぜに堪へて五十年　むつみましし
　いもせのいさを　忘るべしやは

思い出すままに

竹田恒徳
（元皇族）

李方子様から李王垠殿下の思い出をとのご要請を頂きました。しかし李王様と私とは、十以上も年齢が違っていましたので、とくに取立てて申すほどのことを思い出しません。

ただ戦前のことを振り返って見ますと、李王様は王族として、当時は私もその一員であった皇族と、すべて同じ待遇を受けておられ、宮中を始め国や軍等の公式の行事では、いつもご一緒でありましたし、またその頃、両陛下を中心に、しばしば集まって楽しい一時を過ごした皇族親睦会でも、李王様はそのおやさしいご性格と真面目なお人柄によって、当時の皇族方皆様から親しまれ、とても打ち解けてお付合いをさせて頂いていたことが、懐かしく思い出されます。そのような時に、両陛下とくに貞明皇后様が、李王様のご境遇をおぼしめされてか、いたわるようにお話しされていたごようすが、とくに思い出されます。

一方、軍においては、李王様が陸軍士官学校二十九期生、私が四十二期生と隔たりがありましたし、兵科も異っていました上に、李王様はその謹直なご性格のためでしょう、主として教育関係の要職を歴任されましたのに、私はずっと作戦畑を歩いて来ましたので、ご一緒に勤務したことはありませんでした。

ただ、今にして思い出しますと、昭和四年頃少佐であられた李王様が、歩兵第一連隊にご勤務の頃、私は騎兵第一連隊付の中尉で、共に第一師団に属していましたので、秋季演習等にご一緒に参加したことがありました。

その後、国際情勢があわただしさを加え、ついに戦争にまで発展するに及び、皇族も戦線に出るようになり、李王様も昭和十三年から北支方面軍司令部付として北京に勤務されましたが、当時私は、その方面軍の直轄であった第一軍の参謀として、山西省の太原におりました。

たしか、昭和十四年正月頃の寒い時でしたが、直属司令部ご勤務の李王様を太原にお迎えしたことがありました。そのことは、戦地での出会いであっただけにとても懐かしく、未だに忘れることができません。一方私は、上級司令部への連絡のために、しばしば太原から北京に参り、その都度、李王様にお目にかかることが楽しみでした。そのような機会に、北支方面軍司令官杉山元大将は、李王様と私を招いて、ご馳走をして下さることがよくありました。

当時、戦地にある軍司令官という重責を帯びていた杉山大将としては、くつろいだ時を持つことがあまり無かったので、われわれとの会食が、よほど懐かしかったのでしょう。三人が東京に帰った後も、杉山大将の肝入りで、李王様と私の三人が、赤坂の料亭等に集まって、北京の懐旧談に花を咲かせて、楽しい一夕を過ごす会合が何回か持たれ、或時は寺内寿一大将と四人で談笑したこともありました。

そのような時の李王様は、お酒を多くは召し上がりませんでしたが、盃をチビチビと傾けながら、終始ニコニコされて、大いに語り、大いに笑われ、とてもお楽しそうであったことが印象深く今なお瞼に残っております。

それなのに、終戦を迎えるや、李王様には王族としての待遇が一切なくなり、ご身分も、ご生活も、一朝にして大変化をよぎなくされ、どんなにかお困りになり、さぞかしご苦労をされたことだろうとお察ししております。しかるに私も、時を同じうして皇籍を離脱させられる急変に遇い、面くらっておりましたので、親しくお話し合いをする機会をあまり持てないままに打ち過ぎてしまいました。しかもその頃には、日本と韓国との新しい関係が生じる等、四囲の情勢が一変することもありましたので、一層ご心労が大きかったことであろうと、深くご同情申し上げていたのでありました。

しかるに思いもかけず、あまりにも早くみまかりましたことは、或いはその頃のご心労が、お身体にさわられたのではないかと、まことに残念であり、申しわけないような気がしてなりません。

ただその後、方子様が韓国に永住されて、かの地で心身障害者や精神薄弱児のお世話等をなさる立派な事業に、身を以って挺進しておられる健気なお姿を、スポーツ等のことで時々韓国を訪れる私は、よく拝承しており、常々心からの敬意を捧げておりますが、さぞかし李王様の御霊も満足しておられることかと、お察ししている次第であります。

以上、常々尊敬していた李王様への追憶としては、あまりにも漠然としたことになりましたが、思い起こすままを記しまして、今はただ心から李王様のご冥福をお祈りすると共に、方子様の尊い偉大なご事業のご発展をお祈り致すばかりでございます。

父を語る

李　玖
（元王世子）

今回、父の本を作るに当たって、関係があった方々から数多くの手記が寄せられました。それを読んで、とくに私が感じたことは、長時間父と話をしたり、父の心の奥深くまでさぐられた方が、大変少ないということでした。これは、父の性格からしても、一人の人を特別扱いするとか、ご自身の気持ちを打ち明けるとかいったことは、全くなさらなかったし、言葉少なであられたからだと思います。

父は、私が記憶する限り、ぐちをこぼしたり、過去のことを悔い悩んだり、人の悪口をいったりすることは、決してなさいませんでした。ですから、時代の背景と当時の歴史と関係者の方々の日記や回想を通じて描かれた本書の中から、父の気持ちを読みとっていただきたいと思います。

とくに父が伊藤公に伴われ、日本に留学された当時の詳しいことは、あまり知られていないと思います。「英親王が最も頼りにされたのは明治天皇、照憲皇太后、伊藤博文公で、少なくともこのお三方は幼かった英親王に愛情をそそぎ、皇太子（大正天皇）と同格に教育の方針を考えておられたと思う」という本書の指摘が、多くの事実の中から、実感として理解できるように思います。

以下、私の記憶に残っている父のことを、ご紹介したいと思います。

父の言葉　(1)

私が幼少の頃、父は軍務で多忙でありました。私もまた、山下、徳久、船津諸家庭教師を相手に勉強を続けていた関係上、学習院初・中・高等科の時代には、家族揃って毎夜夕食をとるといったことはありませんでした。

終戦後、数年間は一緒に生活する日が多かったのですが、昭和二十五年に私は米国に留学し、十三年も滞米することになってしまって、父と接する機会があまりなかったのです。その上、前に記したように、父は口数の大変に少ない方で、とくに重要なことがなければ、私と話をされる機会はあまりありませんでした。

そんな昭和十五年頃のある日、父の書斉で話したいことがあると言われます。口数の少ない父が、書斎で私に話をするというのは、普通のことではありませんから、何を叱られるのかと大変心配になりました。長椅子に座ると父は、

「私達王族は、日本の皇族の方々と同様、男子は特別身体の事情で陛下のお許しがある場合のほか、陸海軍いずれかの道を選ばなくてはならない。家庭教師にも言っておくから、どの道に行きたいか決めなさい」

とおっしゃる。家庭教師に相談するまでもなく、すぐさま「私は海軍に行きます」といってしまいました。父は陸軍であったから、私に「陸軍に行きます」と言ってもらいたかったのでしょうが、父は落着いて「そう、解った」といって、何のおとがめもなかったのです。海軍の軍人は、遠洋航海があって、外国にゆく機会が多く、世界の港を回ると聞かされていたので、簡単にすぐ答えてしまったのですが、それからは、音感教育（音で敵艦の位置を測定するため）の先生が毎週こられて、ドイツ語での教育が始まったのには参ってしまいました。昭和二十年九月から江田島の海軍兵学校に入校することに決まっていたのですが、その直前に、終戦になってしまいました。

昭和二十五年に横浜から船で米国に旅立ったのですが、翌日から太平洋は大荒れで、私は三日ほど船の中で完全に起きられなくなりました。一緒に留学した元伏見宮博明王は嵐の翌日から甲板に出て遊んだり、食事もなされたようで、さすが御祖父宮、御父宮とも海軍軍人であられた方とは違う、自分の船の弱さも知らないで「海軍に行きます」と言ったことが恥ずかしくなってしまいました。

父の言葉 (2)

B29の東京来襲が激しくなってきた、昭和二十年が

明けて間もない頃、当時航空軍司令官であった父が、ポツンと一言、

「陛下に申しわけがない。わが国の飛行機は、B29が飛行する高さまで飛んで行って体当りのできる飛行機も、人も、燃料も、なくなってきた」

と言って暗い顔をなさいました。

航空軍司令官という職にあって、本当に堪えられなかったことだろうと、幼心に父が可哀想になってしまいました。

続く東京の爆撃と、広島と長崎の原爆投下で終戦が近づきました。八月十五日、私は疎開先の栃木県那須の別荘で、学習院の同級生、伏見宮博明王と家庭教師と三人で玉音放送をうかがい、本当に無条件降伏に応じられたことを、家庭教師から説明を受けました。居合せた皆の目から、とめどなく涙が流れました。

父の趣味

父は、蘭の栽培と写真については、非常に詳しかったし、趣味として、最高のものを持っていたと思います。大きな温室が庭の一部にあって、研究室もあり、先生を招いて蘭の栽培の研究を熱心にしておられました。

日本のような寒いところでは、蘭は少なくとも十年かからないとハイブリッド（かけ合わせ）した花が咲かないのです。ご自分でハイブリッドされた花が咲くのを見る楽しみが父を引きつけたのでしょう。蘭の良質の品種を人工的にかけ合わせ、粉のような小さな種を試験管の中にゼラチンを入れて、その中で培養するのです。少しでも不純物が入ると、カビがはえて全滅してしまうので、その手入れは大変でした。

特別の空調のきいた温室の部屋に入れておくと、米粒のような小さな蘭の苗ができるので、それを、一つ一つピンセットで小さな培養器に移しながら、葉の出たとき順次丁寧に鉢に移してゆくのです。葉を薬品で一枚一枚ふいたりするのは大変な仕事で、そのために使用人が六人もいました。カトレア、デンドロビューム、シンビジューム、ミルトニア、ヴァンダなど、いろいろの種類のものがありました。ミルトニアは、花は美しいが弱々しい品種で、夏になると、父はこれを車で涼しい那須の別荘に移していました。

戦時中は燃料不足になりましたが、温室だけはいつも暖かくしてありました。冬になると、私もそこへ行

って、毎日勉強していました。お陰で理科のレポートの題材に不足はありませんでした。

父が最も欲しがっていたのは、カトレアの純白のものでした。ご自身でハイブリッドされたものが、十年たって白の花弁の中央に一寸黄味がかったのができた時は、さすがに残念だったらしく、「この黄色味をなくすには、一体どうしたらよいのかナ」と、自然との戦いをしておられました。

父の蘭の栽培は国際的にも有名だったようで、海外とも文通されたり、パンフレットが送られてきたりしていました。

父の写真熱も相当なもので、美人から風景の写真まで、一六ミリからスチール写真まで、長谷川伝次郎氏に習っていろいろと研究しておられました。私は、暗室の薬品の嗅いはあまり好きではなかったのですが、現像室の焼き付けでできてくる美人の顔を見たくて、よくはいって父の手伝いをしたものでした。無言で教えて下さる父の横で、本当に楽しそうに現像を続ける父の姿にみとれていたものです。

このようなことは、昭和十五年ごろまで続きましたが、父の軍務が多忙になってからは、温室も写真も、遠のいたようでした。

父と小鳥

終戦前のことでした。誰かが口ばしが黄色で、体の真黒な鳥を献上して来ました。父は書斎の前の日当たりの良い部屋で、籠に入れて飼っていました。その鳥が、フトしたことから、女中が掃除しているうちに逃げて行ってしまったのです。父は女中をとがめず、空を眺めて一言、

「あの鳥は渡り鳥だから、きっと秘苑（ソウル昌徳宮の中にある庭園）に帰って行くだろうにネ」と。

そのお言葉を幼心に聞いて、やはり、故国のことを時々考えておられるのだな、と、父の気持ちがわかるような気がしました。

故国の言葉

父は、故国の言葉を私に教えるべく熱心でしたが、大体が尹妃さま（純宗皇帝皇后、李王垳妃）にお目にかかった時に使うような敬語が多く、今日の言葉とは大変な差があったようです。ですから、私が帰国してからは、始めから勉強し直さなければなりませんでし

た。

終戦後、米軍のＧＨＱに勤めるカー博士が、父を訪ねて来られました。白髪の老人でしたが、始めから終りまで、落着いた故国の言葉で父と話をして帰られました。帰られた後父は、

「宮中の敬語まで、はっきり知っているのに驚いた。外国人の宣教師は、本当に偉いネ」と感心しておられたことがありました。

この人は、英語の全くできない韓国人から言葉を習ったそうですが、実にみごとな会話で、私などとても及ばないと思いました。

父とフルート

終戦後、規則正しい軍務の生活から離れた父にとって、あまり楽しみもなかったと思いますが、宮内庁雅楽部の奥先生からフルートを習っておられました。フルートは、呼吸器がよほどよくないとむずかしいもので、私など吹いてもとても音が出ないのに、父はスラスラと良い音を出していました。

さすがに永年、軍隊生活をしてこられただけあって呼吸器の方はかなり強かったようです。

父とスポーツ

冬休みや夏休みになると、父は私を連れて、那須のゴルフ場、奥日光や赤倉のスキー場、槍ケ岳や那須岳の登山、山王の室内スケート場、赤坂の家の中の馬場の乗馬など、なるべく多くのスポーツを身につけるよう指導して下さいました。お陰で、あまり上手ではないけれども、スポーツは何でも一応はできるようになったのですが、ただ乗馬だけは、どうも苦手で、父が障碍を一緒に飛んでくれても、目をつぶってしまい、父から、

「目をつぶっては駄目！　目を開けて前を見るの！　前を見るの！」

と、何遍も言われました。何とも目を開けることが難しく、大きな馬に小さな足でまたがるのですから、とにかく大変でした。

いろいろなスポーツのとき、大抵父は、その道の専門家を一緒につれて行かれ、私もその指導にあずかることができました。猪谷千春さん、鶴見とし子さんや山口誠一郎氏とも、何度か一緒にスキーや登山に行きました。鳥が飛ぶように、軽く急斜面を滑ってゆく同

年輩の千春さんが羨しく、何度も試みましたが、どうにも及びませんでした。

父の態度

父は口数は少なかったのですが、ご自身の行動をもって私にいろいろなことを教えて下さいました。

軍務の時、出勤の時は一つも乱れたところがなく、お酒を飲んで帰られても、軍服をキチンと着けておられ、その態度は、私が見ても立派だなァ、と思いました。代々木練兵場で観兵式があったとき、一度だけ学習院から拝観に行きましたが、陛下の後に続く方々の中に、父の馬上の姿がみられました。

戦後、父は、精神面でも、経済面でも、非常な苦境を味わわれたのですが、ご自身の立場をよく知っておられ、商売などは一切試してみようともなさいませんでした。父は、私を早くアメリカに留学させて、自由な身になることを望んでおられたようで、米軍の方々といろいろ相談の上、留学の道へと無言で進めて下さいました。

たった一人の子供を海外に出すことは、当時大変な勇気が必要だったと思いますが、父はそれを黙ってやってくれました。

父の訪米

私が渡米してから、無国籍のまま、十一年が過ぎました。昭和三十二年MITを卒業しましたが、国籍がなかったため、日本へも韓国へも帰ることができませんでした。両親がニューヨークに私を訪ねてきて、卒業式には私が大変お世話になった上出雅孝氏ご夫妻と一緒に出席していただき、国籍のことでお世話して下さったウイリアム・コステロ氏夫妻にも会っていただきました。

その後、どうしても私と一緒にいたいというので、私の知人であり、ボクシング界では有名なジーン・タニー氏ご夫妻にお願いして、アパートを貸していただきました。父はこのことで、非常にタニーご夫妻に感謝していました。

その頃は、ニューヨークで生活しておられた猪熊弦一郎ご夫妻や、上出氏のお宅を時々訪問したり、在米のシア・グリ会（猪熊氏の思い出参照）の二世のメンバーの森まや、矢島みち子さんたちと一緒に、グロン・アイランドに旅行して、画商、ウイラードご夫妻の別荘に泊まったりしたこともありました。しかし、当時父は足が弱くなり、行動が自由でなかったのは大変残念でした。

昭和三十六年、私はハワイの東西大学の設計のためニューヨークの建築事務所、アイ・エム・ペイ氏のところから一年間ホノルルに派遣されていました。ハワイは日本からも近いし、暖かくもあるので、この間、両親が再度私のところを訪ねてくれました。私はこの年の末、元ケネディ大統領が、マサチューセッツの上院議員のとき、私のために出していただいた特別の書類により、私のアメリカ市民権がアメリカ国会で認可されました。この頃は、父の足がまた一段と弱くなってきたので、運動が第一と考え、アイスクリームを食べに行きましょうとか、夕食に出かけましょう、とか言って、徒歩で近くのワイキキ街にお連れし、少しでも体重を減らしていただくように、努力しました。父は、私と一緒にいることが、唯一つの楽しみであったかのように思われました。

おわりに

祖先の霊を祭ることは、儒教の教えです。李王家のご先祖の神位は、故国の宗廟に祀ってありますが、父は神位に代るものを、赤坂の家の一番高いお部屋に祀りました。宗廟でお祭のある日には、日本式のお供物でしたが、香炉とお酒の容器に、故国のものを使って例祭を行われ、宗廟のお祭は大切なものであると、常に私に諭されました。

私が韓国へ帰ってから、父の三周忌を終って、毎年五月の第一日曜日に、各王派の子孫の方々と古代の祭礼を挙げさせていただいております。このお祭は、当日一緒に演奏される雅楽とともに、現在は無形文化財に指定されており、父の神位も朴大統領の特別のご配慮で、宗廟の永寧殿にお祀りされております。

父が帰国してから亡くなるまで六年半、病院生活を続け、尹妃さまとも対面なされず、昔住まわれた宮殿にも足を運ばれなかったことは、本当に残念でなりません。父が亡くなった五月一日は、昌徳宮楽善斎の庭の中の、ありとあらゆる花が、美しく咲きみだれた日でした。

最後に、本書のために父の回想録や資料を提供して下さった方々に、厚く御礼申し上げます。

李王殿下の画業

猪熊弦一郎（画家）

二十数年前、私たちがアメリカに出かける前であった。私のアトリエで日曜画家が集まり、モデルを使って毎日曜日にデッサンを描いていた。当時私の家には猫が十二匹もいた。その大部分がグレーの毛色の猫であったから、これらの猫の名をかりて、シア・グリ会（ねずみいろの猫の意、フランス語）と命名した。

その頃の主なメンバーは、谷口吉郎氏夫妻、御木本美隆氏夫妻、御木本氏母堂、服部良一氏夫妻、小林勝之氏夫妻、橋本兵衛氏夫妻、森清氏夫妻、矢島久利氏夫妻、水島博士夫妻、小林利雄氏夫妻、北村日瀬氏夫妻、石橋幹一郎氏夫妻、本間利章氏夫妻等の方々であったが、その当時、李垠殿下、方子妃殿下もご一緒にデッサンを描かれた。

みんなそれこそサンデーペインターであるから、私もお教えする時も、画学生のように厳格な基礎のやり方はなるべく避けて、各自の自由な面白さを引き出そうと試みたところが、回が重なるにつれて、連中の熱心さはまるで驚く程で、私も自然画学生に教えるように、正しい基本を教えざるを得なくなった。それでも本来の画家の作品とは、どこか違っていて、無邪気で子供らしく、私自身が教えられるような、美しいデッサンもできるようになった。

李垠殿下も、方子妃殿下も、実にご熱心で、毎回休まれたことはなく、まったくその日曜日が楽しみでたまらないように、私の粗末なアトリエに通って来られた。モデルの持つ形、動き、色、感情、プロポーションの美がわかって来るにつれて、連中の熱は上がって来て、止めようがないように思えた。はては、皆様のご家族の子供さんまでが描きに集まるようになって、私のアトリエは大入り満員になった。

シア・グリ連中の作品は、一つ一つ異なっていて、ある者は頭を大きく、ある者は脚を短かく太く、白々と描く人、真っ黒に身体全体をぬりつぶしてもまだ黒く黒く（これは私の妻のもの）描くもの、画面の上方の頭が切れて、下方の脚が上に浮いてしまう人、頭がちゃんと入っていて、脚が画面から切り出されてしまうもの、太ったり細ったり、それはそれは面白く美しく、とても本職の画家が及びもつかぬ傑作を、次々に描いていった。回を重ねるにつれて、描くのも早くなり、力強いものになったり、消え入るようにやわらかなものになったりして、私は教えるより、一つ一つ見て回る悦びの方が大きくなって来た。

多くの連中が、思い思いに自由奔放に画面の上で夢中になっている間に、李垠殿下は、他の連中とは違っておられた。と言うのは、真白なデッサンペーパーの中に、一つの人体が、上方と下方を少しずつ等分にあけながら、きちんと、画面一杯に整然とおさまっている。これはいつの時も同じである。最初描かれた時もそうであった。画面の中に、正しくコンポーズすることは、並大抵のことではない。李垠殿下は、生まれつき持っておられた王道の何かが、そのように自然のうちにさせたことだと思う。今考えてみても、私には、このことが不思議に感じられる。後になって、ニューヨークの私の家に、お二方で度々お訪ね下さるようになってからも、絵を描かれたが、人体でなく他の静物を描いても、その物をズバリ、画面の中に安定させられ、一分も不安のないコンポジションを作られたことは、全く不思議なことであった。

私たちは幸福にも、絵を通じて李垠殿下、方子妃殿下、李玖さまに親しくして頂いたことは、一生の光栄であった。今、李垠殿下がご薨去遊ばされて七年目を迎えるにあたり、殿下の人となりを追慕おくあたわずここにご生前の画業の御跡の一端をしたため、謹んで御霊に捧げたいと思う。

韓国人のみた
李王垠殿下のご一生

金乙漢（作家）

李王殿下のご人徳というか、この方に対して、かつて悪評する人をみたことがない。筆者が殿下の帰国のお手伝いをするため、東京でかけ回ったとき、どの官庁で、どの官吏に会っても、殿下のことで来たといえば、高官から下級官吏に至るまで、すでに日本との関係の切れた殿下に対して、つねに最高の敬意を表しながら、何でもよくしてあげようとする誠意が、目に見えるようだった。

一九七〇年は、李王殿下と方子妃が結婚されてから満五十年になり、同年四月二十八日には、それを記念する金婚祝賀晩餐会が、ソウルの鐘路YMCAで開かれた。

その日の金婚式には、六三年十一月二十二日に帰国されて以来、六年半もずっと入院されたままの李王殿下は、もちろんご出席できなかった。ただ、方子妃と世子李玖さま、また、方子妃が理事長をされている明暉園の関係者だけ列席したが、明暉園の子どもたちが歌う「婚姻賛美」と、「主のころもにふれて治療を祈る」という賛頌歌が、もの悲しくひびいて、波乱の多かった半世紀の歳月を思い出させるようだった。

このソウル中央YMCAと、李王殿下とは、特別の関係にあった。当時、皇城（ソウル）基督教青年会は一九〇三年に創立され、一九〇七年（光武十一年）に会館が新築された。この新築は当時、YMCAの指導者として世界的に有名だったアメリカ人、モット博士のあっせんで、百貨店王ワーナー・メーカー氏が、巨額の寄付をしたほか、国内でも内蔵院卿・玄興沢氏が鍾路にもっていた広い敷地を提供して、同会館の新築が実現した。

それればかりでなく、皇城基督教青年会が創設された一九〇三年には、日露両国の満州における対立抗争が激化して、韓国を北緯三十九度線で両断する計画が進められて、国家の運命は〝風前のともしび〟同然の危機にさらされた。

こうした時機に、皇城基督教青年会の出現は、暗欝なその時代における唯一の光明であった。また、李商佐、尹致昊氏ら当代一流の指導者たちが、将来の希望を、ただ青少年にかけて、その運動に参加したので、青年会の比重はさらに大きくなった。

それとともに、当時韓国王室でも、この青年会運動に大きな関心を持つようになり、隆熙元年十一月十四日、新会館の上棟式には、とくに高宗皇帝（後の李太王）から巨額の金を下賜され、とくに新しく皇太子になられた幼少の英親王を派遣された。英親王は建物の礎石に「一千九百七年」の文字を書き、大講堂の壁にひと握りの土をつけて、この工事の主人公らしい行事をされた。このことは、当時の保守的でがんこな王室としては最初のことで、ＹＭＣＡとしては大きな光栄であった。

こうして、鐘路に赤いレンガつくりの四階の建物（六・二五動乱の戦火で焼失）が完成したが、そのあとの一九〇九年には、高宗皇帝がまた、十万円を下賜された。このように韓国基督教青年会と旧王室とは、実に深い関係にあった。それで李王殿下が、たとえご病気中とはいえ、ご夫妻の金婚式が、そのＹＭＣＡで挙行されたのは、けっして偶然ではなかった。それは、李王殿下がご逝去される四日前のことだった。

李王殿下ご夫妻は、一九四五年四月に銀婚式をあげられたから、それからちょうど二十五年ぶりに金婚式をあげられたわけである。一九四五年は、太平洋戦争の末期、すなわち、韓国解放の年で、東京はB29の空襲で廃墟と化し、李王殿下ご夫妻は、防空壕に出入りしながら、簡素な銀婚式をあげられた。しかし、こんどは独立した祖国に帰られて、金婚式の日を迎えられたのだから、どれほど慶祝すべきことだろうか。方子妃の感慨は実に深いものがあった。しかし、李王殿下はそのことも知られず、ただベットの上で寝られたままだったが、その金婚式から四日後の七〇年五月一日、急に容態が悪化して、ついに薨去されたのである。

李王殿下は、その日の正午、危篤の急報を受けてかけつけられた方子妃、玖氏夫妻、主治医金博士らの側近者らに見守られて、長い間、病魔にさいなまれた苦痛とは、まったくちがった安らぎの表情で、静かに目をつむっておられた。

思えば波乱の多かったご一生だった。李朝最後の皇太子に生まれて、七十余年の生涯で一度も気楽に笑われたことがなかったことは、なんとお気の毒な人生であったことだろうか。

英親王が、幼い皇太子の身で、初めて日本に連れて行かれたとき、父王の高宗皇帝から、

「日本に行ったら、悲しいことも、うれしいことも、いっさい顔色に現わさないように気をつけよ」

としんみり諭された。そのせいか、渡日後の李王殿下は、何一つ気ままにものをいうことのない生活を送られた。そして、最後の息を引きとられるときには、一言の遺言も残されなかったから、李王殿下こそ、孤独の王子で、沈黙の王子だったといえるだろう。

李王垠殿下のご葬儀は、一九七〇年五月九日に挙行された。その日午前七時には、殯殿のある楽善斎で、カトリックのミサが行われ、仏教徒たちも別に殿下の冥福を祈った。

つづいて行われた昌徳宮大造殿の前庭の告別式には約五百人の内外の弔問客が集まり、喪主の玖氏と方子妃の焼香から始まった。三府代表と外交使節団、一般弔問客が焼香をつづけた。とくに日本からは、天皇の使者として高松宮ご夫妻、ご親戚代表として秩父宮妃が参列され人目をひいた。

やがて、李王殿下の梓室（霊柩）は殯所から大輿に移された。お棺は「懿愍皇太子之梓室」という銘旗を前に立てて、進明女高生二十人がひろげ持った太極旗と、養正高校生らが捧げ持つ無数の輓章に守られて敦化門を出た。それから故高宗皇帝の金谷御陵近くにあるソウル郊外の英園に向かった。

この日沿道には、数十万人の群衆が出て、李王さまのご葬儀をお見送りしたが、両側に白い綱をひいた路辺には、すわったり立ったりした人波でいっぱいだったし、家々の窓や屋上にも、人だかりがしていた。とくに老人たちは、「おお、英親王さままで逝かれるのか」と、涙を流した。

李王殿下の梓室は、英園の臨時殯所から、儀仗隊員によって、すでに準備された境内の玄室に静かに移されて安置された。こうして、そのご遺体は、父王高宗

皇帝が埋葬された金谷王陵域内で、永遠の眠りにつかれたのである。

ところが、この日、昌徳宮寿康斎に起居中の徳恵姫(もと旧対馬藩主、宗伯爵夫人)は、兄君李王殿下のご不幸の知らせに接しても、そのことさえ理解できなかったので、またも周囲の人たちを泣かせた。姫の不治の病は、それほど意識喪失状態だったからだ。

日本の皇室からは、

「天皇・皇后両陛下からは、李垠殿下の訃報に接せられて、深く哀悼、弔意を表せられました」

と、伝えてきた。

こうして悲運の皇太子、李垠殿下は、一言ものこさないまま、思い出多い昌徳宮で、最期の息をひきとられて、祖国の土にその骨を埋められたのである。

ここで一つ遺憾なことは、もう少し早く帰国されてたった一日でも、祖国の土を足で踏まれていたら、どんなによかったことかということである。そのかわり一時は国籍上、日本人になっていたのを還元して、なつかしい祖国で余生を終わられたのは、それこそ不幸中の幸いといえるだろう。

李王殿下のご葬儀が行われた日、ある放送局のアナウンサーが、実況放送の中で、

「きょうは、前皇太子英親王李垠氏のご葬儀の日であります。李朝五百年の最後の皇太子として生まれた運命のために、あらゆる苦労をなめられてから、七十三歳を一期に世を去られた英親王、その方の生涯は、旧王室の悲劇をそのまま象徴するように、孤独と忍従の一生でありました」

と叫んだ声が、きわめて印象的だった。

「春草年年緑、王孫帰不帰」(王維〝送別〟)

という古い詩句がある。来年の春、いや再来年の春にも、昌徳宮の前庭には、春の草がおい茂るだろうが、李王殿下は、もうふたたびお帰りにならず、どれほど無常でさびしいことだろうか。これで旧王室最後の皇太子李垠殿下は、万代の恨事をその胸に秘められたまま、天国に召されて逝かれたのである。

李方子さんの七宝焼

数奇な運命の果てに凡てを韓国に捧げる元王妃

岡崎　清
（相模工業大学教授）

大韓帝国最後の皇太子

韓国と日本の間には、不幸な歴史があった。

その不幸を一身に背負われた人、大韓民国ソウル市昌徳宮に住む李方子《まさこ》女史を知っている日本人はあまり多くはないであろう。この世に高貴という言葉があるが、この言葉はこの方のためにあるのではないかとさえ思った。ソウルの方子さまから頂いた『すぎた歳月』という本を帰国の飛行機の中で読んで、旧皇族であられたという尊崇の念を超えて、その悲しい運命と、それを乗り越えた人生の気高さに、涙を押えることができなかった。家風の異なる私の家に嫁いだ女房にこの本を示して、「李方子さまを見習え」と言ったとき、流石《さすが》の女房も二十七年来のぐちを言うのを諦めた。

韓国の首都ソウル市の東方二十四キロに、「大韓帝国」李王朝二十六代高宗と、二十七代純宗の陵がある。その裏山に「大韓帝国」最後の皇太子英親王（後の李王垠《ぎん》殿下）の土まんじゅうの陵がある。その山の下には拝殿があって、その横の石碑に「大韓、懿愍皇太子……」と刻まれている。

懿愍とは、一生いばらの道を歩んだ人という意味だそうである。その横には「皇太子妃左に眠る」という意味の文字が刻まれているが、妃方子さまはまだ御存命であるので、その文字は粘土で埋められていた。日本の旧皇族、梨本宮守正王の第一王女、方子さまは、やがてここに眠られることになるのであろう。私はこの陵に日本式の拝礼をした。私を案内してくれた金先生は、まず両手を天に向け、次に地にひれ伏して拝礼をした。韓国版高山彦九郎といったところであろう。
金先生は北朝鮮の生まれで、朝鮮動乱の時、半田ごてとドライバーとラジオペンチだけを頼りに、お母さんを残して南に逃げてきたと言う。あのお母さんとは今でも音信不通だそうだ。お父さんは、大正八年三月一日の万歳事件の時に、日本人の警察官にむち打たれ、それがもとで亡くなったという。朝鮮総督府の治世も苛酷であったが、末端の日本人も、必要以上に威張っていたようだ。同じ日本人として、何ともわびしい話だ。

それ以上にわびしいことは、万歳事件といっても何のことか分らぬ日本人が大部分だということである。日露戦争の勝利の後、「大韓帝国」は外交権を失って、日本の保護国となった。李王朝二十六代高宗は退位して二十七代の純宗に位を譲った。純宗には子がなかったため、弟の英親王が皇太子に立てられたのである。明治四十年十二月、数え年わずか十一歳の英親王は、初代韓国統監伊藤博文に抱かれて、新橋駅頭に降り立った。その写真が当時の新聞にも掲載されたそうだが、その人質の姿のあまりの傷ましさに、思わず涙がこぼれたとは、私が幼少の頃、年寄りから聞いた話である。伊藤公には別の構想もあったとは思うのだが、彼は明治四十二年十月、訪露の途中ハルピン駅頭において韓国人青年の弾丸によって斃れた。絶命の寸前、何か口走った彼の真意は永久に解明すべくもない。以来、事態は急進展、明治四十三年八月二十二日、「大韓帝国皇帝は、今後永久かつ無条件に、一切の統治権を大日本帝国皇帝に移譲す。」という、日韓併合条約が結ばれた。明治の栄光の時代の終りを表徴するかのように、ここに両国間の不幸な歴史が決定的になったように思う。伊藤公亡き後は、大英帝国気取りの政治家や学者やジャーナリストの圧力もあった」とは思うが、軍人統監によって急速に日本化政策が進められた。ハングル文字の使用を禁止したり、韓民族に朝鮮神宮への参拝や日本姓への改姓を強制したりしたことは、どう考えてみても弁解の余地はないだろう。大正八年、李太王（高宗）は、民衆の苦衷を訴える密使をパリに送る計画をすすめていた。これが事前に日本側に発覚したことから、総督府の密命を受けた侍医が李太王に毒を盛ったのである。高宗の后、閔妃《びんび》も、明治二十八年、日本人壮士団によって斬殺されているのである。しかし、悪事は必ず露見するもののようだ。李太王暗殺の真相は、侍女の口から漏れた。これを伝え聞いたソウルの民衆は、「祖国を日本の帝国主義から解放しよう。祖国独立万歳！」と叫んだ。この叫びは忽ちにして半島の津々浦々にまでも波及した。これが万歳事件と呼ばれるものである。

完全な政略結婚

この事件のために、予定より約一年延びたのだが、日本の士官学校を卒業した英親王は、方子さまと結婚された。方子さま自身、自分の婚約を新聞紙上で初めて知ったというぐらいだから、完全な政略結婚であろう。しかし、方子さまは、ひたすらに英親王のために尽された。そして大正十年八月、政略の筋書き通り、目出度く日韓融合の象徴、晋殿下がお生まれになったのである。

晋殿下が生後七カ月の頃、英親王夫妻は赤ん坊を連れて、初めて玄海灘を渡った。ソウルでは嘗ての大韓帝国のしきたりにしたがって、数々の儀式や宴会が行われた。それらが恙《つつが》なくすんで、帰京の前日のことである。晋殿下が突如発病し、容態が急変した。毒を盛った人がいたのである。実は、英親王が十一歳のとき、高宗が妃にと定めた人がいた。この国の古いしきたりでは、一度許婚と定められた人は、たとえそれが叶わなくても、一生他の人との結婚は許されなかったのである。その人のせいであったとも思えないが、民衆の怨みはそれほど深かったのであろう。晋殿下は、はかなくも七カ月の生命を終えられ、現在の韓国科学技術院（ＫＩＳＴ）のあたりにある祖母厳妃の墓の中に葬られた。悲嘆の帰京の時、方子さまが母君の胸に泣き崩れた写真が、当時の新聞紙上にも掲載されたということである。方子さまにも不妊の毒を盛られたというのは世上の噂であった。それが事実であったかどうかは知る由もないが、なかなか次の子が生まれなかったことは確かである。大正十五年純宗が薨ぜられて、英親王は李王を継承され、当時の日本では李王垠《ぎん》殿下として親しまれていた。晋殿下が亡くなられてから八年、方子さまは待望の玖《きゅう》殿下を産まれた。昭和十一年、李王垠殿下は宇都宮におられた。その頃の方子さまと李玖殿下の写真が『すぎた歳月』の中にも収められているが、それは恐らく方子さまにとっても幸せの絶頂の時であったろう。その頃、私も宇都宮にいて、小五の腕白であったが、時たま李王邸に出入りして、李玖殿下に竹とんぼなど教えて遊んだことを覚えている。

昭和十五、六年頃、私は大阪陸軍幼年学校の生徒であった。その頃李王垠殿下は大阪大手前に住んでおられた。李王垠殿下が二回、方子さまがそれとは別に一度、幼年学校にお出でになったことは、大阪陸軍幼年学校史にも記されている。当時の日本の皇族のしきたりでは、李玖殿下もやがては陸海軍のいずれかに進まねばならぬことに決っていたので、その様子を御覧になりたかったのではないかと思う。その頃の私はまだ子供であったので、李王家の深い事情などは知る由もなかったが、唯方子さまは美しいと思った。

戦局は日々に暗く、日本は遂に敗戦の日を迎えた。庶民たちの苦しみにも増して、皇族方の御苦難もそれ以上のものではなかったかと拝察する。昭和二十二年臣籍降下と同時に日本国籍をも失った方子さまが、古いカーテンの生地を使ってブラウスを作った日々があったとは、この本を読むまで知らなかった。だが、李玖さまだけは逞しく成長され、米国に留学し、苦学しながらMITの建築科を卒業された。ご両親としては、出来ることなら日本人か韓国人と結婚してほしいと思っておられたのであろうが、ドイツ系アメリカ人、ジューリアさんと結婚された。これでまた、悲嘆にくれられたのではないかと愚考していたのだが、そうではなかったところが方子さまの素晴しいところである。

最も尊敬できる日本人

私は政治のことは解らないが、朴大統領の李王家に対する態度は立派であった。朴大統領はしばしば使者を派遣し、一度は自ら花束を持って、東京の病院に入院中の嘗ての大韓帝国最後の皇太子を見舞ったのである。昭和三十八年十一月、英親王は既に病い重く、意識も定かでなかったけれども、特別機で五十数年ぶりで故郷ソウルに帰還された。ソウルの沿道の市民は、ちぎれるように手を振って、李垠様御夫妻をお迎えしたということである。

再び病いの癒える日もなく、英親王は昭和四十五年五月一日に亡くなられた。韓国国民は国葬の礼をもってお送り申し上げたという。方子さまはそのまま韓国に留まって、李王朝の離宮、昌徳宮の東南の角にある償素な楽善斎に住み、日本で会得された七宝焼の技術をソウルに伝えて、身体不自由児、精薄児のために、慈善事業の余生を過しておられると聞いていた。私は、ソウルに着いたその日、何げなく李方子さまの評判をきいてみた。教授曰く、「あの方は時々デパートでお見かけしますが、崇高な方です」。S社長曰く、「もし、あの方が亡くなったら、私たちは国葬の礼をもって、お送りしたいと思っています」。夜中にホテルに呼んだ盲目の男のあんまさんは、「私は水原市の施設で一度お話をうかがったことがありますが、あのような日本人（今は韓国籍なのだが）を私は最も御尊敬申し上げております」と言うのを、私は確かにこの耳で聞いた。一人の日本人として、これほど嬉しかったことはない。

昭和五十一年十一月七日、私は李校長先生と金先生に案内されて、楽善斎を訪れた。私たちは、遠くからごあいさつ出来れば、それで終生の光栄と心得ていたのだが、方子さまは三人を応接間に招き、約一時間ほどもお話しいただいた後、方子さまの七宝焼なるものを見せて下さった。楽善斎の一隅の作業室には、十五、六人の韓国の女性が、方子さまから彩色の指導を受けていた。佳恵とは方子さまの雅号であるが、その芸術の気高さは、すでにプロの領域を遙かに越えている。

方子さまは今、明暉《めいき》園と慈恵学校を経営しておられる。明暉とは英親王の雅号、明暉をとったものである。明暉園では、十四歳から十九歳までの唖と小児マヒの子供のために、女子には刺繍と編物、男子には木工芸とデザインなどの職業教育を行うかたわら、勉学の機会をも与えておられる。また、心身障害児のために慈行会という団体を組織し、水原市に精薄児養護学校・慈恵学校をも設立されたのである。文化財管理委員会から毎月六十万ウオン（三十六万円）の生活費と、有志からの寄付金だけでは明暉園百名と慈恵学校百名の世話ができないので、かくのごとくにして一日数十個の七宝焼を焼いて、直売店でその資金を得ておられるのである。

朝鮮半島は、日本にとって最も深くかかわり合っている外国である。恐らくは私たちの血の中にも、韓国の人たちと共通の血が半分ぐらいは流れているであろうのに、日本人にとって韓国ほど近くて遠い国はない。それほど難しい問題であったのに、か弱き高貴な女性の御身をもって、李方子さまは韓国人の夫とその祖国のために、身も心も捧げ尽された。生きて仏になるとはこのことであろう。その御姿に接した感動は、方子さまの御祖父が門跡《もんぜき》をしておられた京都三千院の鐘の音の余韻のように、私の心の中に嫋々《じようじよう》として響きつづけている。

『文芸春秋』昭和52年2月号所載

〔英文梗概にかえて〕

李方子さんの七宝焼

（岡崎　清『文芸春秋』昭52・2月号所載）

滝沢一郎　英訳

Mrs. Yi Pang Ja Makes Cloisonné

Japanese Ex-princess Masako devotes herself to Korea after her unique vicissitude of life

By Kiyoshi Okazaki

Unhappy was the history of the relations between Korea and Japan. Mrs. Yi's (nee Masako) private life has been deeply intertwinned with this history. She now lives in Seoul city as a naturalized Korean citizen. A very few Japanese know about her and her unique life story.

During my flight back home from Korea, I couldn't hold tears when reading her book Sugita Saigetsu (Past Years) which she gave it to me. I know she is from The Emperor's family. That is, of course, quite awe-inspiring to me. But, the reason why I was so moved is that the book acquainted me with her sheer nobleness. With this nobleness she has overcome her sorrowful destiny.

I showed this book to my wife and told her that she should do as Mrs. Yi did. Then finally my wife gave up complaining her twenty-seven-year-old complaints.

The Yi Dynasty's imperial mausoleum is located twenty four kilometers east of Seoul, where the twenty sixth King Kō Jong and his successor King Sun Jong rest. Up behind the mausoleum is a grave mound which belongs to Yong Chin Wang, the last crown-prince of the Korean Empire. A shrine is found down the hill. There, on the side of the shrine, you will see a stone monument on which are engraved letters signifying, "Korean Crown-Prince who lived a thorny life". Next to these letters you can read that the Crown princess rests on the left side. However, the letters are filled up with clay, for she is still alive. This means that here will be buried Princess Masako who is the first daughter of the former Imperial Prince Nashimoto.

I bowed down to the mausoleum in Japanese style. My fellow-visitor, Professor Kim reverently raised his hands high and knelt down to the earth. He seemed like a TAKAYAMA Hikokuro who was famous for his distinguished loyalty to Japan's imperial family.

Professor Kim was born in North Korea. During the Korean War he fled to the South leaving his mother behind him. The things he brought with him to live on were a soldering iron, a screwdriver and a pair of radio pliers. He has not heard from his mother since then. His father was beaten by the Japanese police when the Banzai incident (Manse Sa Keun) occurred in March, 1919. He died soon after this beating. The Japanese administration in Korea was so cold and harsh. The Japanese citizens living in Korea were also very arrogant and high-handed. I am a Japanese and feel very sorry for it.

I feel more sorry that the most Japanese people don't know what is all about the Banzai incident. After Japan's victory in the Russo-Japanese War, the Korean Empire lost its sovereignty and became Japan's protectorate. Kō Jong, the twenty sixth King of the Yi Dynasty, abdicated the throne and Sun Jong succeeded him to become the twenty seventh King. Sun Jong had no heir and his brother Yong Chin Wang assumed crownprinceship.

In December, 1907, eleven-year old Prince Yong arrived at Shinbashi station in Tokyo with ITO Hirobumi, Governor-General of Korea, standing behind him. He came to Japan to be held a hostage. In my childhood old people used to tell me that the picture of Prince Yong's arrival was too pathetic to keep back one's tears. Count ITO might have had some different idea about his handling. But ITO was shot to death by a Korean youth at Harbin station in October of 1909 on his way up to Russia. A moment before his death he sighed out something unclear. He is gone and there is nothing to tell about his real intention.

Since then the development of Korea affairs were so quick that Japan-Korea annexation treaty was signed on August 22, 1910. This treaty told the Korean King to give unconditionally his all sovereign power to the Japanese Emperor for good and all. The conclusion of the treaty was decisive in making later Japan-Korea relations unhappy and lamentable. It also symbolizes the end of the glorious days of Meiji era.

After ITO's death military Governor-Generals quickly launched a Japanization policy that was supported by colonialist-oriented politicians, scholars and journalists. We have no excuse for a series of oppressive legislation —— the prohibition on the use of national Hangeul letters, forced visit to Shinto-shrines and compulsory change of Korean family names into Japanese.

In 1919 Kō Jong was planning to send a secret envoy to Paris. He wanted the envoy to speak out about the Korean people's sufferings. His plan was revealed before its realization. It was said in Korea that his private doctor, directed by the Governor General of Korea, poisoned Kō Jong. His wife, Queen Min was also put to the sword by the Japanese nationalist ruffians in 1895. However, an evil deed easily reveals itself. The truth about the King's assassination leaked out through one of his court ladies. The people in Seoul shouted loudly, "Liberate our motherland from the Japanese imperialism ! " They also hurrayed for independence, shouting "Banzai (Manse)". This Banzai shouting instantly spread all over the Korean peninsula. This is why this incident was called Banzai affairs (Manse Sa Keun)

After his graduation from the Japanese military academy Prince Yong was married to Princess Masako, although the Banzai incident delayed their marriage for about a year. This marriage was utterly expedient and intended for political purposes. Princess herself was first informed about her betrothal in a newspaper. Despite this and other difficulties she became Prince Yong's devoted wife.

In August of 1921, as if written in a political scenario, Prince Chin was born who was a symbol of the Japanese-Korean amulgamation. The young imperial couple took their seven-month-old son and made an official trip to Korea. Many rituals and banquets were held in Seoul in accordance with the old Korean customs. On the day before their departure for Japan, when official occasions were all over, the seven-month-old infant suddenly fell ill and his condition turned worst. He may have been poisoned too. As a matter of fact, Prince Yong at the age of eleven, was betrothed to a queen-to be in Korea. According to the old Korean custom, once betrothed, she will never be allowed to marry an another person even though the betrothal is not filfilled. I don't think she poisoned the baby. But the grievance of the Korean people was deep enough to let me think that this might have been the case. Prince Chin's body was buried nearby his grandmother's, Om Bi's grave located near the Korea Institute of Science and Technology.

A picture showing Princess Masako in tears in her mother's chest was then in newspapers. A rumor had it that she was also poisoned to become sterile. No one knows whether it was true or not. But it was true that it took her long years to have a next baby. In 1926 Sun Jong passed away and Prince Yong became the legal successor of the former Yi Dynasty. He was then known as His Imperial Highness Prince Yi Eun. It was eight years after Prince Chin's death that Princess Masako finally gave birth to Prince Ku.

In 1935, Prince Yi was in Utsunomiya City, some seventy five kilometers north of Tokyo. In the above-mentioned book, Past Years, you can see a picture of His Highness Yi with his wife, Princess Masako. These were, perhaps, the happiest days of her life. During their stay in Utsunomiya I happened to be there and had access to their residence. I remember how I taught Prince Yi Ku to fly a bamboo propeller.

During the year 1940 and 1941, I was in Osaka Military Preparatory School. His Highness Yi Was living in Osaka and visited the school twice. Princess Masako also made her own visit to the School. Their visits were recorded in the School's official history. In those days imperial princes were to follow their military career. His Highness Yi seemed to be interested in the School and its atmosphere. I was then a little boy and Yi family's difficult situation was beyond my comprehension. However, I knew already that Princess Masako was a beautiful lady.

A Pacific War was turning from bad to worse. At last Japan was forced to surrender. The populace suffered a lot from the defeat. I presume that the imperial family's suffering was no less than that. Princess Masako stepped down to the status of a commonner and lost her Japanese citizenship in 1947. She sewed her skirts out of used curtains. I didn't know this before I had read her book. Her only son Yi Ku has grown into a strong young man and worked his way through MIT's architectural department. Perhaps his parents wanted him to be married to a Japanese or a Korean. But his wife Julia is an American of Ukranean origin. I was stupid enough to think that Mrs. Yi was unhappy about their marriage. The truth is that she is not. She is really a wonderful person, isn't she ?

I don't understand politics well. But President Park's attitude toward the Yi family seems to me admirable. He often sent his emissaries to Tokyo and inquired after Prince Yi's health. The last prince of the Korean Empire was then hospitalized in Tokyo. Park once visited the Prince personally with a bouquet in token of his sympathy.

In November, 1963, Prince Yi became seriously ill and was almost unconscious when he flew back to Seoul by a special plane. It was his first home-coming in fifty-some years. People warmly greeted the imperial couple on the Seoul street, waving their hands enthusiastically. Having not recovered from his illness, Prince Yi died on May 1, 1970. Korean people gave him a state funeral. Mrs. Yi Pang Ja (nee Masako) decided to stay in Korea. She now lives in her Nak Sŏn Jae, residence at the south-east corner of the Chang Duk Palace —— Yi Dynasty's detached palace.

She teaches to the Koreans a cloisonné manufacturing method which she has learnt in Japan. I heard that she was devoting her life to charitable work for mentally or physically handicapped children. On the first day of my arrival at Seoul, I tried to know her reputation in a casual manner. Professor K said that he sometimes saw her in department stores and that she was a noble person. "When she will pass away, we will give her a state funeral", said Mr. S, president of a business firm. I had myself massaged late that night in a hotel room. The blind massager told me that he once listned to her in a home for the handicapped at Suwon City. I couldn't be happier when he added that she was the most respectable among the Japanese (though she is now a Korean citizen).

Mr. Yi, schoolmaster, and Professor Kim took me to the Nak Sŏn Jae on November 7, 1976. I would have been most honored even if Mrs. Yi Pang Ja could have greeted me in a distance. She even ushered us into a drawing room where she spoke to us for about an hour. Then she showed us her cloisonné works. Mrs. Yi was teaching coloring to dozens of Korean women in a workshop. Her noble artistry is far beyond that of professional cloisonné artists.

Mrs. Yi is now running Myong Hee Won Institute and Ja Heng School. The Institute is named after

Prince Yi's pseudonym and deaf and polio-stricken children receive vocational education. Girls are learning embroidery and knitting; boys - woodwork and design arts. They are also given chance to study. A monthly subsidy of over two million Won from The Ministry of Culture and Information and some donation from concerned people are not enough to support two hundred youths living in both institutions. That is why Mrs. Yi Pang Ja is making many pieces of cloisonné and selling them in her own shops.

Korea is the most closely related country to Japan. Probably the Japanese and the Koreans share a lot of common blood. No country is near than Korea and yet no country is more distant than Korea. This explains that the relatios between the two countries have been so complicated. Though Mrs. Yi Pang Ja is a frail, noble lady, she has devoted her body and soul to her Korean husbund and his motherland. She has led the life of a saint.

Her warm reception of us touched my heart so profoundly that the emotion still recurs and echoes repeatedly in my mind. This reminds me of the reverberant campanology emanating from the bell tower of Sanzenin temple in Kyoto where Mrs. Yi's grandfather was a priest-prince.

The article was originally published in Bungei-Shunju, Vol. 55, No. 2 (1977, Feb) pp 274-7 , Translated by Ichiro TAKIZAWA; This may be read as a resume for the book by the English-speaking people.

あとがき

今回、故李垠様の七年忌をかねて、ご縁故の方々に追憶文をよせて頂き、岡崎清氏に全般の執筆編集をお願いいして一冊にまとめる事になりました。

長い間、日本に居られ、日本軍籍にあられましても、両国間の言うにいわれぬ苦難な道を、ひたすら仁者の徳をもっておだやかに過ごされたお姿を、再びふかくおしのび申し上げ、幾分の一しかご苦労をお助けでき得なかっことをふかくふかく申しわけなく思い出されます。

ここに皆様の思い出のくさぐさを集め、今は故郷の英園にしずまります御霊に、この本をささげ、永久にご遺業をつづけられるようお守り頂くことを祈願します。

私は、ご遺志である福祉法人明暉園の寄宿舎および本館新築移転のため種々努力をつづけて参り、一九七八年暮には完成したい希望を以ってなお老骨にむち打っております。

この本の刊行に当たり、秩父宮妃殿下ならびに竹田恒徳氏のおことばを頂きましたことを厚く御礼申し上げます。

本の装丁をお願いした猪熊弦一郎画伯も、快く美しい本のデザインを描いて下さいました。関係の皆様のご協力と岡崎清氏の一方ならぬご努力を心から感謝いたします。

丁巳秋　　　　楽善斎にて　李　方　子

〔参考文献〕

(1) 春畝公追頌会『伊藤博文公年譜』（昭一七・六・二〇、非売品）

(2) 春畝公追頌会（代表金子堅太郎）『伊藤博文伝（下巻）』（昭一五、統正社）

(3) 末松謙澄『孝子伊藤公』（明四三、博文館）

(4) 野口赫宙『李王家悲史、秘苑の花』―小説―（昭二五・三・二〇、世界社）

(5) 青柳綱太郎『李朝五百年史』（大元・九、朝鮮研究会）

(6) 黒龍会編『日韓合邦秘史（上、下）』（明治百年史叢書、昭四一・九、原書房）

(7) 宮内庁『明治天皇紀（第十一）』（昭五〇・三・一五、吉川弘文館）

〃『明治天皇紀（第十二）』（昭五〇・一二・二一、吉川弘文館）

〃『明治天皇紀（索引）』（昭五二・三・三〇、吉川弘文館）

(8) 峰間信吉『明治大帝御偉蹟大観』（大元・一二・一二、博愛館）

(9) 笠原幡多雄『明治大帝史』（大二・一・五、公益通信社）

(10) 学習院輔仁会編『乃木院長記念録』（大三・一〇・二一、三光堂）

(11) 近歩二会編『或る近衛連隊の記録』昭四八・一一・二一、近歩二会発行）

(12) 原奎一郎『原敬日記（第八巻）―首相時代』大七・九・一二～大九・七・一〇（昭二五・八・三〇）

〃『原敬日記（第九巻）―首相時代』大九・七・一一～大一〇・一〇・二五（昭二五・六・二〇）

〃『原敬日記（第三巻）―内相時代』明三九・一二・一八～明四三・二・四（昭二六・二・二七）

〃『原敬日記（第四巻）―内相時代』明四三・二・五～明四四・一二・二四（昭二六・三・二九、乾元社発行）

(13) 黒田甲子郎『元帥寺内伯爵伝』（大九・一〇・二五、元帥寺内伯爵伝記編纂所）

(14) 東京日日新聞マイクロフィルム

(15) 篠田治策『欧州御巡遊随行日記』（昭三・一一・一〇、大阪屋号書店）

(16) 梨本伊都子『三代の天皇と私』（昭五〇・一一・三、講談社）

(17) 李方子『すぎた歳月』（非売品）

(18) 朝鮮研究会『朝鮮貴族列伝』（明四三・一二、朝鮮総督府印刷局）

(19) 陸軍士官学校二十九期生会『李王垠殿下伝記資料』（安東貞雄保管）

(20) 陸軍士官学校二十九期生会『二十九期会誌（第十一号、李王様特集）』（昭三九・九）『同（第十七号）』（昭四五・一〇）

(21) 偕行社『偕行』昭三九・一月号、二月号、昭四五・六月号、七月号、昭四六・九月号、昭四九・二月号

(22) 『李王垠殿下を偲ぶ文集』秩父宮勢津子妃殿下、竹田恒徳、猪熊弦一郎、李玖、大木康子、岡崎清三郎、恩田忠録、鈴木貞夫、永島圭、大塚福二、猪狩勝治、河内太郎、河内綾子、渋沢多歌子、長谷川太郎、今村和男、ギルフォイル、関常三、広瀬勝代、入江菊枝、広橋規子、柴田全乗、福島則雄、中西孝雄（未刊）

(23) 宇垣一成『宇垣日記（一、二、三）』（昭四六・一、みすず書房）

(24) 金松乙私信（岡崎清保管）

(25) 権藤四郎介『李王宮秘史』（大一五・八、朝鮮新聞社）

(26) 秩父宮家『雍仁親王実紀』（昭四七・一〇、吉川弘文館）

(27) 朝鮮総督府『施政三十年史』（昭四七・九、名著出版）

(28) 中村菊男『伊藤博文』（昭三三・七、時事通信社出版局）

(29) 小松緑『春畝公と含雪公』（昭・九・五、学而書院）

(30) 旗田巍『朝鮮史』（昭二六・一二、岩波書店）

(31) 松陽新聞（島根県松江の新聞）

(32) 阪幼会『大阪陸軍幼年学校史』（昭五〇・一二）

(33) 山崎正男編『陸軍士官学校』（昭四四・九、秋元書房）

(34) 徳富猪一郎『素空山県公伝』—（注・山県伊三郎の伝記）—（昭四・九、山県公爵伝記編纂会）

(35) 青柳綱太郎『李朝史大全』（昭四七・九、名著出版）
(36) 朝鮮総督府編『近代日鮮関係の研究』（明治百年史叢書、昭四八・五、昭十五刊複刻、原書房）
(37) 岡義武『山県有朋』（岩波新書三一一、昭三三）
(38) 金達寿『朝鮮』（岩波新書三二四、昭三三）
(39) 渡部学編『朝鮮近代史』（昭四三・三、勁草書房）
(40) 金三奎『朝鮮現代史』（昭三八・七、筑摩書房）
(41) 山辺健太郎『日韓併合小史』（岩波新書五八七、昭和四一・二）
(42) 高峻石『南朝鮮政治史』（昭四五・六、刀江書院）
(43) 柳周鉉『朝鮮総督府（第一巻）』―小説―（昭四三・八、清風書房）
〃『朝鮮総督府（第二巻）』―小説―（昭四三・八、清風書房）
(44) 吉野作造「中央公論」（昭三九・九月号）
(45) 朝鮮毎日新聞社『朝鮮始政拾五年史』（大一四・一二・一）
(46) 朝鮮総督府『施政二十五年史』（昭一〇・一〇・一）

〔編 集 後 記〕

「伝記刊行会」より李王垠殿下の伝記編集のご依頼を受け，また李方子さまよりじきじきのおことばを賜わり，甚だ光栄に思うと同時に，甚だ困惑した。殿下の中央幼年学校入学以後の陸軍におけるご事績については，陸士29期の同期生をはじめ，多くの関係者の方々の手記や思い出が沢山残されていたが，それ以前の消息については，ほとんど不明であった。そこでまず，資料の収集をはじめたわけだが，明治天皇と伊藤博文の資料が詳細かつ完璧に近い形で保存されていたため，作業は予想外に順調に進捗した。また，金松乙氏に韓国側資料を送って頂いた。基本的な方針として，政治問題に言及するのは極力避け，殿下の周辺に起こった事実だけを，正確に書くように心掛けたつもりである。本書の中に，編者の解説や感想を付記した個所はいくつかあるが，事実に属する記事では，創作した個所は一つもなく，いずれも文献または関係者の証言に基づくものである。

私は電子セラミックを専攻する者で，人文社会科学とは，いささか専門を異にし，到底拙い筆力をもってしては，李王垠殿下のご高徳を伝記の上に復元することは困難であった。しかも，李王垠殿下の数奇なるご一生がそのまま複雑微妙なる日韓関係史の原点ともいうべきものであるだけに，どのような立場でこの伝記を執筆しようとも，すべての方々にご満足いただけるものを作ることは至難で，多分読者におかれても意に適わぬ個所に遭遇せられたことであろう。本書の記述に関する責任は，すべて編者に帰せらるべきものである。しかしながら，私は浅学非才非力をも顧みず，満身の真心をこめて李垠さまとその妃のために本書を執筆した。何とぞその心情を憐み，記述の不備不適に関しては，いささかの寛恕を賜わらんことをお願いする次第である。

ソウル市の東方24キロの金谷御陵の裏山に，いま李王垠殿下は眠っておられる。人は百歳の齢を重ねることは稀なるが故に，方子さまもやがてここに眠られることになるのであろう。私自身は，李垠さまのお姿を拝した回数は五，六回を出ない。しかも子供の時であった。だが，今でも忘れることはできぬ。そのまなざしの，何と高貴で美しく，そして今にして思えば，孤独の極みともいうべき澄み切ったものであったことを。

この本が何時の日か，日本と韓国の間の友好の礎になることを祈念しながら筆をおく。

編集責任者　岡　崎　清
（相模工業大学教授）

新装版・英親王《えいしんのう》李《り》垠《ぎん》伝《でん》

2001年8月15日　新装版第1刷発行

著者——李王垠伝記刊行会
代表　有末精三
編集責任者　岡崎　清
事務局長　多治見国正
発行——共栄書房
〒101-0065　東京都千代田区西神田2-7-6 川合ビル
電話　03-3234-6948
FAX　03-3239-8272
振替　00130-4-118277
装幀——廣瀬　郁
印刷——あきば印刷株式会社
製本——中央精版印刷株式会社

ISBN4-7634-1027-X　C0023